日本幼児体育学会認定
幼児体育指導員養成ガイド

# 幼児体育
## 理論編

日本幼児体育学会　編

編集代表　前橋　　明
　　　　　田中　　光
　　　　　石井　浩子
　　　　　永井　伸人
　　　　　ジャクエツ
　　　　　生形　直也
　　　　　原田　健次
　　　　　本保　恭子
　　　　　稲井　玲子
　　　　　浅川　和美
　　　　　森田　陽子
　　　　　奥富　庸一
　　　　　宮下　恭子
　　　　　片岡　正幸
　　　　　松尾　瑞穂
　　　　　長谷川　大　著

大学教育出版

# ごあいさつ

# 子どもの幸せづくりのための「幼児体育」理論の普及

日本幼児体育学会 会長　前橋　明
(早稲田大学　教授・医学博士)

## 「幼児体育指導員」養成10周年と幼児体育理論書の編纂

　子どもたちの幸せづくりに、「幼児体育」に何ができるかを考えて、日本幼児体育学会が奮闘努力してきた12年が過ぎようとしています。幼児体育の理論と実践のノウハウを、多くの方々に知っていただき、子どもたちを育んでほしいと、「幼児体育指導員養成講習会（幼児体育指導員資格認定委員会)」を立ち上げました。その講習会も、今年で10年を迎えました。早いものです。

　「初級」から始まり、「中級」「上級」と膨らみ、大学での保育者養成課程や幼稚園教員養成課程で「幼児体育講座」を指導できるようにと、「専門」コースも立ち上げてきました。そして、「リズム運動指導員」資格、「運動遊具の安全管理・安全指導スペシャリスト」養成も加わり、現在までに6,000人もの幼児体育指導員を輩出して参りました。

　そして、この10周年を記念して、資格認定委員会として、世の中に役立つものを残そうと、本理論書を編纂することにいたしました。本書は、本講習会の講座で指導されている幼児体育テキストの理論内容でもって構成しております。これからの幼児体育や保育、教育、福祉をはじめとする指導者の皆様の道しるべとして、少しでもお役に立つことを願い、まとめてみました。本書が有効に使われることを祈っております。

## 討議・討論は、私たちの「心育」の場

　子どもたちの健全育成に何が必要かという話になりますと、サンマ（時間・空間・仲間：3つの間 [ マ ]）と答える方は、非常に多いと思います。子どもの成長にとっては、その3つの要素は必要不可欠ですが、子どもだけでなく、それを奨励する私たち指導者にも、サンマによる成長が必要です。

毎年の学会大会への参加を例にとってみますと、学会大会に、まず、①会員の皆様が時間を調整し、研鑽の時間を捻出してくださること（時間）、そして、②発表の場を実行委員会が設けてくださること（空間）、さらに、学会大会に、③熱い想いをもった研究者仲間が集まること（仲間）が、私たちが成長するためのサンマです。また、大会を支えるために、自分のことだけを考えるのではなく、会の成長・発展のためにも、自分がその場に出て参加したり、係を担ったりするだけでも協力になると考えて、ご参加くださる多くの関係者や学生スタッフの皆様は、最高の「仲間」です。

　しかしながら、サンマが整っていても、やはり、人々とのかかわりの中で、良い方向に導く情報の提示や仲間のリーダーシップ、討論などが必要です。心の育ちを応援する「心育」とでも申しましょうか、または、「徳育」でしょうか。その導きをしてくださるのが、参加者の皆様であり、参加者による討議・討論の時間なのです。

　学会大会という研鑽の場において、討議・討論により、磨かれた多くの学びや情報を得てもち帰り、子どもたちのために使ってくださることが、学会の願いです。

　そして、討議・討論の時間中に大切なことは、「いくら知っていることが多くても、学びの多い人・成長する人は、自分の受け皿を少し空にして、人の発表や意見、考え、感想を聞く」ということです。それが、会員が伸びる秘訣だと思っています。私も、学会大会では、皆様方のご発表をしっかり拝聴させていただき、少しでも成長していきたいと考えておりますので、どうぞよろしくお願いいたします。


## これからの夢

　これからの歩みの中で、「幼児体育」に関する多くの研究知見や、皆様のすばらしい知恵が結集されて、第2号が編纂されますことを楽しみにさせていただき、筆を置くことにいたします。

2016年12月25日吉日

幼児体育 ──理論編──

# 目　次

ごあいさつ　子どもの幸せづくりのための「幼児体育」理論の普及····· 前橋　明 ··· *i*

# 1 章　幼児期に、なぜ運動が大切なのか ················· 前橋　明 ··· *1*

　1　子どもの抱える問題とその原因············· *3*
　2　深刻な休養面の乱れの問題················ *3*
　3　大人への警告······················ *4*
　4　午前のあそびに加えて、「午後あそび」のススメ ····· *5*
　5　親子ふれあい体操のススメ··············· *6*
　6　研究からの知見と提案················· *8*
　7　幼児体育指導に携わる者に期待すること········ *8*

# 2 章　幼児体育とは── その意義と役割 ·········· 前橋　明 ···*11*

　1　幼児体育とは····················· *13*
　2　体育あそびと運動あそび··············· *13*
　3　幼児体育のねらい··················· *14*
　4　幼児体育の指導法··················· *14*
　　（1）指導の方法　*14*
　　（2）指導のテクニック　*15*
　5　幼児体育の指導内容················· *16*
　　（1）基本運動スキル　（Fundamental movement skills）　*17*
　　（2）知覚運動スキル　（Perceptual‑motor skills）　*17*
　　（3）動きの探究　（Movement exploration）　*18*
　　（4）リズム　（Rhythms）　*18*
　　（5）体操　（Gymnastics）　*19*
　　（6）簡易ゲーム　（Games of low organization）　*19*
　　（7）水あそび・水泳　（Swimming）　*19*
　　（8）健康・体力づくり　（Health related fitness）　*19*

# 3 章　近年の子どものからだの異変とその対策 ·················· 前橋　明 ···*23*

　1　遅い就寝······················· *25*
　2　生活リズムに乱れ··················· *26*
　3　増える体温異常··················· *28*
　4　乳児期からの脳機能のかく乱············· *30*

# 4 章　学力低下、体力低下、心の問題に歯止めをかける生活リズム向上戦略
　　　 ─食べて、動いて、よく寝よう！─·············· 前橋　明 ···*33*

　1　近年の子どもたちが抱える 3 つの問題·············*35*
　　（1）睡眠リズムの乱れ　*35*

（2) 摂食リズムの乱れ　*35*

（3) 運動不足　*35*

　　2　睡眠・食事・運動を軽視して、生活リズムを大切にしなかったら、どうなる？…*36*

　　3　正しいリズムが身につく3つの法則：食べて、動いて、よく寝よう ……………… *37*

　　4　すくすく生活習慣チェックリスト……………………………………………………*38*

　　5　一点突破・全面改善…………………………………………………………………*39*

# 5章　子どもの生活と運動 ………………………………………… 前橋　明 …*41*

　　1　心地よい空間………………………………………………………………………*43*

　　2　ガキ大将の役割……………………………………………………………………*44*

　　3　戸外で汗の流せる「ワクワクあそび」のススメ…………………………………*45*

　　4　運動量の確保………………………………………………………………………*46*

　　5　遅寝遅起きの夜型の子どもの生活リズムは、外あそびで治る…………………*48*

# 6章　子どもの発達と運動 ………………… 前橋　明・田中　光・石井浩子 …*51*

　　1　乳児期の発育・発達と運動………………………………………………………*53*

　　2　反射…………………………………………………………………………………*55*

　　3　発達の順序性………………………………………………………………………*56*

　　4　微細運動……………………………………………………………………………*57*

　　5　身体各部の発育プロセス…………………………………………………………*58*

（1) 神経型と一般型　*58*

（2) 生殖型　*59*

（3) リンパ型　*59*

　　6　幼児期の運動発達…………………………………………………………………*60*

　　7　運動発現のメカニズム……………………………………………………………*61*

（1) 意識的運動（随意運動）　*62*

（2) 運動技術の上達のプロセス　*63*

（3) 運動の発達　*63*

# 7章　幼児にとっての運動の役割と効果 ………………………………… 前橋　明 …*65*

　　1　身体的発育の促進…………………………………………………………………*68*

　　2　運動機能の発達と促進……………………………………………………………*69*

　　3　健康の増進…………………………………………………………………………*69*

　　4　情緒の発達…………………………………………………………………………*70*

　　5　知的発達の促進……………………………………………………………………*71*

　　6　社会性の育成………………………………………………………………………*72*

　　7　治療的効果…………………………………………………………………………*72*

　　8　安全能力の向上……………………………………………………………………*72*

9　日常生活への貢献と生活習慣づくり……………………………………73

## 8章　幼児期の体力・運動能力、運動スキルの発達………………前橋　明…75

　1　運動能力………………………………………………………………………77
　2　体力……………………………………………………………………………78
　　(1)　行動を起こす力　*79*
　　(2)　持続する力　*80*
　　(3)　正確に行う力（調整力）　*80*
　　(4)　円滑に行う力　*80*
　3　運動スキルと運動時に育つ能力……………………………………………81
　　(1)　運動スキル　*81*
　　(2)　運動時に育つ能力　*81*

## 9章　固定遊具とその使い方、養うことのできる能力

　　　　　……………………………前橋　明・永井伸人・ジャクエツ…83

　1　固定遊具の使い方……………………………………………………………85
　　(1)　ブランコ　*85*
　　(2)　鉄棒　*89*
　　(3)　ジャングルジム　*91*
　　(4)　すべり台　*91*
　　(5)　太鼓橋　*92*
　　(6)　うんてい　*93*
　　(7)　その他の遊具や複合遊具　*93*
　2　固定遊具で養うことのできる能力…………………………………………94
　　(1)　ロープはしご　*94*
　　(2)　縄はしご渡り　*95*
　　(3)　弓形スロープ　*95*
　　(4)　タイヤリング　*95*
　　(5)　吊り輪渡り　*96*
　　(6)　レールうんてい　*96*
　　(7)　ゆらゆらパネル登り　*96*
　　(8)　リング登り　*97*
　　(9)　U字はしご渡り　*97*
　　(10)　パネルジャングル　*97*
　　(11)　波形パイプ登り　*98*
　　(12)　円盤うんてい　*98*
　　(13)　パネル渡り　*98*
　　(14)　リングうんてい　*99*

（15）ゴムステップ渡り　*99*

（16）ロープ伝い　*99*

（17）R形うんてい　*100*

（18）つり円盤渡り　*100*

（19）円盤渡り　*100*

（20）クロスネット渡り　*101*

（21）ロープ渡り　*101*

（22）はしご渡り　*101*

（23）ゆらゆらネット渡り　*102*

（24）波形通路　*102*

（25）ファイヤーポール　*103*

（26）ハンガーレール　*103*

（27）すべり台　*103*

（28）ドラム　*104*

## 10章 体格、体力・運動能力の測定・評価 ……………………… 生形直也 … *105*

1　目的 ……………………………………………………………………… *107*

2　測定 ……………………………………………………………………… *107*

（1）体格の測定項目　*107*

（2）体力・運動能力の測定項目　*108*

（3）一般的な注意事項　*113*

3　評価 ……………………………………………………………………… *113*

（1）体格の評価法　*113*

（2）体力・運動能力の評価法　*113*

（3）一般的な注意事項　*115*

4　評価カードの例 ………………………………………………………… *116*

## 11章 運動のつまずきと子どもへの対応 ……………… 前橋　明・田中　光 … *119*

1　振り返ってみた幼児期の運動場面にみられるつまずき ……………… *121*

2　運動のつまずきとその対策 …………………………………………… *125*

3　運動のつまずきと運動の苦手な子どもへの指導 …………………… *127*

（1）跳び箱の開脚跳びのつまずきの対策　*127*

（2）逆上がりのつまずきの対策　*129*

## 12章 幼児体育指導上の留意事項 ……………………………… 原田健次 … *133*

1　指導を展開する上で配慮する点 ……………………………………… *135*

2　子どもとのかかわりで配慮する点 …………………………………… *136*

3　用具の理解について …………………………………………………… *137*

## 13章 運動会の歴史と企画・運営 ………………………… 前橋　明・原田健次 … *139*

1 運動会の歴史 ……………………………………………………………… *141*
2 運動会の企画と運営 ……………………………………………………… *146*
　(1) 本番までの取り組み　*146*
　(2) 本番でのアイデア　*147*

## 14章 障がい児の体育指導 ………………………………………… 本保恭子 … *149*

1 視覚障がい児 ……………………………………………………………… *152*
2 聴覚・言語障がい児 ……………………………………………………… *153*
3 知的障がい児 ……………………………………………………………… *155*
4 肢体不自由児 ……………………………………………………………… *156*
5 病弱・身体虚弱児 ………………………………………………………… *157*
6 発達障がい児 ……………………………………………………………… *159*
　(1) 触覚　*160*
　(2) 身体意識　*160*
　(3) 両側の協調　*161*
　(4) 運動企画　*161*
　(5) 眼球のコントロール　*162*

## 15章 発達障がい児の体育 ………………………………………… 本保恭子 … *165*

1 身体意識を養う —感覚あそびから、からだ全体の運動へ— …………… *167*
　(1) 触・圧刺激を用いたあそびを多くさせる　*168*
　(2) 回転、加速度、揺れ、上下の動きを感じたり感覚を刺激するようなあそびを
　　　多くさせる　*169*
　(3) 遊具に合わせたいろいろなからだの動かし方を体験させる　*169*
　(4) 身体知覚を高めるあそびやゲームを取り入れる　*170*
2 平衡感覚 …………………………………………………………………… *170*
3 多動 ………………………………………………………………………… *172*

## 16章 幼児期の栄養と運動 ………………………………………… 稲井玲子 … *175*

1 幼児期の食事は、子どもの発達に合わせましょう！ …………………… *177*
2 幼児期前期（1・2歳） …………………………………………………… *177*
　(1) 栄養と1日にとりたい食品の目安量　*177*
　(2) 1歳児のポイント　*179*
　(3) 2歳児のポイント　*180*
　(4) 献立のポイント　*180*
3 幼児期後期（3・4・5歳）　*180*

目　次

(1) 栄養と1日にとりたい食品の目安量　*180*

(2) 幼児期後期のポイント　*181*

(3) 献立のポイント　*182*

4　食事バランスガイドの活用‥‥‥‥‥‥‥‥‥‥‥‥‥‥‥‥‥‥‥‥‥‥‥‥‥　*183*

5　運動習慣の多い子どものために‥‥‥‥‥‥‥‥‥‥‥‥‥‥‥‥‥‥‥‥‥‥　*185*

(1) 運動の種類とエネルギー比率　*187*

(2) 間食　*188*

(3) 水分摂取　*188*

(4) 運動が好きで楽しく食べることのできる子ども　*189*

## 17章　安全対策とリスクマネージメント‥‥‥‥‥‥‥‥‥　浅川和美・前橋　明 … *191*

1　幼児体育指導中のけがに関するリスク管理‥‥‥‥‥‥‥‥‥‥‥‥‥‥‥‥　*193*

2　医療機関の受診に関すること‥‥‥‥‥‥‥‥‥‥‥‥‥‥‥‥‥‥‥‥‥‥‥　*194*

(1) 事前に受診が可能な医療機関を確認する　*194*

(2) けがの種類と診療科の選択　*194*

(3) 受診時の保護者への連絡　*194*

3　子どものけがに関する保護者への対応‥‥‥‥‥‥‥‥‥‥‥‥‥‥‥‥‥‥　*195*

(1) 指導中の子どものけがに対する指導者の責任　*195*

(2) けがをした子どもの保護者への対応　*196*

4　保護者との信頼関係‥‥‥‥‥‥‥‥‥‥‥‥‥‥‥‥‥‥‥‥‥‥‥‥‥‥‥‥　*196*

5　子どもたちが外で安全に遊ぶための工夫‥‥‥‥‥‥‥‥‥‥‥‥‥‥‥‥　*197*

## 18章　運動と安全管理‥‥‥‥‥‥‥‥‥‥‥‥‥‥‥‥‥‥‥‥‥　浅川和美 … *199*

1　子どもの身体の特徴と、運動時に起こりやすいけがや病気‥‥‥‥‥‥‥　*202*

(1) 身体のバランスと転倒・転落　*202*

(2) 体温と熱中症　*202*

(3) 水分代謝と脱水症　*202*

2　幼児の安全と体調の確認‥‥‥‥‥‥‥‥‥‥‥‥‥‥‥‥‥‥‥‥‥‥‥‥‥　*203*

3　応急処置の基本‥‥‥‥‥‥‥‥‥‥‥‥‥‥‥‥‥‥‥‥‥‥‥‥‥‥‥‥‥‥　*203*

(1) 観察　*204*

(2) 生命の危険な兆候をとらえる　*204*

(3) 子どもを安心させる　*204*

(4) 適切な体位をとらせて、保温に努める　*204*

4　応急処置の実際‥‥‥‥‥‥‥‥‥‥‥‥‥‥‥‥‥‥‥‥‥‥‥‥‥‥‥‥‥‥　*205*

(1) 外傷　*205*

(2) 鼻出血　*205*

(3) 頭部打撲　*205*

(4) つき指と捻挫　*206*

(5) 脱臼　*206*

(6) 骨折　*207*

5　熱中症の予防と対応……………………………………………………… *208*

(1) 熱中症の予防　*208*

(2) 熱中症の初期症状と対応　*208*

## 19章　子どもの事故と安全 ………………………………… 森田陽子 … *209*

1　事故防止と安全・災害対策……………………………………………… *211*

(1) 事故の原因の4分類　*211*

(2) 安全能力の4分類　*212*

(3) 幼稚園・保育所で望まれる安全教育　*213*

2　環境改善と家庭との連絡体制…………………………………………… *213*

(1) 建物内・園具における安全確保　*214*

(2) 園庭・運動場における安全確保　*214*

(3) 望まれる安全管理方法　*214*

3　救急処置………………………………………………………………… *215*

(1) 心肺蘇生法の手順　*215*

(2) 止血方法　*217*

(3) 異物除去方法　*217*

(4) 溺水救助方法　*217*

(5) 骨折　*218*

(6) 打撲　*219*

(7) 熱射病　*219*

4　医療機関との連携……………………………………………………… *219*

(1) 症状における医療機関の選択　*220*

(2) 救急車の手配方法　*220*

## 20章　固定遊具の利用とその安全 ……………………………… 前橋　明 … *223*

1　固定遊具の点検と結果の対応…………………………………………… *225*

2　安全に配慮した遊具の設計と製品そのものの安全性………………… *226*

(1) 安全に配慮した設計　*226*

(2) 製品そのものの安全性　*226*

(3) 設計・設置上の留意点　*227*

## 21章　固定遊具、近年の総合遊具や公園遊具の特徴と安全な使い方…… 前橋　明 … *229*

1　固定遊具や総合遊具の特徴……………………………………………… *231*

(1) すべり台　*231*

(2) ブランコ　*231*

（3）うんてい　*231*

（4）モニュメント遊具・恐竜遊具　*231*

（5）木登り遊具　*231*

2　近年の公園遊具の特徴…………………………………………………… *232*

3　遊具の安全な使い方……………………………………………………… *232*

## 22章　遊具安全点検（劣化）………………………………… ジャクエツ … *235*

1　目的……………………………………………………………………… *237*

2　点検の考え方…………………………………………………………… *237*

3　点検の種類……………………………………………………………… *237*

4　点検の実施技術者（遊具点検士）…………………………………… *237*

5　点検方法………………………………………………………………… *237*

6　劣化判断基準…………………………………………………………… *238*

7　点検書類の作成と報告………………………………………………… *240*

8　点検の安全……………………………………………………………… *241*

（1）服装（標準）　*241*

（2）安全管理　*241*

## 23章　遊具別劣化点検のポイント ………………………… ジャクエツ … *243*

1　ブランコ………………………………………………………………… *245*

2　すべり台………………………………………………………………… *247*

3　鉄棒……………………………………………………………………… *249*

4　シーソー………………………………………………………………… *251*

5　スプリング遊具………………………………………………………… *253*

6　うんてい………………………………………………………………… *255*

7　ジャングルジム………………………………………………………… *257*

8　太鼓橋…………………………………………………………………… *259*

9　登はん棒………………………………………………………………… *260*

10　平均台…………………………………………………………………… *262*

11　スイング遊具…………………………………………………………… *263*

12　ローラーすべり台……………………………………………………… *264*

13　回転遊具………………………………………………………………… *266*

14　ネットクライム………………………………………………………… *268*

15　砂場……………………………………………………………………… *270*

16　総合遊具………………………………………………………………… *271*

## 24章 指導者の役割と指導者としてのコミュニケーションスキル····· 奥富庸一 ··· 273

1 幼児体育指導者の役割·············································································· 275
2 幼児体育指導者のコミュニケーションスキル············································· 276
  （1）言語的コミュニケーション　276
  （2）非言語的コミュニケーション　280
3 子どものサポーターとしての幼児体育指導者············································· 282

## 25章 身体コミュニケーション力の育成 ································· 宮下恭子 ··· 285

1 最近の子どもの傾向からみた身体コミュニケーション力······························ 287
2 運動あそびに見られる身体コミュニケーション·········································· 288
  （1）非接触型のあそび　288
  （2）接触型のあそび　289
3 身体コミュニケーション力を高めるボディワーク········································ 290
  （1）ボディワークとは　290
  （2）「ふれること」と「ふれられること」　291
  （3）ボディワークにより育つもの　292
4 ボディワークの実践方法·········································································· 293
  （1）感覚のウォーミング・アップ　293
  （2）ワーク　294

## 26章 運動あそび・運動会種目の創作 ······························· 前橋　明 ··· 299

1 運動あそびの創作·················································································· 301
  （1）運動あそびの創作様式　301
  （2）運動あそび記述例　302
2 運動会種目の創作·················································································· 306
  （1）運動会種目の創作様式　306
  （2）運動会種目記述例　307

## 27章 体育あそびの指導計画・指導案の作成

····· 前橋　明・片岡正幸・石井浩子・松尾瑞穂・長谷川　大 ··· 311

1 指導案の機能······················································································· 313
2 指導案が備えなければならない事項··························································· 314
3 指導の流れ·························································································· 315
4 指導案作成上のポイント·········································································· 316
  （1）幼児への働きかけを明確にすること　316
  （2）運動の形式にとらわれすぎないこと　316
  （3）運動に熱中できる活動を工夫すること　317

（4）友だちとの交流がもてるよう、活動を工夫すること　*317*

（5）動機づけや賞賛のことばかけ、技術面における的確なアドバイスを工夫すること　*317*

5　指導案例……………………………………………………………………… *317*

Topics　子どもの健全育成を考える　生き生きとした子どもを育む秘訣
　　　　―「食べて、動いて、よく寝よう！」運動のススメと発達状況の診断・評価―
　　　　…………………………………………………………… 前橋　明 … *339*

# 1章

## 幼児期に、なぜ運動が大切なのか

〔前橋　明〕

## 1　子どもの抱える問題とその原因

　わが国では、子どもたちの学力低下や体力低下、心の問題が顕著となり、各方面でその対策が論じられ、教育現場では悪戦苦闘しています。子どもたちの脳・自律神経機能の低下、不登校や引きこもりに加えて、非行・少年犯罪などの問題も顕在化しており、それらの問題の背景には、幼少児期からの「生活リズムの乱れ」や「朝食の欠食」「運動不足」「親子のきずなの乏しさ」等が見受けられ、心配しています。

　結局、子どもたちの睡眠リズムが乱れると、摂食のリズムが崩れて朝食の欠食・排便の無さへとつながっていきます。その結果、朝からねむけやだるさを訴えて午前中の活動力が低下し、1日の運動量が減り、やがて自律神経の働きが弱まって昼夜の体温リズムが乱れてきます。

　そして、ホルモンリズムが乱れて体調不良になり、さらに、精神不安定に陥りやすくなって、行き着くところ、学力低下、体力低下、心の問題を抱える子どもたちが増えていきます。

## 2　深刻な休養面の乱れの問題

　一見すると、現代の子どもたちの生活は豊かになったように見えますが、その実、夜型化の影響を受けて、生体バランスは大きく崩壊し、自然の流れに反する形で生活のリズムが刻まれていくのを見過ごすことはできません。心とからだには密接な関係があって、からだの異常は精神の不調へと直結していきます。ですから、現代の子どもの問題は、どれを先に解決するかというよりも、心とからだの両面をケアして、できうるところから解決していかねばなりません。こういう点をおろそかにしてきた、私たち大人には、猛省が必要です。

　中でも、休養面（睡眠）の乱れの問題は、深刻です。短時間睡眠の幼児は、翌日に注意集中ができないという精神的な疲労症状を訴えることが明らかにされています（前橋・石井・中永、1997）。幼児期には、夜間に少なくとも10時間以上の睡眠時間を確保させることが欠かせないのです。

　子どもは、夜眠っている間に、脳内の温度を下げてからだを休めるホルモン「メラトニン」や、成長や細胞の新生を助ける成長ホルモンが分泌されるのですが、今日では、夜型化した大人社会の影響を受け、子どもたちの生体のリズムは狂いを生じています。不規則

な生活になると、カーッとなったり、イライラして集中力が欠如し、対人関係に問題を生じて、気力が感じられなくなったりします。

　生活リズムの崩れは、子どもたちのからだを壊し、それが心の問題にまで影響を与えていくのです。


## 3　大人への警告

　それらの問題の改善には、大人たちがもっと真剣に「乳幼児期からの子ども本来の生活」を大切にしていくことが必要です。

(1)　夜型の生活を送らせていては、子どもたちが朝から眠気やだるさを訴えるのは当然です。

(2)　睡眠不足だと、注意集中ができず、また、朝食を欠食させているとイライラ感が高まるのは当たり前です。学校にあがってから、授業中はじっとしていられず、歩き回っても仕方がありません。

(3)　幼いときから、保護者から離れての生活が多いと、愛情に飢えるのもわかります。親の方も、子どもから離れ過ぎると、愛情が維持できなくなり、子を愛おしく思えなくなっていきます。

(4)　便利さや時間の効率性を重視するあまり、徒歩通園から車通園に変え、親子のふれあいや歩くという運動量確保の時間が減っていき、コミュニケーションが少なくなり、体力低下や外界環境に対する適応力が低下していきます。

(5)　テレビやビデオの使いすぎも、対人関係能力や言葉の発達を遅らせ、コミュニケーションのとれない子どもにしていきます。とくに、午後の運動あそびの減少、地域の異年齢によるたまり場あそびの崩壊、ゲームの実施やテレビ視聴の激増が子どもたちの運動不足を招き、生活リズムの調整をできなくしていきます。

　それらの点を改善していかないと、子どもたちの学力向上や体力強化は図れないでしょう。キレる子どもや問題行動をとる子どもが現れても不思議ではありません。ここは、腰を据えて、乳幼児期からの生活習慣を健康的に整えていかねばならないでしょう。

　生活習慣を整えていく上でも、1日の生活の中で、一度は運動エネルギーを発散し、情緒の解放を図る機会や場を与えることの重要性を見逃してはなりません。そのためにも、幼児期には、日中の運動あそびが非常に大切となります。運動あそびというものは、体力づくりはもちろん、基礎代謝の向上や体温調節、あるいは脳・神経系の働きに重要な役割

を担っています。園や地域において、時がたつのを忘れて、あそびに熱中できる環境を保障していくことで、子どもたちは安心して成長していけます。


## 4　午前のあそびに加えて、「午後あそび」のススメ

　子どもたちの体温が最も高まって、心身のウォーミングアップのできる午後3時頃から、戸外での集団あそびや運動が充実していないと、発揮したい運動エネルギーの発散すらできず、ストレスやイライラ感が鬱積されていきます。

　そこで、日中は、室内でのテレビ・ビデオ視聴やテレビゲームに替わって、太陽の下で十分な運動あそびをさせて、夜には心地よい疲れを得るようにさせることが大切です。

　低年齢で、体力が弱い場合には、午前中にからだを動かすだけでも、夜早めに眠れるようになりますが、体力がついてくる4〜5歳以降は、朝の運動だけでは足りません。体温の高まるピーク時の運動も、ぜひ大切に考えて、子どもの生活の中に取り入れてください。

　幼児のからだを整えるポイントは、次のとおりです。

①体温がピークになる午後3時〜5時頃に、しっかり、からだを動かします。

②夕食を早めに食べて、夜8時頃には寝るようにします。遅くとも、午後9時頃までには寝るように促します。

③朝7時前には起きて、朝食を摂り、ゆとりをもって排便します。

④午前中も、できるだけ外あそびをします。

　つまり、生活リズムの整調のためには、運動あそびの実践が極めて有効であり、その運動あそびを生活の中に積極的に取り入れることで、運動量が増して、子どもたちの睡眠のリズムは整い、その結果、食欲は旺盛になります。健康的な生活のリズムの習慣化によって、子どもたちの心身のコンディションも良好に維持されて、心も落ち着き、カーッとキレることなく、情緒も安定していくのです。

　ところが、残念なことに、今はそういう機会が極端に減ってきています。この部分を何とかすることが、私たち大人に与えられた緊急課題でしょう。生活は、一日のサイクルでつながっているので、1つが悪くなると、どんどん崩れていきます。しかし、生活の節目の1つ（とくに運動場面）が良い方向に改善できると、次第にほかのことも良くなっていくというロマンがあります。

　そのために、身体活動や運動を取り扱う幼児体育指導者や幼稚園・保育園の先生方、保護者の皆さんに、期待される事柄は非常に大きいものがあると思います。

## 5　親子ふれあい体操のススメ

　乳幼児期から親子のふれあいがしっかりもてて、かつ、からだにも良いことを実践していくために、1つの提案があります。それは、「親子体操」の実践です（資料1）。まず、親子でからだを動かして遊んだり、体操をしたりする運動の機会を、日常的に設けるのです。子どもといっしょに汗をかいてください。子どもに、お父さんやお母さんを独り占めにできる時間をもたせてください。

　親の方も、子どもの動きを見て、成長を感じ、喜びを感じてくれることでしょう。他の家族がおもしろい運動をしていたら、参考にしてもらってください。子どもががんばっていることをしっかり褒めて、自信をもたせてください。子どもにも、動きを考えさせて創造性を培ってください。動くことで、お腹がすき、食事が進みます。夜には、心地よい疲れをもたらしてくれ、ぐっすり眠れます。親子体操の実践は、食事や睡眠の問題改善にしっかりつながっていきます。　親子体操は、これまでに、いろいろなところで取り組まれている内容です。でも、それらを本気で実践するために、地域や社会が、町や県や国が、本気で動いて、大きな健康づくりのムーブメントを作るのです。こんな体験をもたせてもらった子どもは、きっと勉強や運動にも楽しく取り組んで、さらに家族や社会の人々とのコミュニケーションがしっかりとれる若者に成長していくはずです。

　急がば回れ、乳幼児期からの生活やふれあい体験、とくに運動体験とそのときに味わう感動を大切にしていきませんか。だからこそ、それら貴重な内容を提示し、直接、子どもたちと関わることのできる幼児体育指導者に期待されることは、非常に大きいのです。

1章 幼児期に、なぜ運動が大切なのか

資料1　親子ふれあい体操ポスター

## 6　研究からの知見と提案

　子どもと保護者の生活調査や生活リズム研究を通して、わかってきたことを、整理してみます。

(1)　年齢が低く、体力の弱い子どもは、午前中のあそびだけで、夜には疲れを誘発し、早く眠くなりますが、加齢に伴って体力がついてくると、午前中のあそびだけでは疲れをもたらさず、遅くまで起きていられます。もう1つ、午後のあそびが必要です。とりわけ、午後3時頃からの積極的な運動あそびで、しっかり運動エネルギーを発散させ、情緒の解放を図っておくことが、夜の入眠を早める秘訣です。

(2)　夕食の開始が午後7時を過ぎると、就寝が午後10時をまわる確率が高くなります。幼児には、午後6時～7時頃までに夕食を始めさせるのがお勧めです。

(3)　朝、疲れている子どもは、テレビやビデオの視聴時間が長く、夜、寝るのが遅いです。そして、睡眠時間が短く、日中の運動量が少ないです。そういった子どもの実態をみますと、その母親のメールの実施時間は長いことがわかっています。また、夜は物とのかかわりをしており、親子のふれあい時間が少ないのが特徴です。

(4)　夜8時になったら、環境を暗くし、夜を感じさせて、眠りへと導きましょう。テレビのついた部屋は、光刺激が入るので眠れません。電気を消して部屋を暗くすることが大切です。

(5)　朝になったら、カーテンをあける習慣を作ります。朝には、陽光を感じさせ、光刺激で目覚めさせましょう。


## 7　幼児体育指導に携わる者に期待すること

　子どもたちが健康を維持しながら，心身ともに健全な生活を送っていくようにさせるためには，

　まず、①指導者自らが自己の生活を見直して，適度な運動を生活の中に取り入れていくことが大切です。その際、体温リズムを理解したうえで、子どもたちに日中の運動あそびを奨励し、充実させて下さい。

　そして、②手軽にできる運動あそびを、子どもたちといっしょに、実際に行って汗をかいてもらいたいのです。また、③子どもが遊びたくなる園庭づくりを工夫したり、④テレ

ビ・ビデオ視聴に打ち勝つ運動あそびの魅力や楽しさを感動体験として味わわせたり、⑤お迎え時を利用して、親と子がふれあうことのできる簡単な体操を紹介して、家庭での実践につなげて下さい。

そのためにも、日頃から運動指導に関する研修会に積極的に参加され、幼児体育指導者としての研鑽を積んでいただきたいと願います。

要は、幼児の健全育成を図っていくためには、指導者層に「運動や栄養、休養」の必要性や、規則正しい生活リズムづくりの重要性のわかる人が、一人でも多く増えていくことが大切なのです。

# 2 章

## 幼児体育とは——その意義と役割

〔前橋　明〕

## 1 幼児体育とは

　幼児の「体育」を幼児のための身体活動を通しての教育として捉えると、「幼児体育」は、各種の身体運動（運動あそび、ゲーム、スポーツごっこ、リトミック、ダンス等）を通して、教育的角度から指導を展開し、運動欲求の満足（情緒的側面）と身体の諸機能の調和的発達（身体的側面）を図るとともに、精神発達（精神的・知的側面）を促し、社会性（社会的側面）を身につけさせ、心身ともに健全な幼児に育てていこうとする営み（人間形成）であるといえます（前橋、1988）。

　また、体育が教育である以上、そのプロセスには、系統化と構造化が必要でしょう。つまり、幼児の実態を知り、指導の目標を立て、学習内容を構造化して、指導方法を工夫・検討し、その結果を評価し、今後の資料としていくことが必要です。

　したがって、「幼児体育」を子どもの全面的発達（身体的・社会的・知的・情緒的・精神的発達）をめざす教育全体の中で位置づけることから出発したいものです。そして、指導は、体育あそびが中心となるので、健康・安全管理の配慮のもとに展開されることが重要です。


## 2 体育あそびと運動あそび

　ここでいう「体育あそび」とは、体育指導で用いられる運動あそびのことです。つまり、教育的目標達成のため、社会的な面や精神的な面、知的な面を考慮に入れた体育教育的営みのある「運動あそび」のことです。したがって、体育あそびでは、身体活動を通して身体の発育を促したり、楽しさを味わわせたり、体力や運動技能を高めることもねらっています。さらに、友だちといっしょに行うので、社会性や精神的な面も育成できます。そして、そのプロセスでは「努力する過程」があることが特徴です。

　言い換えれば、運動あそびでは、おもしろくなくなってきたり、飽きたりすると、子どもはいつ止めてもかまいませんが、同じ運動あそびが教育的目標達成のための体育の中で採用された場合（この運動あそびを「体育あそび」と呼びます）は、いつ止めてもよいというわけにはいきません。子どもたち参加者もお互いに助け合ったり、協力したりして、共有する時間内は努力する過程が生じてくることになります。

## 3　幼児体育のねらい

　幼児期の体育指導の場で大切なことは、運動の実践を通して、運動技能の向上を図ることを主目的とするのではなく、「幼児がどのような心の動きを体験したか」「どのような気持ちを体験したか」という「心の動き」の体験の場をもたせることが最優先とされなければなりません。つまり、心の状態をつくりあげるために、からだを動かすと考えていきたいのです。

　そして、今日の子どもたちの様子を考慮すると、次の３点を、幼児体育のねらうこととして大切にしていきたいものです。

　①　自分で課題をみつけ、自ら考え、主体的に判断して行動していく意欲と強い意志力を育てる（知的・精神的）。

　②　他者と協調し、友だちを思いやる心や感動する心がもてる豊かな人間性を育てる（情緒的・社会的）。

　③　健康生活を実践できる体力や運動スキルを身につけさせる（身体的）。


## 4　幼児体育の指導法

　幼児の体育指導は、まず、指導者のもつ子ども観から始まり、これが具体的なレベルに引き下ろされ、展開されていくものでしょう。そこには、指導者自身の個性や経験が反映されていくものですし、対象児によって、指導方法や働きかけが異なったものになるのは当然です。

### （1）指導の方法

　指導の方法には、まず、指導者からの意図的な働きかけの中で、①直接行動の指標を示す指導（しつけ的な働きかけ）があります。

　この指導は、価値観を含んだ内容が、指導者から、直接に示されます。とくに、運動のルールや安全上のきまりに関するものが多いです。これにより、子どもたちは活動がしやすくなるといえます。ただ、内容や状況により、考えさせる指導と、どちらがふさわしいかを選択するか、組み合わせるかして用いる必要があります。

次に、②子どもたちに考えさせる指導です。この指導は、直接行動の指標を示す指導と対照的に、ときに望ましくない行動が生じた際に用いられることが多いです。この指導により、指導者が一方的に行為の方向性や善し悪しを示すのではなく、とり上げられている運動や課題を子どもたち自身のこととして受け止めさせていきます。ただし、対象児にこの指導が可能な発達レベルかどうかは見極めることが必要です。また、ときには、この考えさせる指導法は、お説教という状況で行われる場合もあります。話の聞き方に対する指導者のコメントを伝える場合に、よく見受けられます。

## (2) 指導のテクニック

指導のテクニックの主なものをあげてみますと、まず、「幼児の望ましい行動を認め、他の子どもに知らせる」方法があります。望ましい行動をとった子どもについて、「○○ちゃん、えらかったねー」「○○ちゃんは早かったので、みんなで拍手しましょう」「きちんと座って、お話を聞いている人がいるね」のように、望ましい行動はその場で認め、広く他児にも示します。

望ましくない行動には、直接、指摘するのではなく、望ましい方法を示したり、婉曲的な方法をとったりします。ときに、婉曲的な指示として、急がせるときや活動時に、「女の子は早いよ」「10、9、8、7……」「○○君が早かった」等の表現が用いられます。

また、指導者の無言語的指導として、「表情や態度で示す」方法があります。子どもたちは、指導者の表情や態度から、価値観を見つけたり、善し悪しを判断したりします。子どもたちにとっては、大好きな指導者が共感したり、認めてくれたりしたものが、直接には行動の指標となったり、間接的には活動をより発展させる意欲づくりにつながったりします。その一方で、望ましくない行動については、言葉だけでなく、態度で示されます。つまり、子どもたちが考えたり、判断したりする材料を、いろいろな場面で、指導者が子どもたちに対して、言語的、非言語的に明確に打ち出すのです。

とくに、「指導者の存在自体が子どもの注意を喚起する」ことは、忘れてはなりません。指導者の存在自体が、子どもの活動に影響を与えるのです。つまり、指導者が行っているからこそ、子どもはその活動に興味をもったり、先生といっしょに行いたいと思ったりするのです。少し積極的・意図的に、活動をまわりの子どもに知らせようとする場合に有用でしょう。

要するに、幼児体育の指導者は、各々の子どもが成功するように援助する必要があり、模範や示範など、広く多様な指導テクニックを用いて指導しなければなりません。

さらに、指導者は、活動や生活において、それらの良きモデルとなるように努力すべきです。成功感のもてる前向きな経験は、子どもたちの人生の中で、次の新たな実践へと結びつけてくれるのです。


## 5　幼児体育の指導内容

　日本では、幼児体育の指導内容は、初等体育の指導内容を参考にして、構成が考えられてきた経緯があり、これまで、歩・走・跳の運動、模倣の運動、リズム運動、体力づくりの運動（体操を含む）、用具を使った運動（ボール運動、縄を使っての運動、輪を使っての運動、廃材を使っての運動、タイヤを使っての運動など）、移動遊具を使っての運動（平均台運動、マット運動、跳び箱運動、トランポリン運動など）、固定遊具での運動（つり縄運動、登り棒運動、ブランコ運動、すべり台での運動、鉄棒運動、ジャングルジムでの運動など）、集団あそび・運動ゲーム（鬼あそび、スポーツごっこ）、水あそび・水泳、サーキットあそび、雪あそび等が主な内容として紹介されています。

　また、四季の特徴を大切にしながら、月ごとに運動例をとりあげて紹介されているものも多いです。そのような状況の中で、昭和時代の終わり頃から、少しずつ、アメリカの初等体育・運動発達理論の影響を受けて、わが国の指導内容は吟味されてきている実態があります。

　さて、ここで、指導内容を提示するにあたっては、指導の内容は「幼児のための体育」の目的を達成するものでなければならないので、再度、幼児体育の目的を確認してみましょう。幼児体育の目的は、子どもたちが生き生きとした人生を楽しむのに必要なスキル・知識・態度の基礎が身につくような動きを中核にした学習の場を多様に供給することです。そのことを考えますと、指導の内容として、とくに、多様な基本的運動スキルや知覚運動スキル、動きの探究、リズム、体操、簡易運動ゲーム、水あそび・水泳、健康・体力づくり活動は、幼児体育の目的を達成し、人生の中で生きていくスキルを発展させるために役立つ領域だと考えます。

　中でも、基本運動スキルの初歩的段階は、一般的に4～5歳頃で、その頃から基本運動スキルを身につけさせたいものです。1つの段階から次の段階への前進は、練習の機会の多さとその質によって異なりますが、幼児期の子どもたちにとっては、就学前までには、基本運動スキルのレパートリーを広く発展させたいものです。

2章　幼児体育とは──その意義と役割

　そこで、幼児体育の目標を達成するために、平成時代に入ってから提示されている、次の8つの指導領域を紹介しておきます。

## (1) 基本運動スキル（Fundamental movement skills）

　移動運動やその場での運動、バランス運動、操作運動などの基本運動を理解して、運動できるようにさせます。また、身体のもつ機能に気づかせ、動きを練習する中で、自信をつけていきます。これらの基礎的な運動スキルは、生涯の中で経験するスポーツやダンス、体操、回転運動、体力づくりの専門的スキルづくりの土台となっていきます。

- ・歩・走・跳・ホップ・スキップ・スライド・ギャロップ等の基本的な移動系運動スキル（ロコモータースキル）
- ・伸ばす、引く、押す、曲げる、まわる等の非移動系運動スキル（ノンロコモータースキル）
- ・平衡系の動き（バランススキル）の能力と慎重さ
- ・操作系運動スキル（マニィピュレイテブスキル）の能力：例えば、止まっている物体や動いている物体にボールを投げたり、蹴ったり、打ったり等。
- ・移動系の運動や非移動系の運動、バランス系の運動、操作系の運動を複合した動きの能力

## (2) 知覚運動スキル（Perceptual-motor skills）

　知覚した情報を受けとめ、理解・解釈し、それに適した反応を示す能力（身体認識、空間認知、平衡性、手と目・足と目の協応性の能力）を促進させます。

① 身体認識（Body awareness）
- ・頭、目、鼻、耳、足指、足、腹、腕、背中などの主な身体部位の見極め
- ・伏臥姿勢や仰臥姿勢、膝立ち姿勢、座位および立位姿勢の認識と体験
- ・口頭による指示で、模倣ができるようにさせます。物体や動物がどのように動くかを学んだり、思い出したりして、それらの動きを模倣できるようにさせます。

② 空間認知（Spatial awareness）
- ・上下の概念、空間的な認知能力
- ・左右の概念の理解：身体の左右の部分の動きを知り、使い分けます。例えば、左右の腕を個々に動かしたり、同時に動かしたり、あるいは交互に使ったりさせます。足も同様に、個々に、同時に、交互に使えるようにさせます。さらに、同じ側の手と足を

同時に使ったり、反対側の手と足を同時に使ったりさせます。なお、ジャンピングジャックスのように、両手と両足を同時に使うことができるようにもさせます。

・身体の各部分のつながり、線や円、四角などの基本的な形の理解
・自己の身体の外にある空間の理解、身体と方向との関係の理解、前後・左右の動き

③　平衡性（Balance）

　平衡性とは、バランスを保つ能力のことで、動きながらバランスをとる動的平衡性と、その場で静止した状態でバランスをとる静的平衡性とに分けられます。動的平衡性では、平均台の上を歩いて渡ることができるように、また、静的平衡性では、片足立ちで自己の身体のバランスをとるようにさせます。

④　協応性（Coordination）

　手と目、足と目の協応性を必要とする動きを、正確に無理なく行えるようにさせます。

（3）動きの探究（Movement exploration）

・動きの中で使用する身体部分の理解：頭や腕、手、脚、足のような基本的な身体部位の名称や位置を見極めさせます。
・自己の空間の維持：曲げたり、伸ばしたり、振ったり、歩いたり、ホップしたり、ジャンプしたり等の動きを通して、身体をとりまく空間における動きの可能性を知ります。
・空間を使って、安全に効率のよい動き：いろいろな方法で動いているときに、人や物に関して、自己コントロールできるようにします。
・動いているときの空間や方向についての概念：前後、上下、横方向への移動を重視します。
・静止した状態で、異なった身体部分でのバランスのとり方を発見します。いろいろな姿勢で身体を支えるために、試行錯誤する学習過程を重視します。
・物体を操作するための多様な方法を見つけ出します。フープやロープ、ボール、お手玉などの用具の創造的な使い方を重視します。
・多様な移動運動スキルの実践：歩・走・跳・ホップ・ギャロップの動きを重視します。

（4）リズム（Rhythms）

　子どもたちは、リズム運動の中での各運動スキルの実行を通して、身体の使い方をより

理解できるようになります。

・音楽や動きに合わせて、適切に拍子をとります。また、踊ったり、体操したり、簡単な動きを創ります。

・一様のリズムや不規則なリズムの運動パターン、軸上のリズミカルな運動パターンをつくり出します。例えば、一様の拍子で走って、不規則な拍子でスキップをします。

・怒りや恐れ、楽しさ等の情緒を、リズム運動を通して表現します。

・リズミカルなパターンを創作します。


(5) 体操 (Gymnastics)

・丸太ころがりや前まわり、後ろまわり、バランス運動のような回転運動やスタンツの実践

・走る、リープ、ホップ、ジャンプ、ギャロップ、スライド、スキップ、バランス、まわる等の簡単な動きの連続

・ぶら下がったり、支えたり、登ったり、降りたりする簡単な器械運動


(6) 簡易ゲーム (Games of low organization)

　簡易ゲームの中で、動作や知識、協調性の能力を適用し、熟達できるようにします。とくに、輪になってのゲーム、散在してのゲーム、線を使ってのゲームを経験させ、基礎的な動きを身につけさせます。操作系の運動あそびと簡易ゲームの中では、とくに、お手玉やボールを投げたり、受けたりして操作能力を身につけさせるとともに、なわの跳び方やパラシュートを使った様々なゲームや運動を経験させます。さらに、簡単なゲームを行わせ、協調性を身につけさせます。


(7) 水あそび・水泳 (Swimming)

　水の中での移動運動や非移動系運動スキルの能力を養います。例えば、水中で支えたり、沈まずに浮いていたり、身体を推進させて調整できるようにさせます。

・水中で動きを連続できるようにします。

・水中で身体がどのように動くかを理解できるようにします。


(8) 健康・体力づくり (Health related fitness)

　個人の健康は、予期せぬ状況に立った場合にでも、十分なエネルギーで毎日を生きぬい

表2-1　保育者が保育の中で重視している体育的内容と、小学校教育関係者の
幼児期の体育に対する要望

### 幼児に経験させたい運動（保育者および小学校教師）

・できるだけ多くの種類の運動
・倒立や回転運動など、生活の中で経験することの少ない運動
・逆さ感覚や回転感覚、リズム感覚、器用さ、柔軟性や持続力の養える運動
・自然の中での活動、とくに山を登ったり、小川を跳び越えたりする能力の養える運動
・反射能力を高め、危険を回避する能力を養う運動
・自己の身体を支える運動
・鬼あそび
・自己を豊かに表現するリズム表現運動
・縄やボール等の操作性の能力が育つ運動
・器械運動に結びつく運動

### 小学校体育の立場から「幼児の体育に期待すること」

・技能的側面からの指導ではなく、発達段階を十分に考慮した「人間形成」をめざす指導であってほしい。
・技術の向上より、動きのレパートリーの拡大に目を向けてほしい。
・楽しんで活動できる雰囲気の中で、様々な運動体験をさせてほしい。
・無理強いをしないで、子どもの興味や関心に合わせて多様な運動の場を自然な形で用意してもらいたい。
・技術ばかりに走らず、仲よく、助け合い、協力し合う思いやりの心を育てること、規律を守ることを重視してもらいたい。
・運動の楽しさや器用さづくりをねらってほしい。

### 小学校教育関係者が望む「幼児体育のあり方」

・特定の運動をさせたり、技術面の向上のみをねらうよりは、いろいろな運動あそびを体験させ、運動に慣れ親しむことと、多様な動きをあそびを通して身につけること。
・下手でもよいから、多様な動きを経験させ、すすんで動くことや遊ぶこと自体に喜びを感じ、楽しんで運動する子に育てること。
・幼児がもっている力で、力いっぱい運動し、動くことの楽しさや喜びを体得させること。
・身体を巧みに操る力「調整力」の向上に重点を置くこと。
・感覚的なことは、小さい頃から身につくので、回転感覚や逆さ感覚を幼児期から指導していくこと。
・いろいろなものに働きかけ、あそびを自分なりに次々と創っていける創造性の養える体育であること。
・幼児期に高度な課題を与えないで、もっと転んだり、走ったり、跳んだりするとともに、もっと戸外で土に親しませての身体づくりをすること。
・戸外（自然）での運動経験を増やすこと。

〔前橋　明：幼少年期の体育はどうすべきか；幼児教育と小学校体育の連携を．体育科教育．大修館書店，pp.30-31，1999〕

たり、レジャー時代における運動参加を楽しむことのできる能力を示します。健康的な良いレベルに達するよう設定された各種の運動に参加する機会を子どもたちに与えることは、極めて大切なことです。

したがって、体力づくりを持続させるための興味づくりを工夫する必要があります。さらに、子どもたちには、体格や心臓・呼吸器機能、柔軟性、筋力、持久力を含む体力の要素に関連した生理学的な基礎知識を説明できるように育てるとともに、自己の生活の中で健康の原理を適用できるようにさせたいものです。

・健康的な生活の構成要素としての運動の重要性の認識と体力を高める運動の実践
・バランスのとれた食事の基礎的知識
・主要な身体部分や器官のはたらきと、位置や正しい姿勢の理解
・運動あそびでの熱中、楽しさ、満足

なお、近年の幼児の身体や生活実態と照らし合わせてみて、日本の幼児に必要とされる運動の内容（前橋、1999）を表2-1に示しました。なかでも、逆さ感覚や回転感覚を育てる倒立や回転運動、反射能力やバランスを保ちながら危険を回避する鬼あそびやボール運動、空間認知能力を育てる「這う」・「くぐる」・「まわる」・「登る」等の運動の機会を積極的に設けてやりたいものです。また、自律神経を鍛え、五感を育み、身体機能を促進する戸外での運動やあそびを是非とも大切にしてもらいたいと願います。

［文　献］
1）前橋　明：幼児の体育，明研図書，1988.
2）前橋　明：アメリカの幼児体育，明研図書，1991.

# 3章

## 近年の子どものからだの異変と
## その対策

〔前橋　明〕

## 1 遅い就寝

21世紀に入り、保育園幼児の就寝時刻が平均して午後9時50分を過ぎたのに対し、幼稚園幼児は午後9時30分過ぎになりました[1]。保育園幼児は、幼稚園幼児よりも約20分、寝るのが遅く、また、午後10時以降に就寝する子どもたちも4割を超えました。地域によっては、5割を超えたところも出てきました。育児の基本である「早寝」が大変困難になってきています。なぜ、子どもたちはそんなに遅くまで起きているのでしょうか。

午後10時以降の活動で最も多いのは、やはり「テレビ・ビデオ視聴」でした。テレビを正しく見ることについて、保護者の意識を高めると同時に、子どもをなるべく早くテレビから離すべきでしょう。同時に、外食や親の交際のために、子どもたちを夜間に連れだすことも控えてもらいたいものです。

9時間程度しか眠らない幼児は、翌日に精神的な疲労症状を訴えること[2]や力が十分に発揮されないこと[3]が明らかにされています（図3-1）。やはり、夜には、10時間以上の睡眠時間を確保することが、翌日の元気さ発揮のためには、欠かせません。最もよいのは、午後9時より前に寝て、午前7時より前に起床する「早寝・早起きで10時間以上の睡眠を

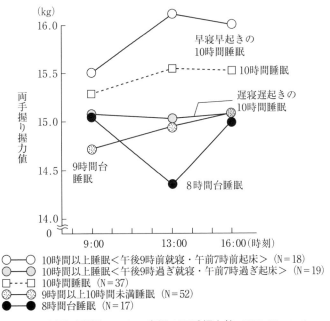

図3-1 睡眠時間別にみた5歳児の両手握力値（前橋 明, 2000）

とった子どもたち」です。朝食をきっちりとらない子どもも心配です。幼稚園幼児で約5％、保育園幼児で約15％の幼児が欠食しており、イライラ感を訴えてしまいます。朝食を食べても、朝食の開始時刻が遅く、食事量が少ないため、排便をすませて登園する子どもが3割にも満たない状況になっています。また、テレビを見ながらであったり、1人での食事になっていたり、この習慣は、マナーの悪さや集中力のなさ、そしゃく回数の減少のみならず、家族とのふれあいの減少にまでつながります。せめてテレビを消して食事をする努力が必要でしょう。

保護者の悩みとして、子どもの睡眠不足のほかに、肥満や偏食、疲労、運動不足も多く挙げられていますが、こうした悩みは、生活の中に運動を積極的に取り入れることで、解決できそうです。運動量が増せば、心地よい疲れをもたらして睡眠のリズムが整い、食欲は旺盛になります。これらの習慣化によって、登園してからの子どもの心身のコンディションも良好に維持されます。

何よりも、起床時刻や朝食開始時刻の遅れを防ぐには、就寝時刻を少しずつ早めるべきです。これによって、朝の排便が可能となります。そして、子どもたちが落ちついて、生活を送ると同時に、豊かな対人関係を築くことができるようになっていきます。


## 2　生活リズムに乱れ

起床、食事に始まり、活動（あそび・勉強など）、休憩、就床に至る生活行動を、私たちは毎日、周期的に行っており、そのリズムを「生活リズム」と呼んでいます。私たちのまわりには、いろいろなリズムが存在します。例えば、朝、日覚めて夜眠くなるという生体のリズム、郵便局の多くが午前9時に営業を始めて午後5時に終えるという「社会のリズム」、日の出と日の入という「太陽と地球のリズム」等があり、私たちは、それらのリズムとともに生きています。

原始の時代においては、「太陽と地球のリズム」が、すなわち、「社会のリズム」でした。その後、文明の発達に伴い、人類の活動時間が延びると、「社会のリズム」が「太陽と地球のリズム」と合わない部分が増えてきました。現代では、24時間の勤務体制の仕事が増え、私たちの「生活のリズム」も、「社会のリズム」の変化に応じ、さらに変わってきました。夜間、テレビやビデオに見入ったり、保護者の乱れた生活の影響を受けたりした子どもたちは、睡眠のリズムが遅くずれています。原始の時代から「太陽と地球のリズム」ととも

に培われてきた「生体のリズム」と子どもたちの生活リズムは合わなくなり、心身の健康を損なう原因となっています。深夜に、レストランや居酒屋などで幼児を見かけるたびに、「午後8時以降は、おやすみの時間」と訴えたくなります。

　子どもは、夜眠っている間に、脳内の温度を下げて身体を休めるホルモン「メラトニン」や、成長や細胞の新生を助ける成長ホルモンが分泌されるのですが、今日では、夜型化した大人社会の影響を受け、子どもの生体リズムは狂いを生じています。その結果、ホルモンの分泌状態が悪くなり、様々な生活上の問題が現れています。

　例えば、「日中の活動時に元気がない」「昼寝のときに眠れない」「みんなが起きるころに寝始める」「夜は眠れず、元気である」といった現象です。これは、生活が遅寝遅起きで、夜型化しており、体温のリズムが普通のリズムより数時間後ろへずれ込んだリズムとなっているということです。そのため、朝は、眠っているときの低い体温で起こされて活動を開始しなければならないため、ウォーミングアップのできていない状態でからだが目覚めず、動きは鈍いのです（図3-2）。逆に、夜になっても体温が高いため、なかなか寝つけず、元気であるという悪循環を生じてきます。さらに、低体温や高体温という体温異常の問題[4]（前橋、2001）も現れてきています。これは、自律神経の調節が適切に行われていないことを物語っており、もはや「国家的な危機」といえます。

　幼児の生活リズムの基本ですが、就寝は遅くとも午後9時（できれば、午後8時）頃までに、朝は午前7時頃までには自然に目覚めてもらいたいものです。午後9時に眠るためには、夕食は遅くとも午後7時頃にとる必要があります。時には夜遅く寝ることもあるでしょうが、朝は常に一定の時刻に起きる習慣をつくることが大切です。朝の規則正しいスタートづくりが、何より肝腎なのです。

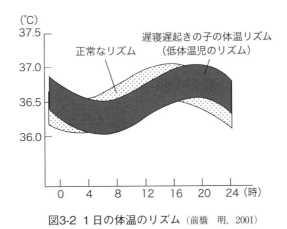

図3-2　1日の体温のリズム（前橋　明, 2001）

みんなで、将来の日本を担っていく子どもたちの健康づくりを真剣に考えていかねばなりません。今こそ、子どもたちの生活リズムの悪化に歯止めをかけるときです。

## 3　増える体温異常

近頃、保育園や幼稚園への登園後、遊ばずにじっとしている子や、集中力や落ち着きがなく、すぐにカーッとなる子が目につくようになりました。おかしいと思い、保育園に登園してきた5歳児の体温を計ってみますと、36℃未満の低体温の子どもだけでなく、37.0℃を越え37.5℃近い高体温の子どもが増えていたのです。調査では、約3割の子どもが、低体温か高体温である[4,5]ことがわかりました。朝の2時間で体温変動が1℃以上変動する子どもの出現率も増えてきました。

そこで、体温調節がうまくできないのは自律神経の働きがうまく機能していないからと考え、子どもたちの生活実態を調べてみました。すると、「運動・睡眠不足」「朝食を十分にとっていない」「温度調節された室内でのテレビ・ビデオ視聴やゲームあそびが多い」という、生活習慣の乱れと睡眠リズムのずれが主な共通点としてみられました。

保護者の方からは、不規則な生活になると、「ちょっとできなかったりしただけで、子どもがカーッとなったり、物を投げるようになった」と教えていただきました。先生方からは、「イライラ、集中力の欠如で、対人関係に問題を生じたり、気力が感じられなくなったりしている」とのことでした。生活リズムの崩れは、子どもたちのからだを壊し、それが心の問題にまで影響してきているのでしょう。生活のリズムが悪いと、それまで反射的に行われていた体温調節ができにくくなります。

そして、私は「問題解決のカギは運動量にある」と考え、子どもたちを戸外で思いきり遊ばせてみました。その結果、登園時の体温が36℃台と36℃未満の低体温の子どもたちは、午前中の運動あそびによる筋肉の活動で熱を産み、体温が上がりました（図3-3）。一方、登園時の体温が37℃以上であった幼児の体温は下がりました。低体温の子も高体温の子も、その体温は、ともに36℃から37℃の間に収まっていったのです。からだを動かして遊ぶことで、幼児の「産熱」と「放熱」の機能が活性化され、体温調節能力が目を覚ましたのでしょう。

さらに、体温異常の子どもを含む181人に、毎日2時間の運動を継続的に18日間行いました。これによって、体温調節のうまくできない子どもが半減したのです（図3-4）。その際に取り組んだ運動のプログラムを、表3-1に示しておきます。

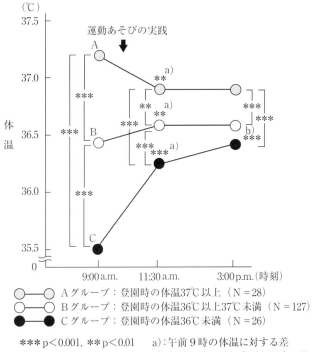

図3-3 登園時(午前9時)の体温別にみた5歳児の体温の園内生活時変動 (前橋 明, 2001)

飛んだり、跳ねたりすることで、筋肉は無意識のうちに鍛えられ、体温は上がります。その結果、ホルモンの分泌がよくなり、自然に活動型の正常なからだのリズムにもどるのです。今の幼児には、運動が絶対に必要です。そのためには、大人が意識して、運動の機会を努めて設けていくことが欠かせません。

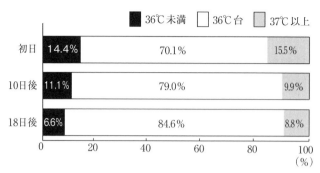

図3-4　5歳児181名に対する18日間の運動実践による体温区分人数割合の変化（前橋　明，2001）

表3-1　保育園における運動プログラム

| 運動プログラムの条件設定 |
|---|
| ①　朝、8時50分になったら、外に出る。 |
| ②　保育者も、子どもといっしょに遊ぶ。 |
| ③　各自の目標をもたせ、それに取り組む姿を認めたり、みんなの前で紹介したり、ほめる。 |
| ④　子どもたちの意見を聞きながら、みんなであそびのルールを作ったり、あそびの場を設営したりする。 |
| ⑤　子どもたちが自発的にあそびを展開するきっかけをつかんだら、保育者はできるだけ早い時期に、主導権を子ども側に移行していく。 |
| ⑥　異年齢で活動する機会を多く与える。 |
| ⑦　手づくり遊具を作って、子どもたちが活動的に遊ぶことができるように工夫する。 |
| ⑧　保育室にもどる前には、みんなで片づけをする。 |
| ⑨　毎日、正しい生活リズムで過ごすように、子どもと確認し合う。 |

## 4　乳児期からの脳機能のかく乱

　最近、子どもも大人も、キレやすくなっているように思います。子どもだけでなく、大人もイライラしている人が増え、簡単にキレて大きな犯罪に結びつくことが多くなってきました。その原因は、いろいろ考えられますが、基本的には、「現代人の生活のリズム」が、人間、本来がもっている「生物としてのからだのリズム」と合わなくなってきて、その歪みがいろいろな問題を起こしているようです。

　最も大きな問題は、睡眠リズムの乱れだと思います。赤ちゃん時代、子どもたちは寝た

り起きたりを繰り返して、1日16時間ほど眠っています。一見、赤ちゃんは昼夜に関係なく眠っているようですが、昼と夜とでは、眠り方が少々異なっているのです。

実は、日中、部屋にささやかな陽光が入る中で眠ることで、赤ちゃんは少しずつ光刺激を受けて、昼という情報を脳内にインプットし、生活のリズムを作っています。ところが、今は、遮光カーテンの普及で、昼でも部屋の中を真っ暗にできたり、逆に夜は遅くまでテレビの光刺激を受けての情報が脳内に入ることによって、昼夜に受ける刺激の差が非常に少なくなっています。つまり、乳児の頃から、昼夜の違いを理解し、生活のリズムを作ってくれる脳機能に、かく乱が生じているのです。

さらに、1歳ぐらいになると、一日中、しかも夜遅くまで、テレビをつけている環境の中で寝たり起きたりを繰り返していきます。2歳ぐらいになると、テレビだけでなく、自分でビデオを操作することができはじめ、夜でも光刺激を受ける時間がグーンと長くなります。そして、幼稚園に通い始める前には、子どもの昼夜のリズムは大変おかしくなっています。

人間は、本来、太陽が昇ったら起きて活動し、太陽が沈んだら眠りますが、夜型社会になって、子どもたちのからだの方の対応が追いつかなくなっているのです。そのために、今の子どもは乳児期から睡眠のリズムが乱されていることと、生活環境の近代化・便利化によって、からだを使わないですむ社会になってきたことで、体力が高まらないだけでなく、からだにストレスをためやすい状況になっています。

要は、子どもにとって、太陽のリズムに合わせた生活を大切にしてやり、昼間にはしっかり陽光刺激を受けさせて、戸外で活動させることです。もちろん、このことは赤ちゃん時代から、大切にする必要があります。

［文　献］
1）前橋　明ほか：乳幼児健康調査結果（生活・身体状況）報告、運動・健康教育研究 12（1），pp.69-143，2002.
2）前橋　明・石井浩子・中永征太郎：幼稚園児ならびに保育園児の園内生活時における疲労スコアの変動，小児保健研究 56（4），pp.569-574，1997.
3）前橋　明：子どもの生活リズムの乱れと運動不足の実態，保健室 87，pp.11-21，2000.
4）前橋　明：子どもの心とからだの異変とその対策について，幼少児健康教育研究 10（1），pp.3-18，2001.
5）子どものからだと心白書編集委員会：子どものからだと心白書 2003，ブックハウス・エイチディ，2003.
6）前橋　明：輝く子どもの未来づくり，明研図書，2008.

# 4章

## 学力低下、体力低下、心の問題に歯止めをかける生活リズム向上戦略

### ―食べて、動いて、よく寝よう!―

〔 前橋　明 〕

## 1 近年の子どもたちが抱える3つの問題

近年の子どもたちの生活をみて、気にかかることが3つあります。

### (1) 睡眠リズムの乱れ

第一に、今の子どもたちは、夜型の生活に巻き込まれている点です。幼児でありながら、午後10時を過ぎて就寝する子が、40％〜50％います。寝る時刻が健康的なリズムより2時間ほど遅くずれている子どもたちが増えてきたわけです。そうなると、短時間睡眠になって、注意集中できず、イライラしてキレやすくなったり、あるいは、睡眠を確保しようとすると遅起きになったりして、朝のゆとりがなくなってしまいます。

したがって、朝食を充実したものにできなかったり、欠食したりするようになります。これが、気になることの二つ目です。

### (2) 摂食リズムの乱れ

朝食を抜くと、イライラします。今日、朝食を毎日食べている保育園幼児は、ほぼ85％で、約15％の子が、毎日、朝ごはんを食べていないか、不定期摂取ということです。排便を家で済ませから朝をスタートさせることができなくなって、体調もすっきりしないまま登園している子どもたちが非常に多くなりました。これでは、午前中の活動力が低下しても不思議ではありません。動きが減ると、体力も高まりません。

### (3) 運動不足

気になることの三つ目は、子どもたちの生活の中で、運動量が激減してきていることです。例えば、保育園の5歳児ですが、昭和60〜62年は午前9時から午後4時までの間に、だいたい12,000歩ぐらい動いていましたが、平成3年〜5年になると、7,000〜8,000歩に減ってきました。そして、平成10年以降は、だいたい5,000歩台に突入し、昭和時代の半分ほどの運動量に激減してきました。それに、登降園も、車利用が多くなってきましたので、子どもの生活全体の歩数が減ってきて、必要な運動量が不足しています。

## 2　睡眠・食事・運動を軽視して、生活リズムを大切にしなかったら、どうなる？

　睡眠のリズムが乱れてくると、朝ご飯が食べられない、摂食のリズムが崩れていきます。エネルギーをとらないと、自発的に、自主的に行動ができなくなっていくのです。午前中の活動力が低下し、運動不足になってきます。そして、体温のリズム、自律神経の働きも弱まってきて、オートマチックにからだを守ることができなくなるのです。やがて、ホルモンの分泌のリズムも崩れてきます。

　こういう状態になってくると、子どもたちは、体調の不調を起こして、精神不安定にも陥りやすくなって、勉強どころではありません。学力低下や体力低下、心の問題を引き起こすようになっていきます（図4-1）。

　教育の世界で言う「生きる力」は、医学・生理学で言うと「自律神経の機能」なのです。ぜひ、小学校就学前から、子どもたちの「睡眠」、「食事」、「運動」というものを、大切に考える大人たちが必要です。意欲をもって、自発的に、自主的に動ける子ども・考える子どもを期待するならば、「食べて」「動いて」「よく寝よう」なのです。是非とも、戸外あそびや運動を導入した生活を実行に移してもらいたいのです。

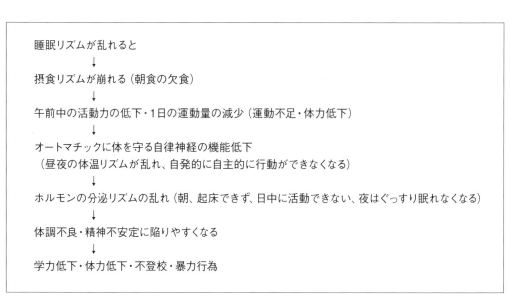

図4-1　日本の子どもたちの抱える問題発現とその流れ

## 3　正しいリズムが身につく3つの法則：食べて、動いて、よく寝よう

　ご飯を食べて、日中にしっかり遊びこんだ子どもは、学びが多く、夕食もしっかり食べ、心地よい睡眠となり、生活のリズムが整います。心身のコンディションが良好になることにより、心も落ち着き、カーッとキレることなく情緒が安定します。

### ①　食べて

　なにより朝食には、睡眠で低下した体温を上げ、からだを活性化させるウォーミングアップの効果があります。朝食が十分に取れないまま登園すると、午前中の活動を支えるだけのエネルギーが不足します。朝食を抜くと、脳が栄養失調状態になり、集中力に欠けたり、イライラしたりすることにもなります。

### ②　動いて

　テレビやビデオ視聴よりも、外でからだと心を動かして、友だちといっしょに時を忘れて遊びこむことで、体力が高まるだけでなく、移り変わる外部環境に適応する力、理性や感情のコントロールのできる社会性をも育んでくれます。また、運動によって、体温調節のできる（産熱・放熱機能のよい）からだ、言い換えれば、自律神経の働きの良い、意欲的で自発的に行動できる力を培ってくれます。

　最も効果的なのは、日中、とくに午後3時～5時の間の運動あそびです。運動のおもしろさや爽快さ、人とかかわる集団あそびの楽しさの魅力を、体験させましょう。

### ③　よく寝よう

　日中にからだを動かすあそびをすることで、情緒の開放を図り、心地よい疲れで質の良い睡眠が得られます。寝るときには、静けさと安らぎ、きれいな空気が必要です。午後9時までには、寝させてあげてください。そして、夜間は、連続した10時間以上の睡眠が不可欠です。

## 4　すくすく生活習慣チェックリスト

健康的な生活になっているか、お子さまの生活習慣をチェックしてみましょう。

① 食べて！
- □ 朝食を食べた
- □ 朝、ウンチを済ませて、1日を開始した
- □ 夜食は食べなかった

② 動いて！
- □ からだを動かす運動あそびをして、汗をかいた
- □ 戸外で遊んだ
- □ 友だちと関わっていっしょに遊んだ
- □ からだを動かすお手伝いをした

③ よく寝よう！
- □ 夜はお風呂に入ってゆったりした
- □ 夜は、9時までには寝るようにした
- □ 夜間に10時間は眠った

　3つの法則（食べて、動いて、よく寝よう）を実践して、就学までに健康的な生活リズムを身につけましょう！

○が1〜2個……改善できそうなことを1つ選んで、挑戦してみましょう。

○が3〜4個……がんばっていますよ。もうすこしです。

○が5〜6個……まずまずです。この調子で、もう1つ、挑戦してみましょう。

○が7〜8個……なかなか調子づいてきましたね。

○が9〜10個……いいですよ。しっかり身についてきましたね。この調子で、生活リ
　　　　　　　　ズムを維持しましょう！

## 5　一点突破・全面改善

　「どうやったら早く起きることができるか？」ということですが、家庭の状況に応じて、一つでも目標を決めて実践できたらよいと思います。例えば、わが家では、「早起きに取り組んでみよう」と、目標を一本に据える方法があります。

　具体的な方法として、ある家庭では、おばあちゃんが部屋のカーテンが厚すぎるので、もっと薄くしたらどうかと、お母さんにアドバイスをしてくれました。それを聞いた母親は、薄いカーテンと取り換えたところ、わが子が、朝、陽光刺激を受けて自分で起きられるようになったのです。また、朝6時になったら、カーテンを開けて、さらに窓も開けて、部屋の空気を入れかえた例（肌に伝わる光や熱刺激、触覚）もあります。

　エアコンも文明の利器なので、寝るときに使ったとしたら、寝ついたら切るということや、朝になったら、母親が子どもの好きな曲を流し、子どもは音楽を聴きながら自然に起きられるようになったという例もあります（聴覚）。また、自分の好きなおかずを作ってもらったときに、扇風機でそのにおいが流されて、起きられるようになったという事例もあります（嗅覚）。いろいろな生活の知恵がたくさんあります。

　生活というのは、1日がサイクルでつながっています。午後、外あそびもせず、おやつをパクパク食べながらテレビやゲームで遊んでいると、お腹が空かないので、夕食はおいしくいただけません。そして、夜8時や9時頃になると、夜食に手を出すようになり、その後、元気が出て就寝がどんどん遅くなっていきます。朝になると、夜遅くに夜食を食べたものですから、食欲がわきません。起きたときに、お腹が空かない。ご飯がほしくない。そして、朝ご飯を食べないから、午前中の活力がない。そういう状況で、どこかが悪くなると、どんどん悪くなるのが生活のリズムなのです。でも、考えを切り替えてみましょう。

　どこか一つを改善したら、どんどん良くなるのも生活なのです。ぜひとも、どこか一つ、できそうなところを、例えば、体温の高まる午後の外あそび（運動あそび）を30分でも、子どもに思う存分させたらどうでしょうか。すると、お腹が空いて、夕食がしっかり食べられて、他のこともどんどん調子づいてきます。ぜひ一点突破、全面改善をしてほしいのです。

# 5章

## 子どもの生活と運動

〔前橋　明〕

## 1　心地よい空間

　昭和の子どもたちは、道路や路地でよく遊んでいました。遠くへ遊びに行くと、あそびの種類が固定されましたが、家の前の道路で遊んでいれば、あそびに足りない道具があっても、すぐに家から持ってくることができていました。石けりに飽きたらメンコを取りに帰り、メンコに飽きたら空き缶をもらいに帰って、缶けりを始めました。遊び場が遠くにある場合、道具や必要なものを取りに帰って再び集まろうとすると、どうしても時間がかかってしまいました。だから、家から近い遊び場は、それがたとえ道路であっても、居心地の良い空間だったのです。

　また、道路や路地もアスファルトでなく土だったので、絵や図を描いたり、ゲームをしました。もちろん、地面を掘り起こして、土あそびもできましたし、雨が降ると、水たまりができるので、水あそびをすることもしばしばでした。地面は、あそびの道具でもあったのです。相撲をしても、アスファルトと違い、転んでもさほど痛くなく、安全でした。保護者は、家の台所から子どもたちの遊んでいる様子が見えるため、安心していました。いざというときに、すぐに助けることができました。

　子どもは長い間続けて活動できないし、また、休息の時間も短く、活動と休息を短い周期で繰り返します。集中力の持続が難しい幼児期にはなおさらです。そうした意味からも、家の近くの路地は、子どもたちにとって短い時間であそびを発展させたり、変化させることのできる都合の良い場所だったのです。

　今日は、住宅街の一角に必ず、緑を整えた落ちつける公園があります。しかし、単に地区の1か所に安全なスペースを用意して「子どものための遊び場を作りましたよ」と呼びかけても、子どもたちはあまり遊ぼうとしないのです。自由にはしゃぐことができなければ、子どもは自由な活動を自制してしまうのです。「静かにしなければ迷惑になる」「土を掘ってはだめ」「木登りや球技は禁止」といった制約のついた空間は、子どもの遊び場には適しません。

　確かにこうした禁止事項は、公園の美観を維持し、利用者の安全を大切にするためには必要ですが、成長期の子どもの発育・発達にとって決して好ましいことばかりではないのです。やはり、子どもには自然の中で木に縄を掛けて、木と木の間を渡ったり、地面を掘って基地を作ったりするといった、子ども自身の豊かなアイデアを試みることのできるあそびの場が必要なのです。あそびの実体験を通して得た感動は、将来にわたる学習のより

いっそうの強化因子となり、子どもの内面の成長に大きく寄与します。そして、そこから
自ら考え、学ぼうとする姿勢が大きく育まれていくのです。


## 2　ガキ大将の役割

　今日、都市化や少子化のあおりを受けて地域のたまり場あそびが減少・崩壊し、ガキ大
将の不在で、子どもたちが見取り学習をしていたモデルがいなくなりました。運動のスキ
ルは、放っておいても身につくものだと考えている人が多いですが、これは大変な誤解で
す。

　かつては、園や学校で教えなくても、地域のガキ大将があそびをチビッ子たちに自然に
教え、見せて学習させていました。子どもたちは、見たことができないと、仲間から馬鹿
にされるので、泣きながらも必死に練習しました。時には、あそびの仲間に入れてもらい
たいがために、お母さんに頼んで陰の特訓をした子どもたちも多くいました。運動スキル
の習得には、それなりの努力と練習があったのです。

　今は、そんなガキ大将や年長児不在のあそびが多いわけですから、教わること・練習す
ることのチャンスに恵まれない子どもたちでいっぱいなのです。保護者や保育者の見てい
ない世界で、運動スキルや動作パターンを、チビッ子たちに教えてくれていたガキ大将と
いう、あそびの先生の代わりを、いったい誰がするのでしょうか?

　つまり、異年齢集団でのたまり場あそびの減少・崩壊により、子ども同士のあそびの中
から、いろいろなことを教わり合う体験や感動するあそび込み体験のない中で、今の子ど
もは、必要なことを教えなければ、学んだことの活用もできない状態になってきています。
保護者だけでなく、保育者・教師も、子どもたちの見本となって、運動スキルや動作パタ
ーンを見せていく機会を真剣に設けていかねばならないと考えます。運動スキルの学習は、
字を書き始める作業と同じで、お手本を見ただけでは、うまくいきません。手やからだを支え
たり、持ってあげたりして、いっしょに動いてあげないと、習いはじめの子どもにはわかり
ませんし、スキルが正しく身につきません。場所と道具を揃えたあそび環境だけを作って、
子どもの自発性を高めていると思いこんで満足していたらダメなのです。あそびの基本型
を教えたり、伝承したり、運動を指導したりすることは、とても大切なことなのです。

　したがって、子どもたちが自発的にあそびを展開していくためには、まず、基本となる
あそびや運動の仕方を、かつてのガキ大将やあそび仲間にかわって実際に紹介したり、教

えたりする必要があります。そして、子どもたちが自発的にあそびを展開したり、バリエーションを考え出したりして、あそびを発展させるきっかけをつかんだら、大人は、できるだけ早い時期に、主導権を子ども側に移行していく基本姿勢が大切です。

今、子どもたちは、保護者や保育者、教師に、「動きの見本を見せる努力」と「子どもといっしょにダイナミックに遊ぶ活動力や熱心さ」を求めているのです。


## 3　戸外で汗の流せる「ワクワクあそび」のススメ

近年、あそび場（空間）やあそび友だち（仲間）、あそび時間（時間）という3つの間（サンマ）が、子どもたちのあそびの世界から激減して、子どもたちの心とからだにネガティブな影響を生じています。これは、間抜け現象（前橋、2003）と呼ばれています。

この間抜け現象が進行する中で、気になることは、子どもたちの大脳（前頭葉）の働きが弱くなっているということです。鬼ごっこで、友だちから追いかけられて必死で逃げたり、木からすべり落ちそうになって一生懸命に対応策を試みたりすることによって、子どもたちの交感神経は高まっていきますが、現在ではそのような架空の緊急事態がなかったり、予防的に危険そうなあそびは制止され過ぎて、発育発達上、大切な大脳の興奮と抑制体験が、子ども時代にしっかりもてていないのです。

あそびを通して、友だち（人）と関わり合う中で、成功と失敗を繰り返し、その体験が大脳の中でフィードバックされていくと、大脳の活動水準がより高まって、思いやりの心や将来展望のもてる人間らしさが育っていきます。

また、ワクワクして熱中するあそびの中で、子どもたちは運動エネルギーをしっかり発散させて、情緒も安定し、さらに時間の流れや空間の認知能力をも発達させていきますが、この3つの「間」が保障されないと、小学校の高学年になっても、興奮と抑制のコントロールのできない幼稚型のままの状態でいることになります。つまり、興奮することもなく、あるいは、興奮だけが強くなって抑えが効かない状態で、人との交流も非常に下手で、将来の計画を培うことも不得手となるのです。つまり、大人に向かう時期になっても、押さえがきかなく、計画性のない突発的な幼稚型の行動をとってしまうのです。

なお、「子どもたちの姿勢も、近年、悪くなってきた」と言われており、その原因としては、テレビを見る姿勢が悪い、注意してくれる大人がいない、体力が弱くなって姿勢を維持できない等の理由が挙げられています。しかし、悪い姿勢の子どもが増えてきたことは、

単に生活環境や姿勢を保つ筋力低下の問題だけではないような気がします。思うに、前頭葉の働きが弱くなっているがゆえに、脳の中で、「良い姿勢を保とう」という意志が起こらなかったり、そういう意志が持続しなかったりしていることも、大きな原因の1つでしょう。

　子どもたちと相撲や取っ組み合いのあそびをしてみますと、子どもは汗だくになって、目を輝かせて何度も何度も向かってきます。今も昔も、子どもはいっしょです。そうやって遊び込んだときの子どもは、興奮と抑制をうまい具合に体験して、大脳（前頭葉）を育てているのです。しかし、今の子どもは、そういう脳やからだに良いあそびへのきっかけがもてていないのです。

　世の中に便利な物が増えて、生活が快適になってきますと、その中にどっぷり浸かる人が増えてきます。生活の中で一番育ちの旺盛な幼少年期に、からだを使う機会がなくなると、子どもたちは発達しないうちに衰えていきます。

　今の子どもは、放っておけば自然と成長するのではなく、悪くなることの方が多くなった気がします。便利で快適な現代生活が、発育期の子どもたちの発達を奪っていきますので、今こそ、みんなが協力し合って、子どもたちの心とからだのおかしさに歯止めをかけなければなりません。

　そのためには、まず、子どものあそびを大切にした3つの共通認識をもつことが大切です。

①　あそびの中の架空の緊急事態が、子どもたちの交感神経を高め、大脳の働きを良くします。

②　あそびの中では、成功体験だけでなく、失敗体験も、前頭葉の発達には重要です。

③　子どもたちには、日中にワクワクする集団あそびを奨励しましょう。1日1回は、汗をかくくらいのダイナミックな外あそびが必要です。


## 4　運動量の確保

　健康に関する重要な課題の1つとして、生活リズムの確立に加え、「運動量の確保」が挙げられます。とくに、子どもにとって、活動意欲がわくホルモンが分泌されて体温が高まっていく時間帯の戸外あそびは極めて重要で、そのころの身体活動が成長過程における必須の条件といえます。

では、幼児にはどのくらいの運動量が必要なのでしょうか？「歩数」を指標にして運動の必要量を明らかにしてみます。調査[1]（前橋、2001）によると、午前9時から11時までの2時間の活動で、子どもたちが自由に戸外あそびを行った場合は、5歳男児で平均3,387歩、5歳女児2,965歩でした（図5-1、図5-2）。室内での活動は、どの年齢でも1,000～2,000歩台で、戸外での活動より少なくなりました。

また、自然の中で楽しく活動できる「土手すべり」では、園庭でのあそびより歩数が多く、5歳男児で5,959歩、5歳女児で4,935歩でした。さらに、同じ戸外あそびでも、保育者がいっしょに遊んだ場合は、5歳男児で平均6,488歩、5歳女児で5,410歩と、最も多くの歩

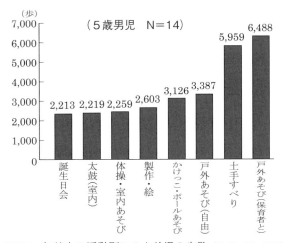

図5-1　午前中の活動別にみた幼児の歩数（前橋　明, 2001）

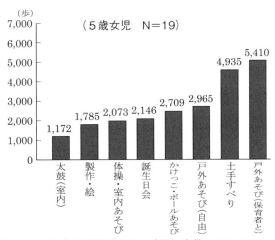

図5-2　午前中の活動別にみた幼児の歩数（前橋　明, 2001）

数が確保されました。環境条件（自然）と人的条件（保育者）のかかわりによって、子どもの運動量が大きく増えることを確認しました。

戸外あそびを充実させることで、子どもたちは運動の快適さを身につけます。その中で、人や物、時間への対処をしていくことによって、社会性や人格を育んでいくのです。1日の中で、子どもたちが最も活動的になれるのは、生理的にみると、体温が最も高まっている午後3時から5時頃です。この時間帯にも、4,000～6,000歩は確保させたいものですが、近年は仲間や空間が少なくなっていますので、せめて半分の2,000～3,000歩程度は動く時間を保障したいものです。

午前11時から午後3時頃までの生活活動としての約1,000歩を加えると、1日に7,000～10,000歩を確保することが可能になります。そのためにも、魅力的なあそびの環境を提供し、保育者や保護者があそびに関わっていくことが、近年、とくに重要になってきました。

運動あそびの伝承を受けていない現代っ子ですが、保育者や保護者が積極的に子どもとのあそびに関わっていけば、子どもと大人が共通の世界を作ることができます。そして、「からだ」と「心」の調和のとれた生活が実現できるのではないでしょうか。

# 5　遅寝遅起きの夜型の子どもの生活リズムは、外あそびで治る

保育園や幼稚園に登園しても、無気力で、遊んだり、勉強したりする意欲がない。落ち着きがなく、集中できない。すぐイライラしてカーッとなる。そういった不機嫌な子どもたちが増えていますが、その背景には、夜型生活、運動不足、食生活の乱れからの心やからだの異変があります。

こういう子は、きまって寝起きが悪く、朝から疲れています。そこで、運動の実践で、自律神経を鍛え、生活のリズムを築き上げる自然な方法をおすすめします。とくに、本来の体温リズムがピークになる午後3時から5時頃が動きどきです。この時間帯に戸外でからだを使って遊んだり、運動したりすると、おなかがすいた状態で夕食を食べ、夜は精神的に落ち着いて心地よい疲れを生じて早く眠くなります。そして、ぐっすりと眠ることにより、朝は、機嫌よく起きられます。

実際、午後3時以降に積極的に運動あそびを取り入れた高知県吾川村の保育所では、「夜8時台に寝つく子どもが増え、登園時の遅刻も激減した」という報告がされています。また、教育委員会のバックアップを受けて、村ぐるみの子育て活動へと発展しています。

5章　子どもの生活と運動

　今日の子どもを取り巻く環境は、冷暖房にテレビ、ビデオと、室内環境が豊か過ぎます。しかも、テレビやビデオをお迎えが来るまで見せている保育園も多くみられるようになってきました。幼稚園や小学校から帰っても、あそび仲間が集えず、個別に家庭での室内あそびを余儀なくされている子どもたちが増えています。これら環境の問題が、子どもたちの生活リズムに合った活動を、かえって邪魔しています。

　要は、体温の高まりがピークになる午後3時頃から、戸外で積極的にからだを動かせば、健康な生体リズムを取りもどせます。低年齢で、体力が弱い場合には、午前中にからだを動かすだけでも、夜早めに眠れるようになりますが、体力がついてくる4歳から5歳以降は、朝の運動だけでは足りません。体温の高まるピーク時の運動も、ぜひ大切に考えて取り入れてください。

　幼少児のからだを整えるポイントは、次の4点です。

①　体温の高まりがピークになる午後3時から5時頃は、しっかりからだを動かす。
②　夕食をしっかり食べて、夜9時前には寝る。
③　朝7時前には起きて、朝食を摂り、排便をする。
④　午前中も、できるだけ外あそびをする。

［文　献］

1）前橋　明・石垣恵美子：幼児期の健康管理―保育園内生活時の幼児の活動内容と歩数の実態―，聖和大学論集 29，pp.77-85，2001.
2）前橋　明：輝く子どもの未来づくり，明研図書，2008.

# 6章

## 子どもの発達と運動

〔前橋　明・田中　光・石井　浩子〕

## 1　乳児期の発育・発達と運動

　出生時の体重は約3kgで、男の子の方がやや重い特徴があります。出生時の体重が2.5kg未満の乳児を低出生体重児、1kg未満のものを超低出生体重児といいます。

　体重は、3～4か月で約2倍、生後1年で約3倍、3歳で4倍、4歳で5倍、5歳で6倍と変化します。身長は、約50cm、生後3か月の伸びが最も顕著で、約10cm伸びます。生後1年間で、24～25cm、1～2歳の間で約10cm、その後、6～7cmずつ伸び、4～5歳で出生時の約2倍に、11歳～12歳で約3倍になります。

　身体各部分の均衡の変化について、Stratzの研究をもとに考察してみますと、図6-1で示すように、子どもというものは、大人を小さくしたものではなく、年齢によって、身体各部の釣合は変化することがわかります。例えば、頭身を基準にすると、新生児の身長は頭身の4倍、すなわち、4頭身です。2歳で5頭身、6歳で6頭身、12歳で7頭身、成人でほぼ8頭身になります。

　つまり、幼児は、年齢が小さい程、頭部の割合が大きく、四肢が小さいのです。割合が大きく、重い頭が身体の最上部にあるということは、身体全体の重心の位置がそれだけ高いところにくるわけで、不安定になり、転びやすくなります。しかも、からだの平衡機能の発達自体も十分に進んでいないため、前かがみの姿勢になったとき、一層バランスがとりにくく、頭から転落し、顔面をケガする危険性が増大するわけです。

　運動の発達は、直立歩行ができるようになるまでに、様々な形態で移動し、次第に、腕

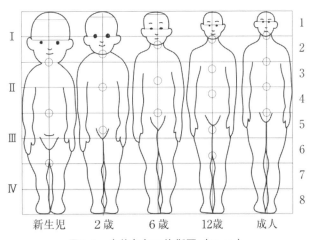

図6-1　身体各部の均衡図（Stratz）
〔前橋　明：幼児の体育，明研図書，p.8，1988．〕

や手が把握器官として発達します。まず、生まれてから3〜4か月ほどで首がすわり、5〜6か月頃には、ねがえりがみられます（図6-2）。7〜8か月ごろには一人でおすわりやずりばいができるようになり、9〜10か月頃には四つばいができるようになっていきます。つかまり立ち、伝い歩きを経て、1歳頃から直立歩行が可能となりますが、人的環境の積極的な働きかけがあってこそ、正常な発達が保障されるということを忘れてはなりません。そして、小学校に入学する頃には、人間が一生のうちで行う日常的な運動のほとんどを身につけています。この時期は、強い運動欲求はありますが、飽きっぽいのが特徴です。

図6-2　乳幼児の移動運動の発達（Shirley）
〔前橋　明：子どもの健康科学，明研図書，p.45，2000．〕

## 2 反射

新生児期から乳児期にかけては、大脳の機能が未発達であるため、反射的な行動がほとんどです（図6-3）。反射は、神経系の発達に関連していると考えられます。新生児期に特

**把握反射**
手のひらに物が触れると強く握りしめる。
それを取ろうとすると、ますます強く握る。

**足底反射**
足底をかかとから外側に沿って強くこすると、足の親指が背屈する。

**自動歩行反射**
脇の下を支えて身体を前傾させると、足を交互に発進させ、歩行するような動きをする。

**モロー反射**
仰向けに寝かせて、後頭部を手のひらで支えて床面から2〜3cm上げて、その手を急にはなす。上肢を伸展させ外転し、身体の前にあるものを抱きしめるように内転する。

**交差性伸展反射**
片方の足の裏を指で強く圧迫すると、もう片方の足を内転屈曲し、その後圧迫した足にそって伸展する。

**パラシュート反射**
乳児の脇を両手で支えて中に立体をとらせると、両足をばたばた動かす。

**筋緊張性頸反射**
仰向けに寝ている時、しばしば顔を向いている方の手足を伸ばし、反対側の手足を曲げている。

**ガラント反射**
乳児の胸腹部を手で支えて宙で腹位をとらせると、首を持ち上げ脊柱を背屈させ、下肢を伸展させる。

図6-3 原始反射
〔前橋 明：心とからだの健康 子どもの健康科学, 明研図書, p.43, 2000.〕

徴的に見られ、成長発達とともに消失してしまう反射を原始反射といいます。この反射は、生命保持と環境適応のために、生まれつき備わっている反応です。

原始反射の代表的なものには、口唇探索反射・吸啜(きゅうてつ)反射・把握反射・モロー反射・歩行反射などがあり、原始反射は脳の発達とともに生後3～4か月頃までに消失していくものがほとんどです。反射が出現するべき月齢に観察されなかったり、消失すべき月齢でも残存していたりする場合には何らかの障害が疑われる場合があります。

一般の乳児健診では、反射の発達速度のチェックは行いませんが、運動発達に遅れが生じている場合は、脳性麻痺や精神遅滞などの症状のあらわれの参考としています。

## 3　発達の順序性

人間の成長は、個人によって若干の差があり、身体各部の発育や内臓諸器官における機能の発達は、一定の速度で進行・増大するものではありません。しかし、その過程においては、一定の順序性があり、決して逆行したり、飛躍したりはしません。

例えば、乳児が歩行機能を習得する過程を考えてみますと、生後4か月くらいで、まず首がすわり、おすわりができるようになってから、8～10か月くらいでハイハイをし、その後、歩くようになります。

これらの順序には、方向性があり、「頭部から身体の下の方へ」「中心部分から末梢部分へ」「粗大運動から微細運動へ」にそって進行します（図6-4）。

子どもは、これらの全身運動の発達によって視野が広がり、行動範囲を広げます。身体を動かせる機会が増加することによって、脳神経系や筋肉・骨格系の高次な発達につながり、興味や好奇心が生まれ、知的面が向上します。また、発育・発達には、ある一定の連続性があり、急速に進行する時期と緩やかな時期、また停滞する時期があります。

運動機能の発達は、3つの特徴があります。
① 頭部から下肢の方へと、機能の発達が移っていきます。
② 身体の中枢部から末梢部へと運動が進みます。
③ 大きな筋肉を使った粗大な運動しかできない時

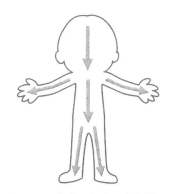

図6-4　発育・発達の方向性

期から、次第に分化して、小さな筋肉を巧みに使える微細運動や協調運動が可能となり、随意運動ができるようになります。

## 4　微細運動

生後すぐに、把握反射により、手に触れた物をつかむ動作を行いますが、2～3か月頃になると、自分の意志で物をつかむようになります。

つかみ方の発達は、5～6か月頃に手のひら全体で包み込むようにつかみ、近くにあるものをつかんだり、取ったりする動作ができるようになります。この時期は、全身動作の状況とも関連し、おすわりができ、上半身が安定することによって、手が自由に使えるようになります。

7～8か月頃には、指先を使えるようになり、さらに9か月頃では、指で小さなものを転がせるようになり、10～11か月頃には親指を使って物をつかむようになります。11～12か月頃には、親指と人指し指の指先を使ってつまむ動作ができます。手指の発達は、全身運動の発達と密接な関連をもちます。

8か月頃からバイバイをする行動は、バイバイの意味は理解できなくてもバイバイという言葉に反応して手を振ることができます。これも目と手、そして、言葉との関連をあらわしています。この頃から、子どもには模倣という動作があらわれてきます。

この時期に極めて多い事故が「誤飲事故」であり、注意が必要です。指先を使って小さい物がつかめるようになると、それを口にもっていって誤って飲み込んでしまうことがよくあります。これは、徐々になくなり、手あそびや投げることに変わっていきます。

1歳半頃には、積木を2つ積むことができ、3歳頃には8つの積木を積めるようになります。また、1歳頃より手指を使ってなぐり描きをします。3歳頃には、ハサミや箸を使い始め、人の絵は、頭に手足がつく頭足人を描きます。6歳頃には、頭や首、手、足、胴、顔などを描くようになります。5歳頃には、指先の動作の基礎ができあがります。利き手は、2歳頃から判断できはじめ、5歳頃には決定されます。

これらの動作も、他の人が行っている動作を模倣しながら、頭で考え、手を使ってくり返していき、獲得していくのです。時間がかかっても、子ども自身でやり遂げたことに自信をもち、次のチャレンジへの意欲につながっていきます。

## 5　身体各部の発育プロセス[1)]

　発育・発達のプロセスにおいて、身体各部の発育も、内臓諸器官における機能の発達も、決してバランスよく同じ比率で増大したり、進行したりするものではありません。

　Scammonは、人間が発育・発達していくプロセスで、臓器別の組織特性が存在することに注目し、筋肉・骨格系（一般型）や脳・神経系（神経型）、生殖腺系（生殖型）、リンパ腺系（リンパ型）の発育の型を図にまとめ、人間のからだのメカニズムを理解する貴重な資料を私たちに提供してくれました（図6-5）。

　①一般型は、筋肉や骨格、呼吸器官、循環器官など、②神経型は、脳や神経・感覚器官など、③生殖型は、生殖器官、④リンパ型は、ホルモンや内分泌腺などに関する器官の発育をそれぞれ示しており、また、図中で100というのは、成人に達したときの各器官の重量です。

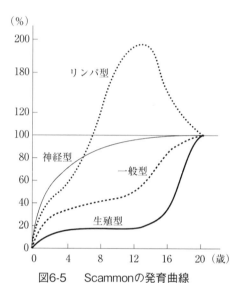

図6-5　Scammonの発育曲線
〔前橋　明：幼児の体育，明研図書，p.7，1988.〕

　全体的にみれば、脳・神経系は、生後、急速に発達し、10歳前後には、ほぼ成人の90％近くに達するのに対し、生殖腺系の発達が最も遅れ、リンパ腺系は12歳前後で成人の２倍にも達します。その後、少しずつ減少し、20歳近くで成人域にもどるというのが、その概要です。

### （1）神経型と一般型

　幼児期では、神経系だけが、すでに成人の80％近く達しているのに、一般型の発育は極めて未熟で、青年期になるまで完成を待たねばならないようです。このような状態のため、幼児は運動あそびの中で調整力に関することには長足の進歩を示しますが、筋力を強くすることや持久力を伸ばすことは弱いようです。

　したがって、４歳・５歳児が「部屋の中での追いかけごっこ」や「自転車乗りの練習」をするときには、母親顔負けの進歩を示しますが、「タイヤ運び」や「マット運び」では、

まるで歯がたたないのです。

　つまり、幼児期における指導では、まず、下地のできている感覚・神経系の機能を中心とした協応性や敏捷性、平衡性、巧緻性などの調整力を育てるような運動をしっかりさせてやりたいと願います。

　ところが、ここで誤解していただいては困ることが一つあります。それは、筋肉や骨格などは、まだ成人の30％程度の発育量を示すに過ぎないからといって、筋力を用いる運動をまったくの無意味と考えてもらっては困るということです。

　幼児の日常生活に必要とされる、手や足腰の筋力を鍛えさせることは、幼児にとっても大切なことであることを再確認していただきたいと思います。

　実際には、幼児体育で運動機能の向上を考える場合、第一に器用な身のこなしのできることを主眼とし、筋力や持久力は運動あそびの中で副次的に伸ばされるものというようにとらえておいて下さい。

　また、運動機能は、感覚・神経機能や筋機能、内臓機能など、諸機能の統合によって、その力が発揮されるものだということも忘れないで下さい。


## （2）生殖型

　生殖腺系の発育は、幼児期や小学校低学年の児童期の段階では、成人の約10％程度あり、男女差による影響は少ないと考えられます。

　したがって、男女がいっしょに行える運動課題を与えてもよいと考えます。もし、差が認められる場合には、それを男女差と考えるよりは、むしろ個人差とみていく方が良いかもしれません。

　ただし、この図が示す生殖腺や、筋肉や骨格の発育傾向は、現代っ子の発育加速現象で、Scammonが作図した頃よりは、年齢が早くなっていることを忘れてはなりません。


## （3）リンパ型

　リンパ腺系の発育は、幼児期に急速に増大し、7歳頃には、すでに成人の水準に達しています。そして、12歳前後で成人の2倍近くに達します。

　つまり、抵抗力の弱い幼児を、外界からの細菌の侵襲などに備えて守るために、リンパ型の急速な発達の必要性があると考えます。

　さらに、成人に近づき、抵抗力が強化されると、それとともに、リンパ型は衰退していくのです。

## 6 幼児期の運動発達[1]

　運動発達の評価は、乳児検診において極めて重要なものです。なぜなら、発達の段階が非常に評価しやすいことと、乳児期では運動発達と精神発達はほぼ比例するからです。運動発達を評価すれば、全体の発達がおおよそ評価できます。

　幼児期になると、走力や跳力、投力、懸垂力などの基礎的運動能力が備わってきます。はじめは、細かい運動はできず、全身運動が多く、そして、4歳〜5歳くらいになると、手先や指先の運動が単独に行われるようになります。

　こうした幼児の発達段階をふまえて、運動能力を発達させるには、興味あるあそびを自発的にくり返し経験させることが大切です。というのも、3歳・4歳頃になれば、運動能力はあそびを通して発達してくるものだからです。すなわち、幼児の運動能力は、あそびの生活の中で発達するのです。

　5歳〜6歳になると、独創的発達が進み、さらに、情緒性も発達してくるので、あそびから一歩進んで体育的な運動を加味することが大切になってきます。競争や遊戯などを経験し、運動機能を発達させるとともに、幼児の体力づくりのための具体的な働きかけや工夫が必要となってきます。ここでいう運動能力とは、全身の機能、とくに神経・感覚機能と筋機能の総合構成した能力と考えておきましょう。

　運動能力の3つの側面として、次のように分類することができます。

① 運動を起こす力→筋力…………筋機能
② 運動を継続する力→持久力……呼吸循環機能、精神的要素
③ 運動をまとめる力→調整力……神経機能

　また、基礎的運動能力としての走力や跳力、投力、懸垂力、泳力などの分類もあります。

　幼児期は、運動能力の伸びがはやく、とくに3歳〜5歳では、その伸びが大きいです。中でも、走る運動は全身運動であるため、筋力や心肺機能（循環機能）の発達と関係が深く、跳躍運動は瞬間的に大きな脚の筋力によって行われる運動ですから、その跳躍距離の長短は、腕の振りと脚の伸展の協応力とも関係が深いといえます。跳躍距離に関しては、6歳児になると、3歳児の2倍近くの距離を跳べるようになります。これは、脚の筋力の発達と協応動作の発達によるものです。

　投げる運動では、大きな腕の力や手首の力があっても、手からボールを離すタイミングを誤ると距離は伸びません。とくにオーバースローによる距離投げの場合は、脚から手首

まで、力を順に伝達し、その力をボールにかけるようにする必要があります。オーバースローによるボール投げにおいては、4歳半以後からは、男児の方の発達が女児に比べて大きいようです。

懸垂運動は、筋の持久性はもとより、運動を続けようという意志力にも影響を受けます。幼児期では、運動能力、とくに大脳皮質の運動領域の発達による調整力の伸びがはやく、性別を問わず、4歳頃になると急にその能力が身についてきます。これは、脳の錐体細胞が4歳頃になると、急に回路化し、それに筋肉や骨格も発達していくためでしょう。

発育・発達は、それぞれの子どもにより速度が異なり、かなりの個人差のあることを理解しておかなくてはいけません。運動機能の発達は、単に「できる」「できない」のみで判断してはいけないのです。動作の学習過程や子どもが積み重ねてきた運動機能を発揮しやすい状況が与えられているかによっても違ってきます。出生までの在胎時期の短さも関係するので、早産した子どもを満期で生まれた子どもと比較するのは正しくありません。子どもの発育・発達は、標準と比較してみるだけでなく、個々の特色や性格をみることも大切です。

児童期になると、からだをコントロールする力である調整力が飛躍的に向上します。乳幼児期からの著しい神経系の発達に筋力の発達が加わり、構造が複雑な動作や運動が可能となります。スポーツ実践においても、乳幼児期に行っていたあそびから進化して、ルールが複雑なあそびや、より組織的な運動やスポーツ、体育的なプログラムを加味した体育あそびに変化していきます。

# 7　運動発現のメカニズム

身体運動は、運動神経と筋系の働きによって、具体的に実現されていますが、目的に合う合理的な運動をするためには、感覚系の働きと、感覚系からの情報を知覚し判断して、それに対応した運動を命令する脳・中枢神経系の働きがとくに重要です。人は生まれたとき、すでに約140億の脳細胞が大脳皮質にあると言われていますが、大脳の脳細胞同士の連絡ができていないため、知覚・判断・思考・運動など、高等な心の働きをもつことができず、いわゆる適応行動ができない状態にあります。その状態から、まわりの環境や人とのふれあい等から、様々な学習や経験をすることによって、大脳に刺激を与えられると、脳細胞が成熟していき、徐々に自分の思うようにからだを動かすことができるようになります[1]。

## (1) 意識的運動（随意運動）[1]

　運動について言えば、運動の最高中枢である大脳皮質には、元来、運動の型をつくる能力があり、一定の運動をくり返すことによって神経線維が結びつき、脳細胞間の連絡回路ができ、この回路が運動の型を命令する中枢となっていきます。

　例えば、自転車に乗ったことのない人は、いくら手足の神経や筋肉が発達していても、自転車にはじめからうまく乗ることは難しいでしょう。ところが、ようやくペダルを踏むことのできる程度の発達段階の子どもでも、慣れたら上手に乗ることができるのは、自転車に乗る経験や練習を経て、大脳皮質に自転車乗りに適した回路ができ、その命令で運動神経系や筋系がうまく協調しながら働くからです。

　この運動の発現過程のモデルを図6-6のように示すことができます。すなわち、外からの刺激は、受容器（目や耳、手などの感覚器官）によって感じられ、情報として知覚神経を通り、大脳に達します。大脳では、それらの情報を比較し、判断した結果、決定がなされ、その決定は命令となって脊髄を通り、運動神経を通って運動を起こす実行器（筋肉）に達し、筋肉が自動調節されながら収縮することによって運動を起こすことになります。しかも、その結果は、視覚・聴覚・皮膚感覚などの外的な手がかりや筋肉などにある内部受容器の内的な手がかりを通じて、たえず中枢に送られ、フィードバックされています。

　この意識的運動以外に、もう一つ運動を起こす仕組みがあります。すなわち、感覚系の情報が大脳皮質に達する前に情報の中継所である脊髄から、すぐに運動神経糸に切りかえられ、筋肉に達して、意識する以前に運動を起こす仕組みです。これは意識とは無関係に情報が折り返されて運動が現れている現象で、反射と呼んでいます。

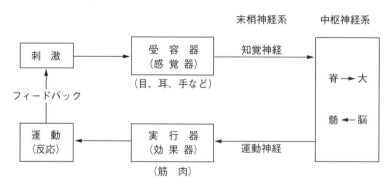

図6-6　身体運動の発達の過程
〔前橋　明：幼児の体育，明研図書，p.13，1988.〕

## 6章　子どもの発達と運動

### (2) 運動技術の上達のプロセス[1]

　身体運動のためには、受容器・知覚神経・大脳皮質の回路・運動神経・実行器・それぞれのフィードバックシステム等の調和のとれた発達が必要なのです。そして、これらは、多様な運動のくり返しによって発達していきます。

　また、初めての動作のようなぎこちない意識的動作も、くり返すことによってなめらかになり、特別の意識を伴わないでできるようになり、次第に反射的な要素が多くなって、機械的で効率的な動きになっていくのです。これが、運動技術の上達のプロセスです。

### (3) 運動の発達[1]

　身体運動は筋肉運動であるため、筋肉やそれを動かしている神経系に支えられていますが、同時に呼吸・循環器系を中心に、他の内臓器官にも支えられています。

　したがって、発達に伴った適切な運動によって、筋肉や神経系だけでなく、呼吸・循環器系やその他の内臓諸器官も発達させ、身体運動をダイナミックにし、子どもの生活経験を拡大して、パーソナリティを発展させ、そのことが、また、より高度な運動を可能にしていくということをくり返しながら、運動は発達し、体力がついていきます。

[文　献]

1）前橋　明編著：幼児の体育，明研図書，pp.3-22，1988.

2）前橋　明ほか：心とからだの健康『健康』，明研図書，pp.45-64，2001.

3）前橋　明・高橋ひとみ・藤原千恵子・上田芳美ほか：子どもの健康科学，明研図書，pp.31-52，2000.

# 7章

## 幼児にとっての運動の役割と効果

〔前橋　明〕

7章　幼児にとっての運動の役割と効果

　今日、都市化が進むにつれ、子どもたちの活動できる空間が縮小されるとともに、から
だ全体を十分に動かす機会も非常に少なくなってきました。咄嗟に手をつくという防御動
作がなかなかとれず、顔面に直接ケガをする子どもたちが増えてきました。日頃、十分に
運動している子どもたちであれば、うまく手をついて、ケガをしないように転ぶことがで
きます。ところが、運動不足で反射神経が鈍っていると、手のつき方も不自然になり、ま
るで発作でも起きたかのようにバターッと倒れ、骨を折りかねません。また、ボールがゆっ
くりと飛んできても、手でよけたり、からだごと逃げたりできないので、ボールが顔にま
ともにあたってしまいます。このように、日頃運動をしていない子どもたちは、自分にふ
りかかってくる危険がわからず、危険を防ぐにはどうすればよいかをからだ自体が経験し
ていないのです。

　幼児というものは、運動あそびや各種運動の実践を通してからだをつくり、社会性や知
能を発達させていきます。からだのもつ抵抗力が弱く、病気にかかりやすい幼児に対して
は、健康についての十分な配慮が欠かせないことは言うまでもありませんが、そうかといっ
て、「カゼをひいては困るから外出させない」「紫外線にあたるから、外で遊ばせない」と
いうように、まわりが大事を取り過ぎて、幼児を運動から遠ざけてしまうと、結果的に幼
児を運動不足にし、健康上、マイナスを来してしまいます。

　この時期に、運動を敬遠すれば、全身の筋肉の発達も遅れ、平衡感覚も育成されにくく
なります。とくに、背筋力の低下が目立つといわれている現在では、運動経験の有無が幼
児の健康に大きな影響を与えることになります。それにもかかわらず、現実は、ますます
からだを動かさない方向に進んでいるといえます。

　幼児にとっての身体活動や運動は、単に体力をつくるだけではありません。人間として
生きていく能力や、人間らしい生き方の基盤をつくっていきます。しかし、基礎体力がな
いと、根気や集中力を養うことができません。少々の壁にぶつかってもへこたれず、自分
の力で乗り越えることのできるたくましい子どもに成長させるためには、戸外で大勢の友
だちといっしょに、伸び伸びと運動をさせることが大切です。活発な動きを伴う運動あそ
びや運動を長時間行う幼児は、自然に持久力育成の訓練をし、その中で呼吸循環機能を改
善し、高めています。さらに、力いっぱい動きまわる幼児は、筋力を強くし、走力もすぐ
れてきます。また、からだを自分の思うように動かす調整力を養い、総合的に調和のとれ
た体力も身につけていきます。

　体力・健康の増進というと、肉体的な面にすぐ目が向けられがちですが、精神的発達や
知的発達と密接に結びついていることを忘れてはなりません。運動をすることによって、

外の世界に対して、積極的、かつ、能動的に働きかけるようになり、生きる意欲も高まり、ひいては健康も増していきます。逆に何もしないと、体力は弱まり、気力も衰えます。病気がちでは、内向的にもなりやすいです。健康であれば、自信もつくし、冒険心もついてきます。このように、性格形成にも大きく影響を与えますので、早期における健康・体力づくりは、大変重要だといえるでしょう。

　幼児が行う運動は、それが非常に簡単なものであっても、発達した脳の活動なしには決して行えるものではありません。人間が生きている限り、身体活動は必須であり、それによって、発育・発達をし、生命を維持することができるからです。つまり、幼児期は、少しずつではありますが、身体活動の促進により、自己の生活空間を拡大し、社会性や情緒面の諸能力を可能なかぎり助長しているわけです。

　このような身体活動の積極的な促進は、人間としての統合的な発達の上で重要な役割を果たしてくれます。もし、発育期の最大の刺激となる身体活動がなされていないならば、幼児の潜在的能力が十分に発揮されないことになります。

　いずれにしても、発達刺激としての運動を実践することは、身体的発達を助長し、さらに、情緒的な発達、社会的態度の育成、健康・安全を配慮する能力などを養い、人間形成に役立っていきます。

　そこで、幼児の健全な心身の発達において、運動あそびや運動実践がどのような役割を果たしているかをみていきましょう。

## 1　身体的発育の促進

　運動とからだの発育・発達とは、切り離しては考えられません。適度な身体活動や運動実践は、身体的発育を促進します。すなわち、全身運動は、生体内の代謝を高め、血液循環を促進し、その結果として、骨や筋肉の発育を助長していきます。

　筋肉は、運動によって徐々にその太さを増し、それに比例して力も強くなります。逆に、筋肉を使わないと、廃用性萎縮といって、筋肉が細くなり、力も弱くなります。つまり、筋肉は運動することによって強化されるのです。砂あそびやボール投げ、ブランコ・すべり台・ジャングルジム等を利用してのあそびは、特別な動機づけの必要もなく、ごく自然のうちに筋力をはじめ、呼吸循環機能を高め、身体各部の成長を促進していきます。

つまり、運動することによって、体力や健康が養われ、それらが増進されると、幼児は、より活動的な運動あそびを好むようになり、同時にからだの発育が促されていくのです。

## 2　運動機能の発達と促進

身体活動をすることによって、それに関連する諸機能が刺激され、発達していきます。しかし、おのおのの時期に、とくに発達する機能とそうでない機能とがあります。例えば、幼児の神経機能は出生後きわめて著しい発育を示し、生後6年間に成人の約90％に達します。

運動機能は、脳神経系の支配下にありますから、神経機能が急速に発達する幼児期においては、いろいろな運動を経験させ、運動神経を支配する中枢回路を敷設しておくことが大切です。また、幼児期に形成された神経支配の中枢回路は、容易に消えないので、その時期においては、調整力を中心とした運動機能の開発をねらうことが望ましいといえます。

運動によって運動機能が発達してくると、自発的にその機能を使用しようとする傾向が出てきます。そのことによって、運動機能はさらに高められ、児童期の終わり頃にはかなりの段階にまで発達していきます。

こうして、多様な運動経験を通して、幼児のからだに発育刺激を与えることができるとともに、協応性や平衡性、柔軟性、敏捷性、リズム、スピード、筋力、持久力、瞬発力などの調和のとれた体力を養い、空間での方位性や左右性をも確立していくことができます。

つまり、からだのバランスと安定性の向上を図り、からだの各運動相互の協調を増し、全体的・部分的な種々の協応動作の統制を図ることができるのです。そして、からだの均整が保たれ、筋肉の協同運動が合理的に行われるようになると、運動の正確さやスピードも高められ、無益なエネルギーの消費を行わないようになります。このように、基礎的運動能力を身につけ、エネルギー節約の方法を習得できるようになります。

## 3　健康の増進

全身運動を行うことにより、血液循環が良くなり、心臓や肺臓、消化器などの内臓の働きが促進されます。また、運動をくりかえすことによって、外界に対する適応力が身につき、皮膚も鍛

えられ、寒さに強く、カゼをひきにくい体質づくりにもつながります。

つまり、寒さや暑さに対する抵抗力を高め、からだの適応能力を向上させ、健康づくりに大いに役立ちます。


## 4　情緒の発達

運動あそびや運動を実践することによって、情緒の発達が促されます。また、情緒の発達にともなって、幼児の運動あそびや運動の内容は変化します。すなわち、運動と情緒的発達との間にも、密接な相互関係が成り立っているのです。

情緒は単なる生理的な興奮から、快・不快に分化し、それらは、さらに愛情や喜び・怒り・恐れ・しっと等に細かくわかれていきます。そして、5歳頃までには、ほとんどすべての情緒が表現されるようになります。

このような情緒の発達は、人間関係の交渉を通して形成されます。この初期における人間関係の媒介をなすものがあそびであり、中でも、運動あそびを媒介として幼児と親、きょうだい同士、友だち等との人間関係がより強く形成されていきます。

そして、運動あそびや各種の運動実践は、幼児が日常生活の中で経験する不安、怒り、恐れ、欲求、不満などを解放する、安全で有効な手段となっていきます。

なお、心身に何らかの障害をもつ幼児の場合、心配で放っておけないということから、運動規制が強すぎたり、集団での運動経験が不足したりしている状態で育っているというケースが比較的多くみられます。自閉児と呼ばれている幼児の中には、十分な体力をもちながら、運動エネルギーを不燃のまま自分の殻の中に閉じ込め、それが情緒的に悪影響を及ぼしているケースも、少なくありません。

そこで、こういった経験の不足を取りもどし、幼児の中で眠り続けてきた運動エネルギーに火をつけ、十分発散させてやることが、情緒的にも精神的にも極めて重要です。多動で落ちつきのない幼児についても、同じことがいえます。大きなつぶつぶの汗が出るほど運動した後は、比較的落ちついてくるものです。多動だからといって、無理に動きを規制すると、かえって、子どもたちを多動にさせていきます。

いずれにしても、運動は健全な情緒の発達にとって、重要な意味をもっています。

## 5　知的発達の促進

　子どもは、幼い頃からあそびや運動を中心とした身体活動を通して、自己と外界との区別を知り、自分と接する人々の態度を識別し、物の性質やその扱い方を学習していきます。また、対象物を正しく知覚・認識する働きや異同を弁別する力などの知的学習能力が養われる運動あそびにおいて、幼児は空想や想像の力を借りて、あらゆる物をその道具として利用します。例えば、大きな石はとび箱になり、ジャンプ台になり、ときには、馬にもなっていくのです。

　このような運動あそびは、想像する能力を高め、創造性を養い、知的能力の発達に寄与しています。運動遊具や自然物をどのように用いるかを工夫するとき、そこに思考力が養われていきます。様々な運動遊具を用いる運動によって、幼児はその遊具の使い方やあそび方、物の意義、形、大きさ、色、そして、構造などを認識し、学習していくのです。知的発達においては、自分の意志によって環境や物を自由探索し、チェックし、試みていくことが重要ですが、ときには指導者が指示を与え、物の性質やその働きを教えていくことも大いに必要です。

　そして、運動あそびの中で、成功や失敗の経験を積み重ねていくことが、知的発達の上で大切になってきます。

　また、友だちといっしょに運動できるようになると、自然のうちに認知力や思考力が育成され、集団思考ができるようになります。そして、模倣学習の対象も拡大し、運動経験の範囲も広くなってきます。幼児は、こうして自己と他人について学習し、その人間関係についての理解を獲得していきます。さらに、自己の能力についての知識を得るようになると、幼児は他人の能力との比較を行うようになってきます。

　生理学的にみると、脳の機能は、細胞間の結合が精密化し、神経繊維の髄鞘化が進むにつれて向上していきます。神経も、適度に使うことによって、発達が促進されるという「使用・不使用の原理」が働いていることを覚えておきたいものです。

## 6　社会性の育成

　幼児が仲間といっしょに運動する場合、順番を守ったり、みんなと仲良くしたりすることが要求されます。また、お互いに守らねばならないルールがあって、幼児なりにその行動規範に従わねばなりません。運動実践の場では、集団の中での規律を理解するための基本的要素、協力の態度など、社会性の内容が豊富に含まれているため、それらを十分に経験させることによって、社会生活を営むための必要な態度が身についてきます。

　つまり、各種の運動実践の中で、指示にしたがって、いろいろな運動に取り組めるようになるだけでなく、仲間といっしょに運動することによって、対人的認知能力や社会的行動力が養われていきます。こうして、仲間とともに運動することで、ルールの必要性を知り、自己の欲求を調整しながら運動が楽しめるようになります。


## 7　治療的効果

　様々なタイプの運動障害が起こってくるのは、脳から調和のとれた命令が流れない・受け取れないためです。運動障害の治療の目標を運動パターンや動作、または、運動機能と呼ばれているものの回復におき、その状態に応じた身体活動をさせることによって、筋肉の作用、平衡、姿勢、協調、運動感覚（自分のからだの各部が、どんな運動をしているかを認知できる感覚）、視覚、知覚などの、日常における運動を組み立てている諸因子の調和を図ることができるようになります。

　機能の悪さは、幼児がひとりで生活できる能力やあそびを楽しむ能力を奪ったり、抑制したりします。そこで、正常で、効率的な活動パターンを運動あそびや運動の実践の中で学んでいくことによって、幼児は能力に見合う要求を満たすことができるようになります。

　また、言葉を発しない障がい児は、思考や感情を十分に表現できないので、種々の運動を用いて感情や欲求の解放を図ることができます。


## 8　安全能力の向上

　運動技能を身につけることは、生命を守る技術を習得していることであり、自己の安全能力の向上に役立ちます。また、ルールや指示に従う能力が育成されてくることによって、

7章　幼児にとっての運動の役割と効果

事故防止にもつながります。

## 9　日常生活への貢献と生活習慣づくり

「睡眠をよくとり、生活のリズムづくりに役立つ」「運動後の空腹感を満たす際に、偏食を直す指導と結びつけることによって、食事の指導にも役立つ」「汗ふきや手洗いの指導を導入することによって、からだを清潔にする習慣や態度づくりに役立つ」等、基本的生活習慣を身につけさせることにもつながります。

いろいろな運動経験を通して、幼児に身体活動の楽しさを十分に味わわせることは、日常生活はもちろん、生涯を通じて自ら積極的に運動を実践できるようにします。そして、「からだを動かし、運動することは楽しい」ということを体得させていくことができます。

つまり、力いっぱい運動することによって活動欲求を満たし、運動そのものの楽しさを幼児一人ひとりのものとするとき、その楽しさが幼児の積極的な自発性を引き出し、日常生活を通じて運動を継続的に実践する態度へと発展させることができます。

このように、発達刺激としての運動実践は、身体的発達を助長するばかりでなく、そこから結果として、情緒的な発達、社会的態度の育成、健康・安全に配慮する能力などを養い、人間形成に役立っていく、必要不可欠で、かつ、極めて重要なものといえます。

# 8章

# 幼児期の体力・運動能力、運動スキルの発達

〔前橋　明〕

## 1　運動能力

　人間の身体発育や体力・運動能力をみると、それらの発達には、一定の法則があること
に気づきます。たとえば、人間のからだの機能は、栄養を与えれば、ある程度の発育や発
達はしますが、使わなければ萎縮（機能低下）していきます。また、使い過ぎれば、か
えって機能障害を起こす恐れがあります。したがって、正しく使えば発達するということ
です。

　ここでいう「発育」とは、英語のgrowthであり、身長や体重といったからだの形態的
変化（増大）です。また、「発達」とは、英語のdevelopmentであり、筋力や瞬発力が高
まったというような心身の機能的変化（拡大）です。

　乳児期の運動発達では、神経組織の発育・発達が中心となり、とりわけ、髄鞘の発育が
急速に成就され、大きく関与してきます。したがって、運動機能の発達は、以下の3つの
特徴が考えられます。

　①頭部から下肢の方へと、機能の発達が移っていきます。

　②からだの中枢部から末梢部へと、運動が進んでいきます。

　③大きな筋肉を使った粗大な運動しかできない時期から、次第に分化して、小さな筋肉
　　を巧みに使える微細運動や協調運動が可能となり、随意連動ができるようになります。

　乳児の身体運動は、四肢の動きに始まり、少したって、頸の動き、頸の筋肉の力が発達
して頭部を支え、7～8か月頃になると、座ることができ、平衡感覚が備わってきます。
続いて、手・脚の協調性が生まれるとともに、手や脚、腰の筋力の発達によって、からだ
を支えることができるようになり、這いだします。

　這う機能が発達してくると、平衡感覚もいっそう発達して、直立、歩行を開始します。
これらの発達は、個人差があるものの、生後1年2～3か月のうちに、この経過をたどり
ます。

　幼児期になると、走力や跳力、投力、懸垂力などの基礎的運動能力が備わってきます。
はじめは、細かい運動はできず、全身運動が多く、そして、4歳～5歳くらいになると、
手先や指先の運動が単独に行われるようになります。

　こうした幼児の発達段階をふまえて、運動能力を発達させるには、興味あるあそびを自
発的にくり返し経験させることが大切です。というのも、3歳～4歳頃になれば、運動能
力はあそびを通して発達していくからです。

5歳～6歳になると、独創的発達も進んできます。さらに、情緒も発達してきますので、あそびから一歩進んで体育的な運動を加味することが大切になってきます。競争や遊戯などを経験し、運動機能を発達させるとともに、幼児の体力づくりのための具体的な働きかけも必要となってきます。

ところで、ここでいう「運動能力」とは、全身の機能、とくに神経・感覚機能と筋機能の総合構成した能力と考えてよいでしょう。また、基礎的運動能力として、走力や跳力の伸びがはやく、とくに3歳、4歳、5歳では、その動きが大きいといえます。

なかでも、走る運動は、全身運動であるため、筋力や心肺機能（循環機能）の発達と関係が深く、跳躍運動は、瞬発的に大きな脚の筋力によって行われる運動ですから、その跳躍距離の長短は腕の振りと脚の伸展の協応力とも関係が深いといえます。跳躍距離に関しては、6歳児になると、脚の筋力の発達と協応動作の発達により、3歳児の2倍近くの距離を跳べるようになります。

投げる運動では、大きな腕の力や手首の力があっても、手からボールを離すタイミングを誤ると、距離は伸びません。とくに、オーバースローによる距離投げの場合は、脚から手首まで、力を順に伝達し、その力をボールにかけるようにする必要があります。オーバースローによるボール投げは、4歳半以降からは、男児の方の発達が女児に比べて大きくなります。

懸垂運動は、筋の持久性はもとより、運動を続けようという意志力にも影響を受けます。幼児期では、運動能力、とくに、大脳皮質の運動領域の発達による調整力の伸びがはやく、性別を問わず、4歳頃になると、急速にその力がついてきます。これは、脳の錘体細胞が、回路化し、それにあわせて筋肉や骨格も発達していくからでしょう。


## 2 体　　力

体力とは何かについては、多くの考え方があり、様々な定義がなされていますが、ここでは、体力とは、人間が存在し、活動していくために必要な身体的能力であると考えてみましょう。つまり、英語の physical fitness ということばに相当します。このような意味での体力は、大きく2つの側面にわけられます（図8-1）。

一つは、健康をおびやかす外界の刺激に打ち勝って健康を維持していくための能力で、病気に対する抵抗力、暑さや寒さに対する適応力、病原菌に対する免疫などがその内容であり、防衛体力と呼ばれます。

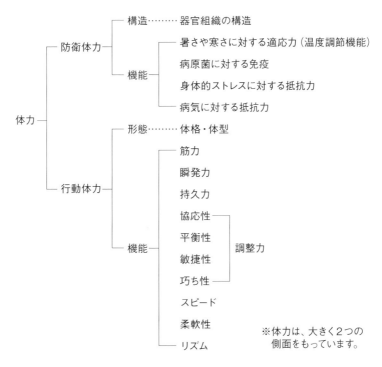

図8-1　体力の構成要素

　もう一つは、作業やスポーツ等の運動をするときに必要とされる能力で、積極的にからだを働かせる能力であり、行動体力と呼ばれます。
　つまり、体力とは、種々のストレスに対する抵抗力としての防衛体力と、積極的に活動するための行動体力を総合した能力であるといえます。行動体力は、体格や体型などの身体の形態と機能に二分されますが、以下にその機能面について簡単に説明してみます。

### (1) 行動を起こす力
　1) 筋力（strength）
　　筋が収縮することによって生じる力のことをいいます。つまり、筋が最大努力によって、どれくらい大きな力を発揮し得るかということで、kgであらわします。
　2) 瞬発力（power）
　　パワーということばで用いられ、瞬間的に大きな力を出して運動を起こす能力をいいます。

## (2) 持続する力

持久力（endurance）といい、用いられる筋群に負荷のかかった状態で、いかに長時間作業を続けることができるかという筋持久力（muscular endurance）と、全身的な運動を長時間継続して行う呼吸・循環機能の持久力（cardiovascular／respiratory endurance）に、大きくわけられます。

## (3) 正確に行う力（調整力）

いろいろ異なった動きを総合して目的とする動きを、正確に、かつ円滑に、効率よく遂行する能力のことで、協応性とも、しばしば呼ばれることがあります。また、平衡性や敏捷性、巧緻性などの体力要素と相関性が高いといわれています。

### 1）協応性（coordination）

身体の2つ以上の部位の運動を、1つのまとまった運動に融合したり、身体の内・外からの刺激に対応して運動したりする能力を指し、複雑な運動を学習する場合に重要な役割を果たします。

### 2）平衡性（balance）

バランスという言葉で用いられ、身体の姿勢を保つ能力をいいます。歩いたり、跳んだり、渡ったりする運動の中で、姿勢の安定性を意味する動的平衡性と、静止した状態での安定性を意味する静的平衡性とに区別されます。さらに、物体の平衡を維持する能力、例えば、手の平の上に棒を立てて、そのバランスを保つ平衡性もあります。

### 3）敏捷性（agility）

からだをすばやく動かして、方向を転換したり、刺激に対して反応したりする能力をいいます。

### 4）巧緻性（skillfulness）

からだを目的に合わせて正確に、すばやく、なめらかに動かす能力であり、いわゆる器用さ、巧みさのことをいいます。

## (4) 円滑に行う力

### 1）柔軟性（flexibility）

からだの柔らかさのことで、からだをいろいろな方向に曲げたり、伸ばしたりする能力です。この能力が優れていると、運動をスムーズに大きく、美しく行うことができます。

2）リズム（rythm）

音、拍子、動き、または、無理のない美しい連続的運動を含む調子のことで、運動の協応や効率に関係します。

3）スピード（speed）

物体の進行するはやさをいいます。

## 3　運動スキルと運動時に育つ能力

### (1) 運動スキル

幼児期にみられる基本の運動スキルを4つ紹介します（図8-2）。

1）移動系運動スキル

歩く、走る、這う、跳ぶ、スキップする、泳ぐ等、ある場所から他の場所へ動く技術です。

2）平衡系運動スキル

バランスをとる、渡る等、姿勢の安定を保つスキルです。

3）操作系運動スキル

投げる、蹴る、打つ、取る等、物に働きかけたり、操ったりする動きの技術です。

4）非移動系運動スキル（その場での運動スキル）

その場で、押したり、引いたり、ぶら下がったりする技術です。

### (2) 運動時に育つ能力

1）身体認識力

身体部分（手、足、膝、指、頭、背中など）とその動き（筋肉運動的な動き）を理解・認識する力です。自分のからだが、どのように動き、どのような姿勢になっているかを見極める力です。

2）空間認知能力

自分のからだと自己を取り巻く空間について知り、からだと方向・位置関係（上下・左右・高低など）を理解する能力です。

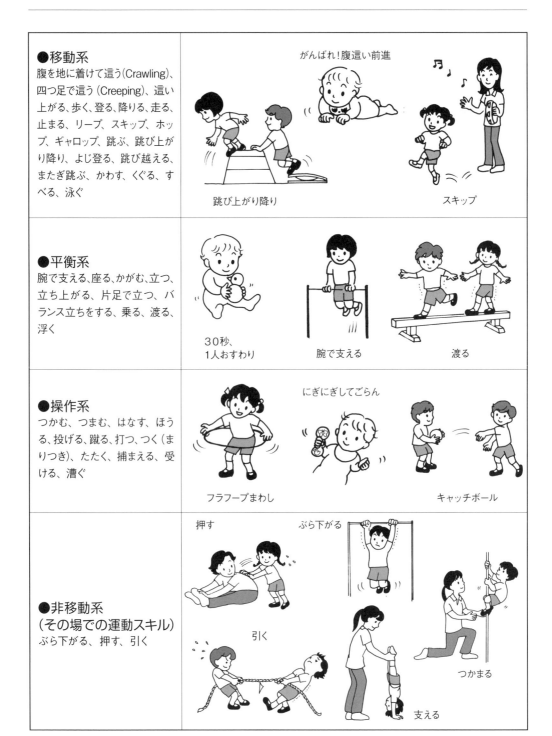

図8-2　基本運動スキル

# 9章

## 固定遊具とその使い方、養うことのできる能力

〔前橋　明・永井伸人・ジャクエツ〕

## 1　固定遊具の使い方

　人間の手は、親指・人差し指・中指・薬指・小指の五本指と手のひらから構成されています。そして、個々の指を別々に動かし、力の強弱を巧みに使い分け、つまむ・握る等の動作が可能になります。

　遊具は様々ですので、握る動作も、単純に5本の指を強く曲げて握ればよいというものではありません。握るものの形状や太さ、素材などによって、握り方は変わります。例えば、軽いものを握って持ち上げるのであれば、人差し指から小指の4本指でも可能です。しかし、重いものを持ち上げるためには、親指の役割が大切になります。重いものでも、親指と他の4本指で包み込むように握ることによって力が増し、持ち上がりますが、握るものが太くなれば包み込むように握ることはできません。丸太のように太いものだと、5本の指と手のひら全てを使って持ち上げます。このように、太さによっても、指の使い方は違います。ぶら下がる場合は、この逆ですので、握りやすいものであれば、握力の強い子どもは人差し指から小指の4本指だけでも落下しません。

　親指の役割が大切なのは、他の指が手のひらへ向かって屈曲しかできない（写真9-1・2）のと違い、手のひらへの屈曲のほか、親指は付け根の部分から外へ開いたり（写真9-3）、中へ閉じたり（写真9-4）できるので可動域がとても広く、他の全ての指と対面で触れることができます（写真9-5）。このようなことから、親指は他方向への力が発揮できる重要な役割を担っています。

　幼児は、個々の発育・発達によって、手の大きさや感覚に大きな差があり、握りやすいと思う感覚は子どもによって違います。遊具の太さによっては、親指から小指の5本指と親指も上からかぶせ、手のひら全体でぶら下がった方が握りやすい場合もあります（写真9-6・7）。子どもは、遊具でのあそびを通して刺激を受けながら、様々な遊具に応じて適切な握り方を学んでいきます。

　ここでは、縦の握り（写真9-8・9）、横の握り（写真9-10・11）、支える（写真9-12・13）、足で登る（写真9-14）等、遊具の使い方として基本的な内容を示します。

### (1) ブランコ

　2本のロープや鎖などによって吊されている座板（踏み台）に座り、足や頭を前後にゆらし、漕ぐことによって徐々に振幅を大きくし、振り子運動を自分のからだで作りま

写真 9-1

写真 9-2

写真 9-3

写真 9-4

写真 9-5

写真 9-6

写真 9-7

9章　固定遊具とその使い方、養うことのできる能力

写真 9-8　　　　　　　　　　　　　写真 9-9

写真 9-10

写真 9-11

写真 9-12

写真 9-13　　　　　　　　　　　写真 9-14

す。振り子運動を大きくすることによって、スピードと高低差を楽しんだりすることから、巧緻性や空間認知能力の獲得ができます。

**握り方**

・「はり」からロープや鎖などで吊るされている座板に座り、ロープを握ります。
・握る高さは、座板に座って肘を曲げ、胸から肩くらいの位置を握ります（写真 9-15）。
・握るときは、親指が上、小指は下にして握り、親指や人差し指よりも、薬指、小指の方がしっかり握れていることが大切です（写真 9-16）。
・握り手の上の方（親指・人差し指側）で強く握ると脇が開きやすくなり（写真 9-17）、握り手の下の方（薬指・小指側）で強く握ると脇が締まりやすくなります（写真 9-15・16）。

写真 9-15

9章　固定遊具とその使い方、養うことのできる能力

写真 9-16

写真 9-17

・脇が締まることによって、からだが安定します。

(2) 鉄棒

　固定された鉄棒に、ぶらさがる、逆さになる、支持、回転などをすることから、全身の平衡感覚や支持力、筋力、逆さ感覚、回転感覚などが獲得できます。あそびを通して、目的とする運動に則した握り方を獲得することが、スムーズな運動につながります。また、運動に則した握り方を獲得することは、落下の防止につながり、安全の確保にもつながります。

握り方

・握り方の基本は、手の甲を上にして、人差し指から小指を鉄棒の上からまわし、親指は下からまわして握ります（順手、写真9-6）。

・あそびの内容によっては、順手・逆手（手のひらを上にして、人差し指から小指を鉄棒の下からまわし、親指が上）にこだわらず、自由に握らせても良いです（写真9-6・18）。

・腕支持を（ツバメの姿勢）する場合は、順手で握り、鉄棒にお腹をつけた姿勢で腕を押します。鉄棒よりも頭を少し前へ出すと、姿勢が安定します（写真9-19）。＊悪い例として（写真9-20）

・前回り下りや逆上がり等、鉄棒を軸に回転がともなう場合には、回転が終わった時に、人差し指から小指が、鉄棒の上に位置していないと、支持またはぶ

写真 9-18

写真 9-19

写真 9-20

ら下がることができずに落下することがあります。
・子どもの身長や手の大きさによって、高い低い・握り易い・握りづらい等の感覚が違います。握力の弱い子どもや手の小さな子どもは、鉄棒を握ったときに、親指と人差し指が十分に触れることができないので、親指から小指の全てを揃えた方が握りやすい場合があります（写真9-21・22）。
・ふとん干し（からだを二つ折りにして鉄棒に覆いかぶさる）をする場合は、脚の付け根部分（そけい部）が鉄棒にかかるようにかぶさり、手足の力をぬいて真下に垂れ下がるようにします（写真9-23）。
・ふとん干しは、落下しそうな恐怖心からお腹（おヘソあたり）で覆いかぶさりがちで

写真 9-21

写真 9-22

写真 9-23　　　　　　　　　　　　　　写真 9-24

すが、お腹でかぶさると、痛みが強く、力をぬいて垂れ下がることができません（写真 9-24）。

### (3) ジャングルジム

　金属パイプで立方体を組み合わせたもので、手足を使って登る、横へ移動（渡り歩き）する等、握ることに加え、足を乗せることが求められることから、筋力や巧緻性、身体認識力、空間認知能力が獲得できます。

**握り方**

・縦のパイプを、胸より上の高さで握る場合は、手のひら全体で握るのですが、中でも薬指と小指の方をしっかり握り（写真 9-8）、胸より下を握る場合は、親指から中指の方をしっかり握るようにします（写真 9-9）。

・横のパイプを握るときは、手の甲を上にして、人差し指から小指までを上からまわし、親指は下からまわして握ります。（順手、写真 9-10）

・足の乗せ方は、土踏まず（足裏のアーチの中央、写真 9-14））で乗るようにします。

・上下左右への移動（渡り歩き）に慣れてきたら、動く方向に適してスムーズな縦横パイプの握り方を心がけます。

### (4) すべり台

　梯子や階段などを、手足を使って高い所へ上がり、そこからすべり降りて楽しむことから、筋力や平衡性、身体認識力、空間認知能力が獲得できます。

**握り方**

・すべり台に登るときは、両側の手すりを握り、からだを引き寄せながら階段（梯子）

を登ります。
- 階段（梯子）を登るときの足は、足の裏全体で踏みしめるように確認しながら登ります。慣れてきたら、つま先寄りで踏みしめながら、足首も使って力強く登れるようにします。
- すべり降りるときは、両側の手すりをしっかりと握って座り、姿勢を整えてから手を緩め、すべり降ります。

## (5) 太鼓橋

太鼓の胴のように、真ん中が半円形に盛り上がったはしご状の橋で、橋の下にぶら下がる、橋の上に登る、はしごの間をくぐる等して、筋力や平衡性、身体認識力、空間認知能力の獲得ができます。

**握り方**
- ぶら下がるときは、順手で握り、親指で人差し指の先を押さえるようにします（写真9-25）。
- 橋の上に登るときは、はしご状の手すりを順手で握り、足は土踏まずの中央で手すりを確認しながら登ります。
- 太鼓橋は、その形状から、上へ登るにしたがって、四肢でからだを支える動作へと変わります（写真9-26）。
- 支えるときの握り方は、手首が安定するように、手すりが手のひらの中央に収まるように握ります（写真9-13）。

写真9-25

写真9-26

## (6) うんてい

金属パイプ製のはしごを横方向に設置したもので、手すりにぶら下がって懸垂移行（前・後・横）や、うんていの上を、手足を使って渡り歩き等をすることから、筋力や平衡性、身体認識力、空間認知能力の獲得ができます。

**握り方**

- ぶら下がるときは、順手で握り、親指で人差し指の先を押さえるように握ります。
- 懸垂移行をするときは、手すりに人差し指から小指の4本指がしっかりとかかるようにします（写真9-27）。
- うんていの上を渡り歩きするときは、手すりが手のひらの中央に収まるように握ります（写真9-13）。足は、土踏まず（足裏のアーチの中央、写真9-14）で乗るようにします。
- うんていの下を渡り歩きするときは、ぶら下がるときと同様に順手で握り、親指で人差し指の先を押さえるように握り、足は手すりにかかっていることを確認しながら渡ります。逆さ姿勢を保つ場合は、膝を曲げて膝の裏をしっかりとかけるようにします（写真9-28）。

写真 9-27

写真 9-28

## (7) その他の遊具や複合遊具

遊具は、その形状によって、求められる運動スキルや獲得できる運動スキルが違います。そして、上記に示した遊具以外にも、様々な遊具がありますが、手で握る、支える、足で支える、逆さになる等、やり方の基本は同じです。他の遊具や複合遊具でも、上記の内容をあてはめて使用してください。

（永井伸人）

## 2. 固定遊具で養うことのできる能力

　子どもたちは、遊具で遊びこむことによって、様々な運動スキルを獲得し、自由な発想から、あそびの内容が発展していきます。時には、ヒヤッとすることがあるかもしれませんが、見守りながらたくさん遊ばせてほしいものです。その経験が、子どもを一段と大きく成長させてくれます。

　ここで、知っていただきたい遊具として、ロープはしご、縄はしご渡り、弓形スロープ、タイヤリング、吊り輪渡り、レールうんてい、ゆらゆらパネル登り、リング登り、U字はしご渡り、パネルジャングル、波形パイプ登り、円盤うんてい、パネル渡り、リングうんてい、ゴムステップ渡り、ロープ伝い、R形うんてい、つり円盤渡り、円盤わたり、クロスネット渡り、ロープ渡り、はしご渡り、ゆらゆらネット渡り、波形通路、ファイヤーポール、ハンガーレール、すべり台、ドラムの28種類の遊具を取り上げて、それぞれの遊具を使うことによって、養うことのできる能力を考えてみましょう。

### (1) ロープはしご
【遊具の使い方】
ロープで吊り下げた梯子です。
揺れながら、踊り場まで登ります。
【育つもの】
・吊り梯子を両手でつかんで登ることにより、両手の筋力や腹筋力、背筋力、バランス能力が身につきます。
・吊り梯子から踊り場に移動する際には、平衡性や巧緻性が高まるとともに、空間認知能力が育ちます。
・動作としては、移動系運動スキル（登る・下りる）が養われます。

## (2) 縄はしご渡り

【遊具の使い方】

ロープで吊り下げた梯子が連続しています。揺れながら上下左右に移動します。
（左右に踊り場を付けます。）

【育つもの】

・全身の筋力と調整力を発揮しながら、バランスをとって移動します。中でも、両腕・両足の筋力や巧緻性（器用さ）を養うことができます。
・左右や上下に移動することにより、移動系運動スキル（登る・伝う）を養いながら、空間認知能力を高めます。

## (3) 弓形スロープ

【遊具の使い方】

弓形の坂登りです。踊り場付近はかなり急な傾斜で、ロープを補助にして登るようになります。

【育つもの】

・腕や脚の筋力や腹筋や背筋力を高めます。すばやい動きで登ろうとすれば、瞬発力が高まり、器用にバランスを維持しながら登ることができれば、平衡性や巧緻性の能力が伸びていきます。
・動きとしては、移動系運動スキル（登る・下りる）が育成できます。

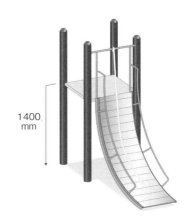

## (4) タイヤリング

【遊具の使い方】

チェーンで吊り下げた不安定なタイヤを登り、踊り場に乗り移ります。（踊り場の下に取り付けます。）

【育つもの】

・全身の筋力や瞬発力、平衡性や協応性、巧緻性などの調整力を養い、移動系運動スキル（登る・下りる）を身につけます。

## (5) 吊り輪渡り

**【遊具の使い方】**

三角形の持ち手が左右に揺れるうんていです。通常のうんていより高いレベルの調整力と握力が必要です。（左右に、踊り場を付けます。）

**【育つもの】**

・握力や腹筋力、背筋力などの筋力を高めます。また、伝い移動することにより、身体調整力やリズム感を養い、移動系運動スキル（伝い移動）を身につけます。

・持ち手に、その場でつかまって、ぶら下がる運動をすれば、筋持久力を高め、非移動系運動スキル（ぶら下がる）を育成します。

## (6) レールうんてい

**【遊具の使い方】**

左右の手の進める距離が違う曲線型のうんていです。（左右に踊り場を付けます。）

**【育つもの】**

・ぶら下がって移動することにより、筋力や持久力、リズム感を育み、移動系運動スキル（ぶら下がり移動）を向上させます。

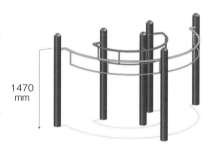

## (7) ゆらゆらパネル登り

**【遊具の使い方】**

ロープで吊り下げたパネルスロープです。手すりは固定ですが、足もとは揺れながら、踊り場まで登ります。

**【育つもの】**

・不安定なスロープを登り降りすることにより、平衡性や全身筋力、巧緻性を養います。

・踊り場に立つことにより、平衡性や空間認知能力が育ち、達成感を味わうことができます。

## 9章　固定遊具とその使い方、養うことのできる能力

### (8) リング登り
【遊具の使い方】
スパイラルリングの登り棒です。からだをリングに合わせて回転させながら上り下りします。

【育つもの】
・リングの登り降りをすることにより、筋力や持久力、手足の協応性や器用さを育み、身体調整力を向上させます。
・動きに慣れてくると、巧緻性が高まり、移動系運動スキル（登り降り）がよりスムーズに発揮できるようになります。

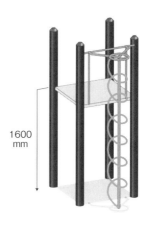

### (9) U字はしご渡り
【遊具の使い方】
3方向に取り付けた足かけを使い、からだをかわしながら上り下りをします。

【育つもの】
・筋力や瞬発力の力を借りて、リズミカルに上に登っていくことができれば、身体の巧緻性や協応性がより高まっていきます。
・登ったり、降りたりする移動系運動スキルの向上につながります。

### (10) パネルジャングル
【遊具の使い方】
肋木とクライミングウォールを組み合わせて、踊り場間を渡ります。（左右に踊り場を付けます。）

【育つもの】
・肋木や壁を伝って移動していくと、空間の認知能力や身体調整力、全身の筋力や持久力が鍛えられます。

## (11) 波形パイプ登り
【遊具の使い方】
2本の波形パイプの上を、手と足を使って登ります。
2本の波形は、ずれています。
【育つもの】
・パイプの上を、手と足を使って登り降りをすることによって、手足の協応性や平衡性、筋力を育み、動的な平衡系運動スキル（渡る）を身につけていきます。
・動きに慣れてくると、リズム感やスピード感もついてきます。

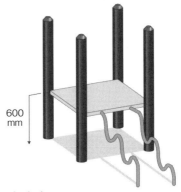

## (12) 円盤うんてい
【遊具の使い方】
前後左右に、自由にからだの向きを変えて移動するうんていです。（左右に踊り場を付けます。）
【育つもの】
・うんていのバーにぶら下がることにより、筋力や持久力という体力要素が高まるだけでなく、「ぶら下がる」という非移動系運動スキルが身につきます。
・バーを伝って移動することにより、瞬発力やリズム感、巧緻性も高まっていきます。

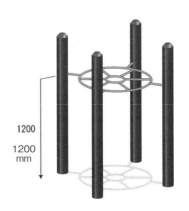

## (13) パネル渡り
【遊具の使い方】
開口部に手や足を掛け、左右に移動します。上下パネルの空間で反対側にからだを移動させることもできます。（左右に踊り場を付けます。）
【育つもの】
・手や足を開口部にかけて左右に移動することにより、全身の筋力や持久力、リズム感を養うとともに、手足の協応性や巧緻性、空間認知能力を高めます。
・動作としては、移動系運動スキル（伝い渡る）を身につけます。

## (14) リングうんてい

【遊具の使い方】

曲線の持ち手を傾けたうんていです。手首を進む方向に平行にして渡ります。(左右に踊り場を付けます。)

【育つもの】

・ぶら下がって移動することにより、全身の筋力や持久力、瞬発力を高めるとともに、動きを効率的に連続させるためのリズム感も養います。

## (15) ゴムステップ渡り

【遊具の使い方】

斜めに固定したステップに乗って、リズミカルに渡ります。(支柱を短くし、左右に踊り場を付けます。)

【育つもの】

・ステップに乗って落ちないように渡っていくことにより、平衡性を養うとともに、身体認識力や空間認知能力を育てます。
・バランスをとって渡るという平衡系運動スキルも育成します。

## (16) ロープ伝い

【遊具の使い方】

斜めに張ったロープに掴まり、からだを揺らしたりしながら伝い渡りをします。(左右に踊り場を付けます。)

【育つもの】

・ロープにつかまって渡っていくことによって、平衡性や巧緻性を養い、平衡系運動スキル(渡る)を身につけます。
・ロープにぶら下がることによって、筋力や持久力を養います。

## (17) R形うんてい
【遊具の使い方】
弓形のうんていです。からだの向きを変えながら渡ります。(左右に踊り場を付けます。)
【育つもの】
・うんていにぶら下がって伝い移動をすることによって、筋力やリズム感、持久力を養うとともに、空間認知能力を高めます。

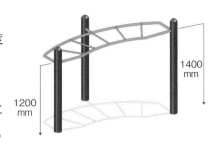

## (18) つり円盤渡り
【遊具の使い方】
1本ロープで吊った円盤は不安定で、ロープにつかまり渡ります。(左右に踊り場を付けます。)
【育つもの】
・ロープにつかまり、不安定な円盤上を渡っていくことにより、平衡性や巧緻性、協応性、筋力を養うとともに、空間認知能力や身体の調整力を鍛えます。

## (19) 円盤渡り
【遊具の使い方】
小刻みに前後する円盤を敷き詰めた通路を渡っていきます。
手すりは、固定です。
【育つもの】
・不安定な円盤の通路を渡っていくことにより、平衡性や巧緻性、リズム感を養い、移動系運動スキル（渡る）や平衡系運動スキルを身につけます。
・手すりを持って移動することにより、スムーズに移動するための各身体部位にかける力加減の仕方を学んでいきます。

9章　固定遊具とその使い方、養うことのできる能力

### (20) クロスネット渡り

【遊具の使い方】

90度にひねったネット通路を渡って進みます。連続するとメビウスのリングのように、ネット面が反転するのでオーバーハングになり、難しくなります。（左右に踊り場を付けます。）

【育つもの】

・ひねったネット通路を移動することにより、平衡性や巧緻性、筋力や空間認知能力を養い、平衡系運動スキル（渡る）を身につけます。

### (21) ロープ渡り

【遊具の使い方】

持ち手のロープも足かけのロープも左右に揺れ、難易度の高いロープ渡りです。（左右に踊り場を付けます。）

【育つもの】

・ロープを手で持ち、足を掛けて渡ることにより、平衡性や巧緻性、筋力、手足の協応性を高めるだけでなく、リズム感や身体認識力、空間認知能力を養います。

・手と足がうまく協応して、ロープをつかんだり、ステップを踏んだりして移動することにより、平衡系の運動スキルや移動系の運動スキルを身につけるだけでなく、高いレベルの身体調整力を身につけます。

### (22) はしご渡り

【遊具の使い方】

ロープで吊り下げた2組にした梯子面です。揺れながら、上下左右に移動します。（左右に踊り場を付けます。）

【育つもの】

・揺れるはしごを登ったり、伝ったりして移動することにより、平衡系や移動系の運動スキルを身に

つけるとともに、身体認識力や筋力、平衡性、巧緻性をはじめとする体力も高めます。
・上下、左右への動きをスムーズに行うための空間認知能力も、このあそび体験で大きく育っていきます。

## (23) ゆらゆらネット渡り
【遊具の使い方】
ネットを弛ませ、足下を不安定にさせた通路渡りです。手すりは固定で、左右に踊り場を付けます。
【育つもの】
・ネット上をバランスをとりながら、移動することにより、平衡性や巧緻性の体力要素がぐんと伸びていきます。
・手すりを持って移動することにより、上肢や下肢にかける力配分の仕方も学んでいき、身体の調整力や平衡系運動スキル（渡る）が身についていきます。

## (24) 波形通路
【遊具の使い方】
ゴムコーティングした波形通路を渡って進みます。
（左右に踊り場を付けます。）
【育つもの】
・波形通路を歩くだけで、バランス能力を高める刺激となります。
・高さが変化するので、上下、前後の空間認知能力が育っていきます。
・体力の要素としては、平衡性や筋力、巧緻性が養われていきます。動きとしては、平衡系と移動系の運動スキル（渡る）が身につきます。

9章　固定遊具とその使い方、養うことのできる能力

### (25) ファイヤーポール

【遊具の使い方】

踊り場からすべり降りるポールです。(昔、消防署に設置されていました。現在は無いようです。)

【育つもの】

・ポールを伝って、登ったり降りたりして、移動系運動スキルを高めるとともに、体力面では、筋力やスピード感、巧緻性を養います。

・一瞬にして位置（高さ）が変わる楽しさが経験できる中で、空間認知能力を育てていきます。

### (26) ハンガーレール

【遊具の使い方】

持ち手にぶら下がり、勢いを付けてスライドさせ、移動します。(左右に踊り場を付けます。)

【育つもの】

・持ち手にぶら下がって、からだを維持することで、筋力や持久力を養い、非移動系運動スキル（ぶら下がる）を身につけていきます。

・ぶら下がったまま、スライドさせて移動することにより、スピード感を味わいながら、空間認知能力を高めていきます。

### (27) すべり台

【遊具の使い方】

2人が仲良く、あるいは競争して滑る2連すべり台です。

【育つもの】

・すべり台をすべり降りることで、平衡性や巧緻性をはじめとする身体調整力を高め、スピード感や空間認知能力を養います。

・2人が並んでいっしょにすべり降りることで楽し

103

さが増したり、競争ができたりして交流体験がもてます。

(28) ドラム
【遊具の使い方】
太鼓です。音階の異なる太鼓を複数取りつけて、たたいて楽しみます。
【育つもの】
・太鼓をたたいて音を楽しむことにより、音による刺激を得る感覚訓練につながっていきます。
・複数の太鼓をたたいて異なる音階を楽しもうと、からだを動かすことにより、リズム感や協応性を育む経験にもなっていきます。

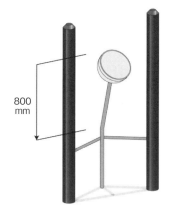

(前橋　明・ジャクエツ)

# 10章

体格、体力・運動能力の
測定・評価

〔 生形直也 〕

## 1　目的

　測定・評価は、幼児一人ひとりの成長を客観的な視点でみて、良いところをほめて伸ばしてやり、弱いところを改善したり、より良い方向へ導いたりするように、指導の手を差しのべるためのものです。つまり、測定データや観察結果を数値に表して、本人の過去の数値や世の中の平均値・標準値といったものと比較することで、その子の特性を把握し、指導に役立てることが評価のねらいです。また、次回の測定にむけて目標値を設定することで、やる気を引き出すことも可能にします。

## 2　測定

　測定項目は、人間が活動する上で必要とされる身体能力と深い関係をもち、①正確に実施できること（正確性）、②時間がかからないこと（簡易性）、③合理的かつ適切な評価ができること（適切性）を考慮に入れて、選定されます。

### (1) 体格の測定項目

　身長は、身長計の柱に、かかと、尻、背中、後頭部をつけて、膝を伸ばして測定します（表10-1）。また、体重は、下着以外を脱衣し、履き物を脱いで、体重計の中央に乗って測定します。

図10-1 体格の測定項目

表10-1　幼児の体格測定方法

| 測定項目 | 準備 | 方　　法 |
|---|---|---|
| 身　長 | 身長計 | 方法<br>・靴下や履物を脱がせる。<br>・身長計の柱に、かかと、尻、背中、後頭部をつけ、膝を伸ばして、足先を30°〜40°開いた状態にする。<br>・顎を少し引き、まっすぐ前方を見る。（首を傾けない）<br>・横規を下ろし、目の高さで数値を読む。<br>記録<br>・記録は1／10cm単位とし、1／10cm未満は切り捨てる。<br>・実施は1回とする。<br>実施上の注意<br>・測定の時間帯は一定にすること。通常、午前9時から10時ごろがよい。 |
| 体　重 | 体重計 | 方法<br>・下着以外は脱衣し、履物を脱いで体重計の中央に乗る。被検者が自分でできない場合は介助する。<br>・数値を読む。<br>・体重計より静かに下りて、履物を履き、着衣させる。<br>記録<br>・記録は1／10kg単位とし、1／10kg未満は切り捨てる。<br>・実施は1回とする。<br>実施上の注意<br>・測定の時間帯は、一定にすること。通常、午前9時から10時ごろがよい。<br>・体重計の指針が「0」を指していること。<br>・下着だけでも寒くならないように、室温を調整すること。<br>・脱衣が不可能な場合は、体重測定後、衣類の重量を差し引く。<br>・立位で測定が不可能な場合は、介助者が背負っていっしょに体重計に乗り、測定後、介助者の体重を差し引き、測定値とする。 |

（2）体力・運動能力の測定項目

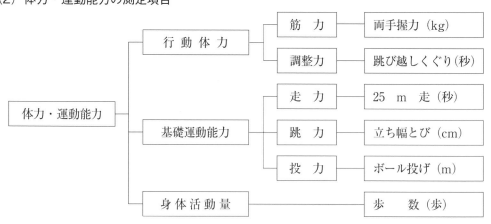

図10-2　体力・運動能力の測定項目

10章 体格、体力・運動能力の測定・評価

表10-2-1 体力・運動能力測定方法

| テスト項目 | 準備 | 方法 |
|---|---|---|
| 両手握力 | ・スメドレー式握力計（幼児用） | **方法**<br>・握力計の握りは、両手を並べて握っても、重ねて握っても、子どもの握りやすい方法をとる。この場合、人差し指の第2関節がほぼ直角になるように握りの幅を調節する。<br>・直立の姿勢で両足を左右に自然に開いて腕を下げ、握力計を身体や衣服に触れないようにして力いっぱい握りしめる。この際、握力計を振り回さないようにする。<br>**記録**<br>・実施は、疲れるため、原則1回とする。不慣れな場合や失敗した場合、2回実施して、良い方の記録をとってもよいこととする。<br>・測定は1／10kg単位とし、1／10kg未満は切り捨てる。<br>**実施上の注意**<br>・このテストは、同一被測定者に対して2回続けて行わない。 |
| 跳び越しくぐり | ・ゴムひも（2m）<br>・支柱2本<br>・スタート合図用旗<br>・ストップウォッチ | **方法**<br>・平坦な地面上に図のように支柱2本を立て、その間にゴムひもを被測定者の膝の高さに張る。<br>・両足でひもの上を跳び越したら、すぐにひもの下をくぐって元の位置にもどるのを1回とする。このように、ひもを跳び越してはくぐる動きを5回、何秒間でできるかを測定する。<br>・スタートの合図は、ひもの前に立たせて「用意」の後、音または声を発すると同時に旗を下から上へ振り上げることによって行う。<br>・ゴムひもを越えるときは、またがないで両足でジャンプをさせる。<br>・ゴムひもをくぐるときは、ゴムを手でさわらないようにさせる。<br><br>　　支柱　　　ゴムひも　　　　膝の高さ　　　2m<br><br>**記録**<br>・スタートの合図から、5回目で全身がひもの下をくぐり抜ける時点までに要した時間を計測する。<br>・記録は1／10秒単位とし、1／10秒未満は切り上げる。<br>・実施は1回とする。<br>**実施上の注意**<br>・補助者2人が支柱を支える等、支柱が倒れないように留意する。<br>・体が大きくなってくると、跳び越しからくぐる動きの切り替えがうまくできないこともあるが、できるだけ早く動くよう促す。 |

表10-2-2　体力・運動能力測定方法

| テスト項目 | 準　備 | 方　　　法 |
|---|---|---|
| 25<br><br>m<br><br>走 | ・幅1m、長さ30mの直線コース（2）<br>・スタート合図用旗<br>・ストップウォッチ（2）<br>・白石灰 | スタートライン　／　ゴールライン　ゆとりライン<br>← 25m → ← 5m →<br><br>方法<br>・スタートは、スタンディングスタートの要領で行う。<br>・スタートの合図は「位置」について「用意」の後、音または声を発すると同時に、旗を下から上へ振り上げることによって行う。<br>・2人ずつ走らせるとよい。<br>記録<br>・スタートの合図からゴールライン上に、胴（頭、肩、手、足ではない）が到達するまでに要した時間を計測する。<br>・記録は1／10秒単位とし、1／10秒未満は切り上げる。<br>・実施は1回とする。<br>実施上の注意<br>・転倒に配慮し、園庭や運動場など、安全な場所で実施する。アスファルト道路では実施しないようにする。<br>・走路は、セパレートの直走路とし、曲走路や折り返し走路は使わない。<br>・ゴールラインの前方に補助者が立ち、迎えるようにするとよい。<br>・走行途中で立ち止まらず、ゴールライン前方5mのラインまで、まっすぐ走らせるようにする。<br>・（25m＋ゴール後5mの直走路を確保できない場合には、20m走とし計測値の1.2倍を仮の記録とすることも可能。）<br>・ストップウォッチの押し方は、親指のつけ根の下の「手の腹」で押すようにする（親指で押すと、正確性に欠ける）。 |

10章　体格、体力・運動能力の測定・評価

表10-2-3　体力・運動能力測定方法

| テスト項目 | 準　備 | 方　　　法 |
|---|---|---|
| 立ち幅跳び | ・屋外で行う場合 砂場、巻き尺、ほうき、砂ならし。 砂場のふちに踏み切り線を引く。<br>・屋内で行う場合 マット（2 m以上）、巻き尺、ラインテープ。マットの手前の床にラインテープを張り踏み切り線とする。 | 方法<br>・両足を軽く開いて、つま先が踏み切り線の前端に揃うように立つ。<br>・両足で同時に踏み切って前方へ跳ぶ。<br><br>踏み切り線<br><br>測定距離<br>足跡<br><br>記録<br>・身体が砂場（マット）に触れた位置のうち、最も踏み切り線に近い位置と、踏み切り前の両足の中央の位置（踏み切り線の前端）とを結ぶ直線の距離を計測する。<br>・記録はcm単位とし、cm未満は切り捨てる。<br>・2回実施して良い方の記録をとる。<br>実施上の注意<br>・両足を同時踏み切りで、腕を振ってできるだけ遠くに跳ぶようにさせる。<br>・踏み切りの際には、二重踏み切りにならないようにさせる。<br>・屋外で行う場合、踏み切り線周辺および砂場の砂面はできるだけ整地する。<br>・屋内で行う場合、着地の際にマットがずれないように、固定する。滑りにくい（ずれにくい）マットを用意する。<br>・踏み切り前の両足の中央の位置を任意に決めておくと、計測が容易になる。 |

表10-2-4　体力・運動能力測定方法

| テスト項目 | 準　備 | 方　　　法 |
|---|---|---|
| ボール投げ | ・硬式テニスボール（直径6.54cm～6.82cm、重さ56g～59.4g）、巻き尺。<br>・平坦な地面上に直径2mの円を描き、円の中心から投球方向に向かって、中心角30°以上になるように直線を2本引き、その間に同心円弧を1m間隔に描く。 | 方法<br>・投球は地面に描かれた円内から行う。<br>・投球中または投球後、円を踏んだり越したりして円外に出てはならない。<br>・投げ終わったときは、静止してから円外に出る。<br><br>　　　　直径2mの円<br>　　　　1m間隔の円弧<br><br>記録<br>・ボールが落下した地点までの距離を、あらかじめ1m間隔に描かれた円弧によって計測する。<br>・記録は1／10m単位とし、1／10m未満は切り捨てる。<br>・2回実施して良い方の記録をとる。<br>実施上の注意<br>・投球のフォームは自由であるが、できるだけ「下手投げ」をしないように伝える。また、ステップしたり、足を前後に開かせて、上に投げさせた方がよい。<br>・30°に開いた2本の直線の外側に、石灰を使って5mおきに、その距離を表す数字を地面に書いておくと便利である。 |
| 歩数 | ・被測定者の人数分の歩数計を用意する。 | 方法<br>・歩数計を0にリセットする。<br>・歩数計をズボンのふち、左腰の位置に取りつける。<br>記録<br>・幼稚園の場合は、午前9時から午前11時までに計測された歩数を、保育園の場合は、午前9時から午後4時までに計測された歩数を記録する。<br>・記録は1歩単位とする。<br>・実施は1回とする。<br>実施上の注意<br>・測定日は、雨天の日、特別な行事の日を避ける。必ずしも、全員が同一日に実施する必要はなく、組ごとに実施してもよい。ただし、組ごとの活動内容に違いのない日（曜日）を選んで実施する。 |

## （3）一般的な注意事項

・幼児の健康状態に十分に留意し、事故防止に万全の注意を払うこと。

・医者から運動を止められている幼児や、当日、発熱のある幼児には実施しないこと。

・測定前後には、適切な準備運動を行うこと。

・最も負荷の重い項目は、最後に実施するように配慮すること。

・測定器は、事前に故障していないことを点検しておくこと。


# 3　評価

ここでは、一般によく使われている評価方法について述べます。


## （1）体格の評価法

　体格の評価には、体重と身長のバランスから体格をみるカウプ指数を用います。数値が大きいほど、肥満を表しています。

$$カウプ指数 = \frac{体重\,(\mathrm{kg})}{身長\,(\mathrm{cm})^2} \times 10^4$$

　満3歳のカウプ指数は、18以上は太り過ぎ、18〜16.5は太り気味、16.5〜14.5は正常、14.5〜13.5はやせ気味、13.5以下はやせ過ぎです。満4歳は、18以上は太り過ぎ、18〜16.5太り気味、16.5〜14.5正常、14.5〜13やせ気味、13以下やせ過ぎ。満5歳では、18.5以上太り過ぎ、18.5〜16.5太り気味、16.5〜14.5正常、14.5〜13やせ気味、13以下やせ過ぎです。


## （2）体力・運動能力の評価法

　一般に、集団の代表値を求める算術平均がよく使われます。これは集団の中間的な値にすぎず、集団の傾向をつかむためには、さらにデータのばらつきの度合い、すなわち標準偏差をみることが大切です。


## ①　平均値（M）

　測定データの数値の合計を、測定データの個数で割ったものです。

n個のデータ$x_1$、$x_2$、$x_3$、……、$x_{n-1}$、$x_n$に対して

平均Mは次式となります。

$$M = \frac{x_1 + x_2 + x_3 + \cdots\cdots + x_{n-1} + x_n}{n}$$

② 標準偏差（SD）

　測定データがどのように分布しているか（データのばらつき）を示しています。標準偏差の数値が小さいほど、ばらつきは小さくなり、測定データが平均値の近くに集まっていることを示しています。

　分布が正規分布の場合、平均値±1標準偏差 の範囲に全体の68.3%、平均値±2標準偏差の範囲に全体の95.4%、平均値±3標準偏差 の範囲に全体の99.7%が含まれます。

$$SD = \sqrt{\frac{(x_1 - M)^2 + (x_2 - M)^2 + (x_3 - M)^2 + \cdots\cdots + (x_n - M)^2}{n}}$$

③ 総合的な評価について

　ここでは、単位が異なる測定項目を総合的に評価できるTスコアについて説明します。Tスコアは、各項目の平均値を50点とし、標準偏差を10点の拡がりに換算したもので、項目間のバランスを容易に評価できます。

$$Tスコア = \frac{10(X - M)}{SD} + 50$$

　　　　　X：個人の記録　　　M：平均値　　　SD：標準偏差
　　　　　注意：跳び越しくぐりと25m走は、小さい値ほど記録がよいために、個人の記録と平均値の差は（M－X）で計算します。

図10-3は、Tスコアをもとにレーダーチャートに図式化したものです。

　例）今回の両手握力のTスコア算出（個人記録13.0、平均値15.05、標準偏差3.75）
　　　$= 10(13.0 - 15.05) / 3.75 + 50 = 44.5$

・Tスコアをレーダーチャートに図式化することにより、全体の運動能力や各項目の得手、

10章　体格、体力・運動能力の測定・評価

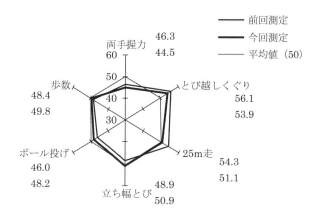

図10-3　体力・運動能力のTスコア

　不得手をみることができます。
・50点の正六角形は、6項目すべてが平均値を表しています。
・六角形の面積が大きいほど、運動能力が高いことを表しています。
・正六角形に近いほど、各項目のバランスがよく（得手、不得手がない）、いびつな六角形になるほど、項目により得手、不得手が著しいことを表しています。
・個人記録が前回より向上したとしても、集団の向上度合に追いついていなければ、Tスコアは前回より下回ることになります。


(3) 一般的な注意事項
・測定データの空欄と0（ゼロ）の使い分け
　　以下のように区別し、空欄は測定データとして扱わないようにします。
　　　空欄：測定していない
　　　　0：測定した結果、記録が0

・平均の平均
　　集団Aの平均値Maと集団Bの平均値Mbの平均値は、
　　　（Ma + Mb）÷ 2
といった単純なものではありません。集団Aのデータ数Naと集団Bのデータ数Nbが加味された重みを掛けて足さなければなりません。

$$Ma \times \frac{Na}{Na+Nb} + Mb \times \frac{Nb}{Na+Nb}$$

## 4 評価カードの例

　評価結果を、指導に役立てるだけでなく、子ども本人や保護者にもわかりやすく伝えていくことが大切です。評価カードの例を図10-4に示します。「すこやかキッズカード」は、すこやかキッズ体力研究会（会長＝前橋明・早稲田大学教授）が作成したもので、子ども本人や保護者に問題点が伝わり、具体的に改善すべきことがわかるとともに、家庭での取り組みにつながる工夫がなされています。また、体格、体力・運動能力の測定データにとどまらず、生活状況調査のデータも加えられた総合的な評価カードになっています。

10章 体格、体力・運動能力の測定・評価

# すこやかキッズカード（評価表）

| すこやか保育園 げんき組 | なまえ まえはし あきこ | 女 | 歳 か月 6 0 |

□は前回測定 2005年11月12日　□は今回測定 2006年5月27日

マークのせつめい⇒ 😄 とてもよいです　🙂 よいです　😐 ふつうです　😕 もうすこしです　😞 がんばりましょう

### たいりょく

| いつ | にぎる | とびこしくぐり | はしる | とぶ | なげる | あるく |
|---|---|---|---|---|---|---|
| まえ | 🙂 | 🙂 | 😄 | 🙂 | 😐 | 😐 |
| いま | 😄 | 😐 | 😄 | 😄 | 🙂 | 😄 |

● 歩数が前回とくらべ、一番伸びました。がんばったね！
▲ とび越しくぐりが、前回スコアよりさがりました。なわとびや鬼ごっこをすると、はやくできるようになるよ！

ジャンプ、とくいだわ！

### けんこうな せいかつ

| ねるじかん | ねているじかん | おきるじかん | あさのきげん | あさごはん | あさのウンチ | ゆうごはんまえのおやつ | ねるまえのおやつ | そとあそび | テレビをみるじかん | げんきさ |
|---|---|---|---|---|---|---|---|---|---|---|
| 😞 | 😞 | 😐 | 🙂 | 😕 | 😞 | 😄 | 😕 | 😕 | 😞 | 😐 |
| 😞 | 😞 | 😐 | 😄 | 😕 | 😞 | 🙂 | 🙂 | 😐 | 😞 | 😐 |

● 寝る前に夜食を食べないのはえらいね。夜食を食べないと、朝ごはんがとってもおいしくなるよ！
▲ 寝るのが、大変、遅すぎます。起床も遅くなり、朝ごはんもおいしく食べられません。ねむけやだるさを訴え、朝からボーッとします。はやめに寝ることを心がけましょう。9時まえに寝るためには、日中に運動をしっかりしようね！

| 分類 | | 測定項目 | 前回 | 今回 | 標準値 |
|---|---|---|---|---|---|
| 体格 | | 身長 | 112.3 cm | 115.4 cm | 112.7 cm |
| | | 体重 | 20.5 kg | 20.6 kg | 19.9 kg |
| | | カウプ指数 1) | 16.3 | 15.5 | 15.5 |
| 体力 | 筋力 | 両手握力 | 13.0 kg | 15.0 kg | 15.0 kg |
| | 調整力 | とび越しくぐり | 18.0 秒 | 21.0 秒 | 18.0 秒 |
| 運動能力 | 走力 | 25m走 | 6.6 秒 | 6.8 秒 | 6.8 秒 |
| | 跳力 | 立ち幅跳び | 98.0 cm | 107.0 cm | 82.2 cm |
| | 投力 | ボール投げ | 3.5 m | 4.5 m | 5.0 m |
| 活動量 | | 歩数 2) | 7,028 歩 | 9,899 歩 | 7,115 歩 |

| | やせすぎ | やせぎみ | ふつう | 太りぎみ | 太りすぎ |
|---|---|---|---|---|---|

体力・運動能力スコア

── 前回測定　── 今回測定　── 平均値
両手握力 70 49.3 49.9
とび越しくぐり 53.8 47.1
25m走 55.6 50.1
立ち幅跳び 58.2 58.8
ボール投げ 43.9 46.6
1日歩数 51.7 58.1

| | 分類 | 調査項目 | 今回調査結果 | 評価（5段階） | |
|---|---|---|---|---|---|
| 健康生活 | 休養 | 就寝時刻は | 午後 10 時 30 分 | 1 | 1 |
| | | 睡眠時間（夜間）は | 9 時間 0 分 | 1 | 1 |
| | | 起床時刻は | 午前 7 時 30 分 | 2 | 2 |
| | | 朝起きた時の機嫌は | 機嫌が悪い時の方が多い | 2 | 2 |
| | 栄養 | 朝食は | 食べる時と食べない時が半々 | 2 | 3 |
| | | 排便（ウンチ）の状況は | 朝しない | 1 | 1 |
| | | 夕食の前のおやつは | 食べる時と食べない時が半々 | 4 | 3 |
| | | 夜食は | 食べない時の方が多い | 3 | 4 |
| | あそび・身体の活性度 | 外あそびをする時間は | 1 時 0 分 | 1 | 2 |
| | | テレビやビデオを見る時間は | 2 時 30 分 | 1 | 1 |
| | | 疲れの訴えからみた元気さは | 元気である時と、ない時が半々 | 2 | 3 |
| | | 朝（午前9時）の体温は | 36.2 ℃ | 低い | やや低い |

健康生活スコア
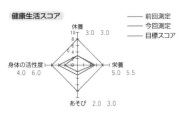
── 前回測定　── 今回測定　── 目標スコア
休養 3.0 3.0
栄養 5.0 5.5
あそび 2.0 3.0
身体の活性度 4.0 6.0

1) 身長と体重からみた体格指数であり、数字が大きいほど肥満を表しています。
2) 午前9時～午後4時までの集計

Copyright(c)2005 Sukoyaka Kids Tairyoku Kenkyukai, all rights reserved.

図10-4　評価カードの例

# 11章

## 運動のつまずきと子どもへの対応

〔前橋　明・田中　光〕

## 1 振り返ってみた幼児期の運動場面にみられるつまずき

他の子どもにできることが、自分にはできない——これは、子どもにとっては本当につらいことです。大人なら笑って済ますこともできるでしょうが、子どもの頃のみじめで、恥ずかしかった思いはなかなか消すこともできないまま、嫌な経験として残る場合が非常に多いものです。また、子どもは、いつ、どんなことにつまずいて悩むのか、わかりません。このいつやってくるか、わからないつまずきに対して、指導者は、ケース・バイ・ケースの対応が望まれています。

だからこそ対応には、まず、幼児のつまずきや悩みの実態把握が必要ですね。そのような観点から、これまで、幼児に対するインタビューや保護者に対するアンケート調査を実施し、幼児が出会うつまずきや悩みの実態を把握してきました。そして、本章では、人生の過去に体験したつまずきや悩みの原因の分析と望ましい対応策を検討した結果（前橋明，1995）をかいつまんで紹介することにします。

調査[1]は、18歳から20歳の大学生283名（男子53名、女子230名）を対象に、これまでの生活を振り返ってもらい、最もつらかった運動場面における悩みを一つ提供してもらうことにしました。なお、調査の内容は、つまずいた時期や期間、悩んだ原因や運動、そして、自分のつまずきや悩みを振り返って考える対応策や改善策についての質問でした。

自己の人生を振り返り、運動の場面においてのつまずきによって最も悩んだ時期で、最も多かったのは、中学1年生の時（20.4％）で、続いて、小学校の4年と6年（11.7％）のときでした。特徴的なことは、小学生の時期、とくに中・高学年の時期と中学2年生頃までに、運動場面で悩んだり、つまずく子どもが多いといえます。この時期は、人生の中でも、とても周囲のことが気になり、感受性の鋭い多感な時期であるからでしょう。大人側からすれば、なんとも思わないような言葉や態度でも、多感なこの時期の子どもたちは、ひどく傷ついたりすることが多いのです。

つまずいた期間としては、長い者は14年間ほど悩み続けた者もいましたが、半数の者は、1年から3年間程、つらさが持続したようでした。

つまずきの原因は、幼児期では、「水に対しての恐怖心」や「不得意に起因する劣等感」が主でした。また、幼児期からの関連性をみるため、児童期以降の結果も示してみますと、小学校の低学年では、つまずきの原因は運動が不得意・苦手・嫌いという潜在意識、体育の成績の低さや恐怖感、ケガの体験、クラスメイトからの責め、技術レベルの低さからく

る劣等感でした。小学校高学年では、運動（とくに水泳）に対する自信の無さや、不得意であるが故の劣等感、人数合わせのための試合への強制出場、水泳練習への強制、自己の根性の無さ、親による運動の制限でした。

中学校期では、運動（とくに持久走）が不得意で嫌い、自分のミスで仲間の足を引っ張る、先生の対応の悪さと無視、技術レベルの低下、他者からの高い期待、技術・体力レベルの低さ、持久走における記録や順位づけでした。

高校期は、病気や傷害、運動不足による体力の衰えや技術レベルの低下でしたが、大人になるにつれて、プライドをもったり、人の目を気にしたりして、それが精神的に苦痛になり、それから逃避するために、理由をつけることが多くなっているようです。

成人になって、振り返ってみたつまずきの対応策としては、幼児期では、先生や指導者の指導や対応の改善、とくに、先生が全員を平等にみることや子どもの気持ちを理解することを希望していました。その他、がんばることやまわりからの励ましがあることが回答されていました。

幼児期以降における対策を、以下にまとめてみます。

1）小学校前期

①自らが運動する楽しさを知り、運動に楽しんで取り組むようにする。

②がんばろうという気持ちをもって、地道に練習する。

2）小学校後期

①日頃から一生懸命、練習して努力し、向上心をもって練習を積み重ねる。

②自分の気持ちや意気込みをしっかりもつこと・がんばること。

③運動は楽しいものだという発想の転換をはかる。

3）中学校期

①楽しくリラックスして運動する。

②まわりを気にせず、自分なりに取り組む。

③指導者は、生徒の気持ちを理解すること。

④指導者は殴らない。差別をしない。決めつける考え方を反省する。

4）高校期

①日頃からからだを動かして、継続的に運動する。

②プライドをもち過ぎない。

③人の目を気にし過ぎない。

④自分のペースで楽しく運動する。

11章　運動のつまずきと子どもへの対応

　　⑤一人ひとりをよく見て、励ます。

　　⑥楽しめるような指導をする。

　このように、大きくなるにしたがって、つまずきについての対応策は、自分自身の個人的な努力や運動に対する考え方の改善になっています。

　つまずいたときの運動は、水泳が28.6％と最も多く、続いて、器械体操（27.1％）、陸上競技（22.9％）でした。

　次に、対象者の経験の記述の中から、幼児期の悩みの体験に基づいて、対象者が訴えたいことから、指導者がとるべき方法や対応策を考えてみたいと思います。まず、対象者の経験の一端を、紹介してみます。

Hさんの体験：私は、なかなか自転車に乗れない子でした。幼稚園にいても、友だちが自転車にスイスイと乗る様子をいつも横目で見ていることが多かったです。「乗れない」ことがネックになって、「自分も自転車に乗りたい」という意欲もだんだん消えていったと思います。一度そうなってしまうと、乗りたいけど替わってほしいと言えず、言えないから乗らない、乗らないから上達しない・・・こんな悪循環になってしまい、それから抜けられなくなって、つまずきになってしまいました。そんな私を見かねてか、母親は、毎日、自転車の練習につきあってくれるようになりました。コマを自転車からはずし、後ろから支えてくれながら、励ましの言葉を忘れずにかけてくれたのです。その一言一言は、本当にとても励みになっていたと思います。それから、しばらくして、自転車に乗れなかったつまずきは克服し、友だちの前でも堂々とできるようになりました。親の励ましがあったからこそだと思いました。つまずいた幼児には、そのときの環境が克服の鍵だと思います。そのつまずきを見て、のがさず、やる気がもてるような言葉かけをするか、しないか、とでは、ずいぶん違ってきます。

Nさんの体験：私のように、水の中に無理やり頭を押しつけられると、水やプールがとても恐くなり、恐怖というものへの気持ちが一層広がっていきます。運動というものは、やはり自分自身が楽しんで行うことが一番だと思うので、そのためにも、幼児期から無理にさせるのではなく、自然にやりたいなと興味をもって運動を楽しむ環境を作ってやれたらいいなと思いました。そうすれば、幼児は、自分で楽しいと思い、興味をもったものには一生懸命にがんばって取り組むと思います。そんな気持ちを大切にし、あたたかく見守り、つまずいてしまった子には、励ますようにしていくべきだと考えます。

Fさんの体験：跳び箱が跳べなくてくやしい思いをしたことがありました。そのとき、私と同じように跳べない子が数人いたのですが、先生の対応といえば、跳べない私たちの

123

ことよりも、多数の跳べる子どもたちばかりの方についていたということです。そのときの思い出は、とても悔しくて、1日もはやく跳べるようになりたいと思っていました。だから、家に帰って、父に跳び箱になってもらい、練習したことを覚えています。先生としては、もう少し、跳べないでいる子どもに対しての対応を考えなければならないのではないでしょうか。子どもたちに運動の楽しさというものを知らせていき、運動に楽しんで取り組めるような環境を、指導者は作っていかねばならないと思います。

Sさんの体験：鉄棒の逆上がりや跳び箱ができなくて、何度もくり返し練習したものですが、できるまで練習につきあって励ましてくれた先生と、できないまま次の課題へと進めてしまう先生がいましたが、克服できないままだったものは、いまだに苦手だし、嫌いな運動になっています。

これらの調査の結果をまとめてみます。

(1) つまずきの場面では、水あそび・水泳、跳び箱、鉄棒、かけっこ、リレー、マラソンごっこ、登り棒、マット運動、ドッジボール、自転車乗り、なわとびの運動場面が主に取り上げられました。

(2) 子どもの気持ちを無視して、無理なことをさせたり、上手ではないのにみんなが集中して見るような場面を作らない等、子どもがまわりの目を気にせずに活動できる環境づくりが大切です。

(3) もし、子どもが失敗したら、皆で励ますことのできる雰囲気づくりと環境設定が大切で、運動が好きになれるような関わり方が必要とされ、それには、日頃より、運動することやからだを動かすことの楽しさ、大切さを第一に知らせることが必要です。

(4) できない子どもには、少しでも長く接し、自信がもてるように、成功をいっしょに喜び合うことが大切です。具体的には、現段階でその子ができるとされる課題より一段階やさしい課題を与え、それをこなすことができたときに十分に誉め、子どもに、「できた」という達成感を味わわせます。

(5) 運動の苦手な子どもであっても、その子の長所を見つけ、その良い点を他児に紹介することで、自信をつけさせます。

このような体験や思いを見てみますと、子どもたちは、ほんのちょっとしたことでも、悩んだり、傷ついたりしてしまうもので、指導者が悩んでいる子どもの気持ちに気づかないと、つまずいてしまった子どもは、ずっと、そのときの嫌な気持ちのままでいることが多いことがわかります。子どもの方が、自分で良い方向に転換できればよいのですが、幼児では、まだ自分自身で気持ちや姿勢の転換を図ることは難しいです。

11章　運動のつまずきと子どもへの対応

　したがって、まわりの大人の理解と援助が大切といえます。まず、子どもが、こなせなくても、一生懸命にがんばっていたら、そのことを誉めてあげたり、励ましたりして、気持ちをプラス方向へもっていくことが重要といえます。子どもが、あまりにも運動することを嫌がっていたら、無理にさせるのではなく、できる範囲で取り組ませるのがよいでしょう。

　できないときも、できないことが悪いのではないことと、恥ずかしがらずに何回も練習をくり返すことの大切さを指導していけばよいといえます。そうしていくうちに、たとえできなくても、がんばってするだけで、何かをやり遂げたという満足感が得られたと感じられるようになるでしょう。

　とにかく、幼児期は、自由に飛んだり跳ねたりできるようになる頃ですが、まだまだ思うようにからだを動かせないことが多いのです。したがって、このような時期には、運動を上手にすることよりも、からだを動かすこと自体が楽しいと思えるように育てることが大切です。この時期に、運動に対する苦手意識をもたせることは、子どもたちのこれからの運動に対する取り組みを消極的なものにしてしまいかねません。

　また、指導者は子どもといっしょにからだを動かしたりすることが必要です。運動を得意ではない子どもであっても、からだを動かして汗をかくことは好きなので、からだを動かしていろいろな楽しみを経験させてやりたいものです。それも、指導者側は、子どもといっしょに動いて同じ汗を流すことが大切で、指導者の資質としては、子どもといっしょにできることを、どれだけ身につけているかが問われるのです。

　要は、つまずきへの対策として、幼児体育指導者は、できるだけ子どもの気持ちの理解に努め、勝敗や記録にこだわるのではなく、運動の楽しさを伝えられるような指導のしかたを工夫していくことが必要といえます。

（前橋　明）


## 2　運動のつまずきとその対策

　運動でのつまずき、運動の苦手意識をもった子どもへの指導は、まず、子どもが運動すること自体を嫌いになっている傾向があるため、運動することが楽しいと感じてもらえる運動プログラムを展開する必要があります。

　子どもの様子をよく観察して、つまずきの原因は何なのか、すぐに解決できる問題なのか、時間を要する問題なのかを見極めます。

基本が学習できており、技術的なポイントがわからない場合は、そのコツをアドバイスすると解決することも多いですが、たいていの場合は、基本的な運動能力不足や経験不足が原因となっている場合が多いといえます。このような場合は、まず基本の運動能力の向上を図る対策を考えていかねばなりません。例えば、逆上がりの指導において、自身のからだを全く支えられないほど、腕の筋力が明らかに不足している状態では、いくら技術的なアドバイスをしても、技の習得に大変な困難を要します。まず、腕の筋力を向上させる方法を考えるべきです。腕の筋力は、いくら効率よく向上させたとしても1日や2日ではアップしません。日々のあそびや生活の中で少しずつ育んでいかねばなりません。

　次に、つまずき経験をもった子どもの指導の中でとくに重要なことは、子どもの心の動き、すなわち、心理面について考慮しなければいけないことです。子どもの心理として、つまずきを経験している場合、もしくは失敗をして苦い経験や痛みを伴う経験をしている場合、その運動をすること事態に恐怖感、嫌悪感が発生しています。このような場合は、自身のからだを抑制した状態、すなわち、思い切って運動に挑戦できず、からだが硬くなっていると考えられます。指導者は、十分に子どもの心理を理解し、やる気にさせてから次の課題に進むことを心がけねばなりません。結果的に、楽しく運動をしていれば、その不足している運動形態が学習できるようなプログラムを考案する必要があります。

　運動の習得には、くり返し練習をすることが必須です。しかし、運動に対して嫌な思いを抱く子どもにとっては、指導者が必要な要素だと感じて練習を行わせたとしても、良い方向に導くことは難しく、トラウマ状態になりかねません。

　導入段階では、すぐには大事な要素とつながらなくてもよいので、子どもが楽しんで行えるレクリエーション的なあそびを多く行うようにしてみましょう。まず、指導者と子どもとの信頼関係を築き、子どもが指導者に安心して接することのできる環境を保障することが大事です。

　逆上がりを例にとると、ジャングルジムやうんていなどを使い、まず鉄棒が少しでも好きになるようなあそびを実施し、徐々に腕の力を向上させ、鉄棒で必要な逆さ感覚や回転感覚が身につくようにしましょう。

　指導者は、焦ってはいけません。時間をかけて入念に、「簡単なことを楽しく」という感じで、少しずつ、子どもの気持ちが前に向くように接します。

　子どもの心理として、とても嫌な鉄棒が、楽しいあそびを経験しているうちに、2～3か月後に鉄棒にぶら下がったら、以前よりからだが軽く感じられ、自分の思ったとおりにからだをコントロールできたとしたら、気持ちが前に向きます。そうなればしめたもので

11章　運動のつまずきと子どもへの対応

す。ここまでが非常に大事で、また、時間を要する過程ですが、この段階をクリアーして
しまえば、子どもは意欲的に鉄棒に取り組むようになってきます。子どもの気持ちを理解
することを一番に考え、楽しみながら不足している要素を補うような工夫をした運動の展
開が望まれます。


## 3　運動のつまずきと運動の苦手な子どもへの指導

　子どもの運動習得の場面で、つまずき経験をもった子どもを指導する場合、どこに問題
があるのかを分析し、分化したプログラムを考え、指導を実施します。ここでは、運動の
つまずきの対策について、実例をあげて紹介します。

### (1) 跳び箱の開脚跳びのつまずきの対策

　跳び箱を練習する場合、大きなポイントは3つあります。①踏み切り板の踏み方、②踏
み切り～手をつくまで、③手をついてからのつき放しの3つです。

　この3つのポイントの中で、どこに問題が生じてつまずいているのかを分析する必要が
あります。そして、問題を解決するためには、それぞれ3つのポイントの中で、不足して
いる要素を学習できる準備段階の運動を考えます。

#### 1）踏み切り板の上手な踏み方につながる予備的な運動

　体育館やプレイルームの床上の線（ライン）を見つけ、その線の上に両足を揃えて着
地します。このとき、1～2歩の助走から、片足踏切で両足を揃えて着地します。上手
に着地できるようになってきたら、着地した後にジャンプします。また、着地するとこ
ろに、○や□等の目印をつけてもよいでしょう。ここまでの過程がクリアーされたら、
実際に踏み切り板を使って、走ってから踏み切り板に両足を揃えて踏み込み、高くジャ
ンプします。ジャンプした後は、棒ジャンプや空中グージャンプ、空中パージャンプ、
空中回転ジャンプ等を行って遊んでみるとよいでしょう。最終段階では、低い跳び箱の
1段を使い、踏み切り板をしっかり踏み込み、跳び箱の上にジャンプして立つ練習を試
みてみましょう。

2）踏み切り〜手をつくまでにつながる予備的な運動

　丸めたマットを縦に置き、そのマットで開脚跳びを試みます。はじめは跳び越せなくても、そのマットの上に開脚で座ってみましょう。マットなら跳び箱と違い、恐怖感が薄れます。開脚跳びで、手をつくときに、ある程度、腰が高く上がった状態になっていないと、足が跳び箱に引っかかって危険な状態になることがあります。少しずつお尻を高くあげることを心がけてみましょう。お尻を頭より高くあげ過ぎないように注意しましょう。

　慣れてきたら、今度は思い切って前の方に手をつく練習をしてみましょう。次に、横向きの低い跳び箱の上に足を開いて立つ練習をします。腰を引き上げることを意識するには、この練習は大変効果的です。

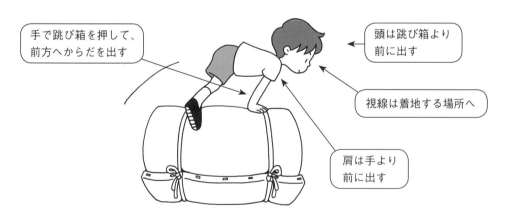

3）手をついてからのつき放し

（手のつき放しが難しい場合は、足の移動に意識をもたせる）

　平均台を縦にして、開脚跳びをしながら、手よりからだが前に移動するように手のつき放し（手の押し）を意識する練習をしてみましょう。平均台がない場合、低い跳び箱を縦に重ねて行ってもよいでしょう。

(2) 逆上がりのつまずきの対策

　逆上がりのポイントは、①足の踏み込み〜振り上げ、②腕の引きつけ、③逆さ感覚・回転感覚の３つです。まずは、それぞれのポイントについて、どこが上手にできていないかを見極めます。また、これらのポイントの中で時間をかけて練習しないと身につかないのが、腕の筋力が必要な腕の引きつけです。準備段階の練習でしっかりと腕の力（支持力、懸垂支持力）の発揮のしかたを身につけてから、実際に逆上がりの練習にのぞんでみましょう。

　３つのポイントの中で、できない要素が一つでもあった場合、逆上がりをいくら練習しても、手が痛くなるだけで、なかなか上手になりません。または、できたとしてもスムーズにできません。あせらずに予備的な運動である基本の身につく運動あそびをしっかり行うことが一番の近道です。

　腕の力が強い子どもの場合、３つのポイントができなくても、技術を筋力でカバーし、逆上がりができる例もあります。生活の中で、自分のからだを支えられる筋力をつけておくことも、大切です。

　ここでは、各ポイントにつながる準備段階の運動を紹介します。まずは、これらの運動を繰り返し行い、ある程度、できるようになってから、実際に逆上がりの練習に取り組んでみてください。とくに、つまずきを経験している子どもの場合は、逆上がりの練習を行

うのではなく、腕の力や支持力をつける楽しいあそびを中心に行い、結果的に逆上がりに必要な要素が身につくようなプログラムを実施してください。

1）足の踏み込み〜足の振り上げにつながる予備的な運動

① 足の振り上げキック

　右足か左足のどちらが前でもかまいません。どちらかの足は前、どちらかの足は後ろの前後に足を構えて立ちます。まずは、自分の顔の高さくらいをめどに足を振り上げてキックします。膝は少し曲げた状態で、足を上げようと意識します。どちらの足の方が振り上げやすいかを確認して、よく足が振り上がる方をくり返し練習してください。

　実際に逆上がりを練習するときには、高く振り上がる方の足を後ろにして構え、その足を高く振り上げます。ボールや風船などの目標物を使って練習してもよいでしょう。

② ブタのまる焼きキック

　鉄棒と平行になるように手と足を使って鉄棒にしがみつきます。まず、手で鉄棒を持ち、足を蹴り上げ、足が鉄棒に引っかかるように足を蹴り上げます。このときの蹴り上げが逆上がりの足の振り上げにつながります。ブタのまる焼き状態でキープしなくてもよいので、しっかりと上に足を振り上げることを意識してください。逆さ感覚も身につきます。絶対に手を離さないように指導してください。

2）腕の引きつけにつながる予備的な運動

① だんごむし（10秒程度）

　腕を短く、しっかり曲げて、鉄棒からあごが出るか出ないところで、がんばってからだを止めてみましょう！友だちと競争してみましょう！遊びながら、次第に腕力がアップします。少し揺らした状態でできるようになれば、すごいです！

130

② ななめだんごむし（5秒程度）

鉄棒に腕を一番短く曲げて鉄棒に対してからだがクロスになるようにぶら下がり、その状態を維持させます。交差してぶら下がった状態です。手の持ち方は自由です。鉄棒より頭が少し出たところで維持させてください。

上手になってきたら、その状態で左右や前後に揺らしてください。手はどのように鉄棒を握ってもかまいません。2秒も維持できないようでは、腕の力が不足しています。

③ ツバメジャンケン

鉄棒の上に両手で支持をして、大人は前で普通にジャンケンをします。子どもはツバメ支持状態から足でジャンケンをします。順番を決めて、ゲーム形式で何回か勝つまで、くり返し遊んでみましょう！

④ ブタのまる焼きあぶり

ブタのまる焼きから、さらに横に振れるようにがんばります。手の力を右左と交互に力を入れ、肩を揺らしながら上半身〜下半身の順に横に揺れ、振り子のように揺らします。

3）逆さ感覚、回転感覚につながる予備的な運動

① 布団ほしで逆さ感覚を身につけよう！

鉄棒に支持をした状態から、前に倒れて腰の位置で鉄棒をはさみ、布団ほし状態になります。

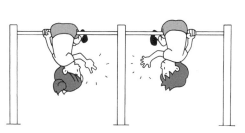

鉄棒に横2列、2人で同時に布団ほし状態になり、逆さ状態でジャンケンをします。

② 布団ほし～ツバメにもどろう

布団ほし状態から背中を丸め、ツバメ状態にもどります。このとき、背中を反ると逆に前への力が働き、前まわりになってしまいます。背中を丸め、腰、胸、肩の順に力を入れてみましょう。

鉄棒に支持をしたところから、前に回って布団ほし状態になります。そこからはじ

めはゆっくり支持の状態にもどります。上手になってきたら、すばやく布団ほし状態になったり、支持にもどったりをくり返します。2～3回、くり返して、最後は前まわりをします。布団ほしからもどるときは、背中が突っ張ってしまうと、逆に前に回転してしまうので、背中は丸くして胸を引き上げるようなイメージで行いましょう。

前回りで着地するときに、ドーンと着地しないように、ゆっくり音を立てないで下りるように指導してください。回転を速くしたり、遅くしたり、自分で調節できるようになるまで、繰り返し練習をさせましょう。

(田中　光)


[文献]
1) 前橋　明：運動の場で生じる子どもの悩みとその対応—幼児期を中心として—，幼少児健康教育研究 (4) 2, pp.37-44, 1995.

# 12章

## 幼児体育指導上の留意事項

〔原田　健次〕

体育あそびの指導を実際に行うにあたり、指導者は一人ひとりの子どものもっている力を最大限に発揮できるよう、様々なことに注意を払っておかねばなりません。

また、指導者は、こんな子どもを育てたいという「思い・願い」をしっかりもつことが大切です。具体的には、子ども自らが、主体的、自発的に取り組め、状況に応じて、自分で考え、判断し、行動することができる子どもを育てることです。

そのために、指導者は、①指導を展開する上で配慮する点と、②子どもとのかかわりで配慮する点を理解し、実際の指導を行うことが大切です。

## 1　指導を展開する上で配慮する点

1）やさしいものから難しいものへと、段階指導します。（簡単なことから）

2）グループでのあそびは、少人数から行います。一人ひとりの役割が明確になります。
　（少人数）

3）ルール理解のための展開
　(1)　ルールやぶりができないルールづくりの工夫をしましょう。
　(2)　ルールを守ることで、あそびが「楽しく」なる経験をすることが大切です。

4）展開にメリハリをつける
　(1)　キーワードは静と動、GO and STOP、力合わせと力くらべ。
　(2)　子どもの興味・関心・理解度に応じた「流れ」を作ることが大切です。

5）運動量をしっかりとる（子どもの力発揮）
　自分のしたいことを見つけて遊ぶことのできる環境を整え、思い切りからだを動かして運動量をしっかり確保する展開が大切です。

6）子どもの育ちに応じて「仲間づくりあそび」を展開
　仲間づくりあそびは、人とふれあいながら「力をあわせる（協力する）」「力をくらべる（競争する）」といった動きを行うことです。これは、自分の力を相手に伝えることで相手

の力を感じ、同時に自分の力を感じることができます。その動きを通して、相手に対して、うまく自分の力をコントロール（力の調整力）することができるようになってきます。

### 7）習慣化されるまで繰り返し丁寧に指導

　子どもは、繰り返し体験を重ねることにより、一つひとつの行動が身につきます。

　繰り返す場合は、きちんと「ねらい」をもつことが大切です。また、子どもをあまり待たせない工夫も大切です。（エンドレスあそび）

### 8）安全に十分な配慮をする

　保育現場は、「いのち」を育み、あずかるところ。気の緩みや錯覚、手抜き、憶測判断などによるヒューマンエラーをしないように心がけましょう。

### 9）楽しさに偏りのでない指導を行うことが大切です。

### 10）子どもが「発見」をしたり、「知恵」を出せるような展開をしましょう。

　遊び込むことによって、子どもはいろいろなことに「気づき」、「考えたり」、「試したり」して遊ぶことができます。

## 2　子どもとのかかわりで配慮する点

### 1）助言・助力について

　個人の身体的・知的・パーソナリティの特徴をとらえ、個に応じた能力や経験を十分に配慮し、関わることが大切です。

### 2）子どもが興味・関心・意欲が出るようなかかわりが大切です。

　乳幼児が安全に生活するための基本的な能力は、主にあそびを通して、物や人と関わる中で、試したり、夢中になったり、疑問をもったりする体験を通して培われていきます。

### 3）子ども理解をする

　大切なことは、まず乳幼児の理解をすることが大切です。個々の子どもの実態を知り、

状況に応じた対応ができるように準備することが必要です。乳幼児の行動特徴を理解することにより、事故発生の要因を予測し、対策を考えることが可能となります。

(1) 身体面からみた特徴

・頭部は、大きく、重いです。また、転倒、転落しやすいのは、重心が高いためです。

・乳幼児期は、からだの諸器官が未発達の段階にあり、脳の発達を含め神経機能の発達は、幼児期ですでに大人に近い形で発達しています。そのため、乳幼児期の運動は、神経系を中心としたバランス・タイミングを取る動き、すばしっこさ・巧みさといった全身調整力の要素が多く含まれる運動やあそびを行うことが大切です（神経機能の未分化から分化へ）。

・視界が大人と異なります。特に、自分の見えている範囲以外のことは認知しにくいものです。

(2) 心の面からみた特徴

・言葉での説明では、理解が不十分です。必ず「見本」を見せましょう。

・子どもは、興味のないことはしません。興味・関心がもてる言葉がけが大切です。

・子どもは、危険を予知する能力が低いです。

(3) 行動面からみた特徴

・子どもは、見えないところ（ものかげ、すきま）で遊ぶことが好きです。

・模倣あそびが好きで、主人公（ヒーローもの）になりきって遊びます。

・興味を引きつけられると、行動が停止できなくなります。

# 3　用具の理解について

(1) 安全な使用方法を知っておく必要があります。

(2) 既成概念にとらわれず、創意工夫が大切です。

(3) 用具についての知識を得ておく必要があります。

(4) 身近にあるものを用いて、手づくりの用具や遊具を創造することが大切です。

(5) 準備や後片づけの際は、子どもも安全な取り扱い方ができるようにすることが大切です。

# 13章

## 運動会の歴史と企画・運営

〔 前橋　明・原田健次 〕

# 13章　運動会の歴史と企画・運営

## 1　運動会の歴史

　運動会の歴史を調べてみますと、1874（明治7）年3月21日、東京・築地の海軍兵学寮にて、イギリス海軍士官の指導で導入されたアスレチックスポーツ「競闘遊戯」会が最初のようです。この遊戯会の遊戯番付は、第1から第18まであり、行司（審判）は、英国中等士官シントジョン氏、下等士官シプソン氏、チップ氏の3名でした。種目の中には、現在の150ヤード走を「すずめのすだち」、幅跳びを「とびうをのなみきり」、高跳びを「ぼらのあみごえ」、棒高とびを「とんぼのかざかへり」、競歩を「かごのにげづる」、2人3脚を「てふのはなおび」等と呼んでいました。しかし、イギリス人がいなくなるとともに、止んでしまったようです。

　その4年後の1878（明治11）年、「少年よ大志を抱け」の言葉を日本の青年たちに残したクラーク博士の影響による運動会が札幌で行われました。それが、札幌農学校（後の北海道大学）の「力芸会」でした。この会は、第1回遊戯会と名づけられ、わが国最初の日本人による運動会として記録に残されています。力芸会と呼ばれたのは、実施した運動のことを「力芸」と呼んだことによるようです。

　種目には、100ヤード走、200ヤード走、10マイル走、1マイル走、半マイル走、走り幅跳び、走り高跳び、棒高跳び、ハンマー投げ、2人3脚、竹馬競争、提灯競争、蛙跳び競争、じゃがいも拾い競争、食菓競争（パン食い競争の原型）等がありました。今日の陸上競技種目やレクリエーション的種目も採用されていたことから、札幌農学校の運動会でとりあげられたタイプの種目は、今日までの長い間、親しまれ続けていることがおわかりでしょう。また、じゃがいも拾い競争や食菓競争が行われたということは、農民の生活やあそびが積極的に種目としてとり入れられた様子がうかがえます。

　現在の日本の学校における「運動会」というものの模範となり、全国的に広く影響を与えた運動会の起こりというと、やはり、当時、巨大な権威と権力が集中していた東京での運動会ということになるでしょう。

　1883（明治16）年、英人ストレンジ教授の尽力により、東京大学にて運動会が

開かれました。このストレンジ教授は、日本体育界の恩人ともいうべき人で、彼の指導によって、わが国の学校体育の萌芽期に外国のスポーツが学校生活にとり入れられただけでなく、運動会が学校行事として確固たる地位を占めるまでに発展させたという貴重な功績を残された人です。

東京大学の運動会は、学部、予備門合同の陸上運動会で、その種目は、100ヤード走、220ヤード走、440ヤード走、880ヤード走、ハードルレース、走り幅跳び、走り高跳び、棒高跳び、クリケットボール投げ、砲丸投げ、慰め競争（敗者による競争）で、今日の陸上競技大会に似ており、レクリエーション的種目は見られませんでした。

また、この運動会には、次のような競争者心得がつくられていました。

1. 競走ハドラノ音ヲ以テ発スルコト
1. 競走ノ長サハ埒ノ内規リ（ライン内の距離のこと）ニテ量ルコト
1. 各競技ヲ始ムル前ニ鈴ヲ嶋ラシムベシ
1. 杵飛（棒高跳び）、長飛（幅跳び）、高跳び、クリケット玉投ゲ方、大砲玉（砲丸）投ケ方、槌（ハンマー）ノ投ケ方ハ各競技者二度宛其技ヲ試ムルヲ許ス
1. 競技中故意ニ他ノ競技者ノ妨ヲナスモノハ当日中総テ他ノ競争ニ入ルヲ禁ズベシ

以上の心得は、競技というものが、公平に、かつ公正に、はっきりとしたルールによって行われるべきであるというストレンジ教授の考えをあらわしたものといえるでしょう。

ストレンジ教授の考え方は、1884（明治17）年に開かれた東京大学レースクラブの「ボートレース」のときにも、はっきりと示されていました。一例をあげてみますと、勝った者に賞品を与えず、その代わりに、メダルを授与したことです。日本人的感覚からいくと、勝者に対し「よくやった、ほうびをとらせるぞ」という昔からの伝統的なやり方で競技の気分を盛り上げることが普通ですが、ストレンジ教授は、当時の日本人に対し、次のようなことを教えてくれました。

(1) 苦労して練習し、全力をあげて試合をすること
(2) きちんとしたルールにしたがって、公平・公正に試合をすること
(3) 試合の記録を大切にすること
(4) 賞品をあてにしないこと

つまり、賞品をめあてとしないで、競技すること自体に価値があること、そのためには、正確な計時や記

録を残し、公正でかつ公平に競技をすすめなければならないということでした。

このときの考え方は、日本のスポーツ界に強い影響を与えており、日本のアマチュアスポーツの基礎ともなった考え方だと思います。

1886（明治19）年5月19日、東京大学の競技運動会が行われました。競技運動会の種目としては、競走、クリケット、球投げ、高跳び、砲丸投げ、幅跳び、棚飛び競走（ハードル走)、棒飛び、槌投げ、三脚競走、慰め競走などがあり、今日の運動会よりは陸上競技会というべきもののようでした。

1887（明治20）年、帝国大学の渡辺洪基総長は帝国大学春期短艇競漕会での祝辞の中で、日常生活における正しい運動のあり方と人間としての心身の調和的発達のための正しい運動の必要性を強調しました。そして、特定の日にこれを全員が実行し、その具体的な姿を広く、多くの人にも見せるということは意味があると訴えました。

さらに、祝辞の最初に、春と秋の二季に運動会を行うことを告げ、水陸の運動を奨励しました。これが、定期的行事としての運動会のはじまりともいえるものです。

1888（明治21）年、石川県の各学校は、文部大臣森有礼の学校視察の歓迎準備のために、子どもたちに兵式体操を練習させ、同年の春に金沢市、石川郡、河北郡の一市二郡の小学校児童の連合運動会を開きました。そして、10月の視察の際、大臣の臨場する運動会を第2回とし、秋季の連合運動会を開きました。場所は、金沢市の北の海岸である普正寺の浜でした。そこで、大臣に見せたのが隊列運動と亜鈴運動、徒手体操、木銃と背のうを担った運動と行進で、それは本物の軍人に負けないようなきびきびとした動作で、大臣が大変ほめ、喜んだそうです。

森有礼大臣が奨励した、こういう運動会の形式は、長く日本の小学校に生き続けました。例えば、運動会の練習では、運動場への入退場をやかましくいう風習が、今日でも多くの学校で行われているのも、そのなごりといえそうです。

森有礼大臣が学校教育の中に兵式体操を奨励し、軍隊的な形式を導入した理由は、すすんで行動しようという国民性をつくりあげるのに、軍隊のやり方を利用するのが一番良いと考えたからでしょう。言いかえれば、日本国民に従順、友情、威儀の徳を身につけさせるとともに、軍隊の忠誠という精神の中に統一国家としての日本のイメージをいだいていたのでしょう。さらに、そのことは、後の学校教育と体育の軍国主義化への道を切り開くものであったようです。

こうして、集団行動訓練としての兵式体操奨励と、1894（明治27）年からはじまった日清戦争での戦意高揚策、1900（明治33）年3月に公布された小学校令による遊戯の重

視などによって、運動会は急速に小学校へ普及していき、学校での代表的な行事の一つになっていきました。

　小学校の運動会は、当時、学校規模が小さかったせいか、近隣の学校が集まって行う連合運動会が多かったようです。そのため、競争心を通じての士気高揚の図れる学校対抗や紅白対抗などの方式が多くとり入れられていました。なお、運動会に出場するために、各学校がその会場に歩いて集合していたことが、「遠足」のはじまりとなっています。

　しかし、明治の末から大正期にかけては、体操の重視により、各小学校に体操場が設備されたり、小学校への就学率が増えて、学校規模が大きくなっていったため、各小学校単位で運動会を開催することが可能となり、学校対抗の競技会形式よりも学校内における学年対抗や校内のレクリエーション的な色彩を帯びる形式になってきました。

　また、家族や地域住民の参加も容易となり、地域住民の関心をひときわ集めるようになってきました。つまり、当時の運動会は、子どもたちや教師ばかりでなく、保護者、その他の関係者が集まって楽しく一日を過ごすとともに、一体の感を体得して親睦を深めることを目的とするようになってきたのです。そして、運動会は、次第にその学校の最大の催し物として発展し、地域住民の行楽の日となるとともに、お祭りの日の形ともなっていったのです。とくに、お祭り的になっていった大きな原因は、明治末期から行われだした地方改良にあるのではないかと考えます。以前は、「村の鎮守」単位で行われていた祭り等の活動も、行政村単位の中で設立された小学校が、村の鎮守の代理機能をはたすことができるようになったからでしょう。

　つまり、地方改良との関連で、村の鎮守が変質し、行政村社の祭りを補うものとして、小学校の運動会が地域の人々からの関心を大きく集めたのではないかと考えます。

　こうして、日本の運動会は、地域社会に開かれた祭り的色彩をもちながらも、富国強兵のための基礎教育活動として、さらに発展していったわけですが、この頃になると、以前の武士の子も、農民の子もいっしょに活動する世の中になってきたわけですから、運動会の中にも当然、農民の伝統行事の応用の種目と武士の格闘的競技の応用の種目を、共に見ることができることに注目していただきたいのです。

　農民の伝統行事の応用として、その年の米の作柄を占う神事の一つとして発生したもの

が綱引き、武士の格闘的競技の応用として旗差物を奪い合う武士の競争に起因するものとして発生したのが騎馬戦です。とくに騎馬戦は、士気高揚の格闘的競技としての改良案として、当時では、大変重要な競技であったように感じます。

　また、大正中期頃からは、運動会において、万国旗の使用が定着し、明治以降の日本人の外国に対する深甚な関心のありようを示しているようです。港に停泊している外国船の国旗が風に揺られながら、色とりどりの美しさを見せてくれ、とてもきれいだったのでしょう。そして、その光景を見ながら、外国に対するあこがれや強い関心をもつようになり、学校の運動会の飾りつけにも、その美しさを、これまでのちょうちんによる飾りつけに替わって用いだしたのです。

　こうして、運動会は伝統的な遊戯的要素を盛り込んだ地域社会の行事となり、外国流のスポーツや競技大会と日本の伝統との結びつきを深めていきました。今日でも、この形式のものが大部分を占めています。とくに学校は、社会施設の一つであり、運動会は、地域社会と学校を結ぶ機会であることから、運動会の企画や運営に際しては、地域社会との結びつきを考えることは有効であり、必要でもあることが、日本の運動会では重要視されているようです。

　ところで、幼稚園での運動会の歴史についての文献や資料はなかなか見られませんが、1876（明治9）年に、東京女子師範学校（現在のお茶の水女子大学の前身）に附属して幼稚園が開設されて体操遊戯が行われていますから、その後、運動会が開かれているものと考えられます。

　記録に残っている古いものといえば、徳島大学附属幼稚園70年史に「明治29年8月、春秋両期に運動会を挙行する。本年は、とくに遊戯具、運動具を増加する」とあり、運動会に必要な用具が整備された記録が残っています。

　また、お茶の水女子大学附属幼稚園の歴史の中に、1926（大正15）年7月「秋の運動会は、女高師と附属校園の合同で、陸軍戸山学校運動場で行われた」という記録も残されています。

　幼稚園や保育園での運動会は、日本の教育の流れ、とくに小学校での教育の影響を多分に受け、今日に至っています。

（前橋　明）

## 2　運動会の企画と運営

運動会に参加するすべての人は「楽しい一日であってほしい」と願っています。その願いを具現するために、保育者は、あの手この手でいろいろな「アイデア」を出し合い、運動会を企画します。そして、日々の保育の中で子どもに「向き合って」いきます。

本節は、本番での「アイデア」はもちろん、本番に向けての保育の取り組み方（あそびの導入のしかた）をわかりやすく具体的な実践を通して紹介してみます。

### (1) 本番までの取り組み

#### 1）子どもの意欲につながるエンドレス形式（経験量）

例えば、リレーです。よく見かけられるのは、クラスを2チーム（約15名）に分け、目標物を回ってくる旋回式のリレーです。子どもは15回に1回の割合でしか回ってこないので、当然、「バトンでのつながり感・一体感」を実感することはできません。

「つながり感・一体感」をもつには、まずは少人数（4～5人）から、エンドレス形式（時間制限）で行うのがよいでしょう。少人数で行うと、「自分の番」「次が自分の番」と役割がすぐにかわり、活動に集中します。黙っていても、自分のチームのメンバーを意識し、「速く速く、がんばれ」と応援する姿がみられます。

エンドレスリレーの次は、少人数の「リレー競走あそび」を楽しみましょう。少人数なので勝敗がすぐにつき、リレーのやり方が簡単にわかります。ただし、「勝ち負け」に関しては丁寧に行うことが大切です。

本番一週間前には、朝の自由あそびで「リレーあそび」が展開されることでしょう。その時には、1チームが15名以上になっても、みんなで応援する姿が見られ、バトンでのつながり感を実感できるはずです。

#### 2）一人での達成感からみんなでの達成感へ（仲間づくり）

例えば、「組体操」です。一人でからだを支え、バランスをとることができれば、今度は2人組で挑戦します。成功すれば、「ヤッター」と喜びます。ペアを替えることで、いろいろな仲間と達成感を感じることができます。

さらに人数を増やすことで、グループでの一体感を感じたり、また、自己主張から仲間同士でトラブルが起こったりします。喧嘩やトラブルは起こってほしくないと思いがちですが、実はこのトラブルが子どもの成長には不可欠です。保育者の関わり方には十分

な配慮が要りますが、「自分たちで問題を立て直そうとしている姿」をみると、保育者としての喜びを感じることでしょう。その展開の仕方（指導）に、「保育の専門性」が求められます。

また、ケガが起こらないように、正しい動きを身につけることが大切です。乗ったり、支えたり、これらの動きは一つ間違えると大きなケガにつながります。このことを充分に子どもに話し、「ルールを守ること」で「喜び、楽しさ」を感じるということを、子どもが理解することが大切です。

あそびを通して、子どもたちはいろいろな形ができるようになってきます。自分たちができたことをたくさんの人に見てもらいたいという気持ちが育ってきます。演技として発表するのなら、保育者は子どもと向き合い、「あそび」と「オケイコ」の気持ちの転換期を経験することも大切なことです。

3）「オケイコ」っていけないこと？

本番前に、必死に教えこむ保育者の姿をよく見ます。その時の子どもの姿は……。保育者と子どもとの関係が上手くいっているときといっていないときとでは、何が違うのでしょうか。保育者の「思い・願い」をいかに子どもたちと共有するかがポイントとなります。


## (2) 本番でのアイデア

### 1）3歳児のポイント

年齢的にも、「力いっぱい走っている姿」が一番映えます。ヨーイドンの合図でスタートを切る工夫が大切です。スタートに台を使い、飛び降りて走るといった工夫や、ゴールで新聞やぶりやダンボール倒し等を行うと、スピード感が出るとともに、子どもが意欲的に取り組めます。

### 2）4歳児のポイント

1人で競い合うかけっこや障害物競走以外の競技種目は、2人組以上にして、協力している様子がわかるようなものがよいでしょう。また、リレー競技の場合は、子どもの競争意識が少しずつ育ってくる時期なので、保育者が「勝ち・負けあそび」をいっしょに楽しみながら進めていくとよいでしょう。

### 3）5歳児のポイント

2人組以上の競技には、年長児らしく「状況に応じて、自分で判断し、行動する」ことができるものをねらいにするとよいでしょう。また、前転からダッシュといった「からだ

のキレ」や「力あわせ」が見られるものを競技に取り入れることが大切です。リレー競技
では、「私たち（僕たち）のチーム」といったチーム意識を育てるようにすすめることが
大切です。

### 4）親子競技種目のポイント

親子2組（4人）以上が1グループになるような種目がおすすめです。また、抱っこや
おんぶといったスキンシップを自分の親以外の人にしてもらう経験ができるのは、保育現
場ならではのものです。大人の力はもちろん、子どもも年齢に応じて充分に力を発揮がで
きることがポイントです。

### 5）保護者競技のポイント

1回で終わるより、何度も参加ができる種目がおすすめです。エンドレス形式（制限時
間内に何回できたか）なら動く機会も増え、くり返すほどに腕前が上がり、チーム内で達
成感を感じることができます。また、エンドレス形式では、人数の若干の違いがあっても
問題ありません。人数調整で時間を取られることはなくなります。

（原田健次）

# 14章

## 障がい児の体育指導

〔 本保恭子 〕

2003年3月に「今後の特別支援教育のあり方について（最終報告）」が出され、「障害の程度等に応じ、特別の場で指導を行う『特殊教育』から障害のある児童生徒一人ひとりの教育ニーズに応じて適切な教育的支援を行う『特別支援教育』への転換を図る」という基本方針が示されました。この時、41,000余人を対象に行われた通常学級において特別な教育的支援を要する児童生徒の全国実態調査では、LD等の発達障害が疑われる児童・生徒が、6.3％に及ぶことが示されました。その後、2012年に文部科学省が行った調査では、6.5％に増加していました。このような経緯により、「特別な教育的支援を必要とする児童生徒への対応」として、LD（学習障害）児、ADHD（注意欠陥・多動性障害）児、高機能自閉症児らへの教育的対応の必要性が指摘されました。

　したがって、従来の特殊教育の対象であった知能の遅れ、肢体不自由、視覚障害、聴覚障害、音声、もしくは言語機能障害、臓器機能障害をもつ子どもたちと合わせると、その出現率は、図14-1に示したように約10％となっています。このような子どもたちは、長期にわたり日常生活や社会生活に制限を受けるため、養育者、保育園・幼稚園、専門施設をはじめとする地域社会の理解と協力のもとに療育が行われていかなければなりません。ここでは、障害をもつ子どもたちが運動をする際、指導者が心に留めておくべきことを障害別に述べます。

**図14-1　特別支援教育対象の概念図**
〔資料：文部科学省〕

## 1　視覚障がい児

　視覚障がい者は、障害の程度によって盲、弱視、あるいは盲、準盲、弱視に分類されます（盲…矯正視力が0.02未満、準盲…矯正視力が0.02以上0.04未満、弱視…矯正視力が0.04以上0.3未満）。盲は、生活上視覚に頼ることができず、主として触覚や聴覚に頼る人たちであり、弱視は、ある程度視力を有していて、いわば知覚も表象も視覚が優位な人たちです。準盲は、盲と弱視の間に位置し、文字は点字を用いることが多いけれども、日常生活においてはある程度残存の視覚に頼ることができるものです。視覚障がい児とは、視力がおむね0.3未満、または視力以外の障害が高度なもので、拡大鏡を使用しても文字等を認識することが困難な程度の子どものことをいいます。

　視覚障がい児は、視覚欠損によって視覚的刺激が少ないために、行動範囲や身体活動が制限されます。このことは、彼らの身体発育や運動発達に大きな影響を与えており、さまざまな面で遅れが認められます。体格の発育は、正眼児と比較すると低い値を示しており、とくに13歳頃の思春期に入る頃から、その差が顕著になる傾向があります。視覚障がい児の運動能力は、正眼児と同じような発達の傾向は認められるものの、敏捷性、瞬発力、持久力では著しく劣っています。しかし、姿勢調整能力は正眼児と比較して劣っていません。

　したがって、視覚障がい児（単一障害）の運動機能は、正常に発達しているものと思われ、聴覚刺激（ブザーやチャイム）や筋感覚刺激などを有効に利用すれば、活動の活発さを促進できます。また、乳幼児からの早期訓練によって、上述のような発達の遅れは、かなり改善されます。視覚障がい児の多くは、幼少の頃から過保護に扱われ、戸外で他の子どもたちと遊ぶ機会に恵まれず、あまり外出もせず家庭内で静かに過ごしてしまうことが多くなりがちです。そのため、動作がにぶく敏捷性に欠けること等が指摘されています。このような身体活動を伴うあそびの制限は、運動欲求の伸長を阻害するばかりでなく、情緒的、社会的発達や運動能力の発達を遅らせる要因にもなります。したがって、指導者は家庭との協力により、あそびへの配慮がとくに必要となります。

　具体的には、運動動作の基本となる身体各部の動かし方、筋肉の緊張・解緊の感覚、動きのリズムを繰り返し行わせます。運動によって、身体の各部位や細かい部分の正しい動きをわからせることは、動きのリズムをつかませることにつながります。指導者は、示範動作を触覚による言語によってゆっくり説明し、動きの意味やポイントを理解させます。また、指導者が視覚障がい児の手や足を実際に持ち、正確な動作ができるように、指導者

14章　障がい児の体育指導

と子どもは共に実際に体を動かさなくてはなりません。例えば、縄とびの場合では、指導者といっしょに縄を持たないで跳びます。跳び方のリズムがわかってきたら、次に、指導者が縄をまわしていっしょに跳びます。最後に、視覚障がい児が自分で縄をまわして一緒に跳ぶという手順をとることによって、正しい縄とびの技術を体得させることができます。ランニングのときに、指導者が伴走することにより、走り方のリズムやフォームを体得させることができます。

　遊具については、視覚障がい児は視覚による認知ができないため、鈴入りボールのような聴覚補助具を工夫すると効果的です。実際の動きに直接手を触れることができない場合は、人形を使って、展開中の動作を説明する必要もあります。弱視児が見やすいように、原色のようにはっきりした色のものを用いる工夫で、子どもの意欲はかなり促進されます。

　また、遊具が目に当たる、身体を揺さぶりすぎる等により、保有する視覚が損なわれないよう十分留意します。指導者が子どもに与える遊具や用具の安全について点検・確認すると共に、子どもが自分の行動する環境について、触覚・聴覚によって正確な情報をつかみ、自分自身の健康・安全について、一人ひとりが関心をもつように配慮しなければなりません。


## 2　聴覚・言語障がい児

　聴覚障がい児とは、聴覚系機能に障害があるために補聴器等を使用しても、通常の話し声を理解することが不可能か、著しく困難な子どもたちのことをいいます。言語障がい児とは、コミュニケーションの過程において、言語学的・生理学的レベルの障害や知的障害などの知能、運動障害と付随した障害があり、言語がまったく表出されないか、あるいは不自由で、思うように相手に理解されにくいことがあります。

　聴覚に障害があるということは、言語の障害のみならず、その二次的な障害を様々な面で引き起こします。身体発達の面でも、発達の遅れや伸び悩み等が指摘されています。幼児期については、全体的には正常に発達することも多いのですが、「支えなく、おすわりが可能な年齢」が正常児と比べると平均的には少し遅れ、しかも、個人差が大きい傾向があるとの報告もあります。また、文部科学省では、「2歳児で、聞こえの悪いものほど、呼吸が浅く、息の調節が下手であり、身体の平衡をとる運動や、調節や注意力を必要とする運動は、健常児と比べて差がある。3、4、5歳児では、運動面での発達は、健常児と比べ

153

てほとんど差はない。少し年齢が大きくなった場合の身体発達については、発育・発達の
しかたは、一部を除けば差はあまりない。しかし、体力・運動能力には、大きな差がある」
としています。その内容は、「①静的な平衡性の能力は変わらないが、動的な平衡能力が劣
る。②単純反応時間は変わらないが、選択反応時間が劣る。③単純な運動だと差がなく、
複雑な運動になめらかさがない。④手足や目と全身の協応動作の発達が遅れているので、
タイミングのとり方やリズム感に欠ける。」とまとめられています。

　このような、聴覚障がい児の体力・運動能力の健聴児との差は、以下の６点に示したよ
うな、彼らの生活環境に問題があるのではないかといわれています。

①　保護者の過保護な態度。

②　言語の学習に多大な時間をとられるので、遊ぶ時間が少ない。

③　一般的に通学時間が長く、遊ぶ時間が少ない。

④　地域社会から孤立しがちなため、友人が少なく、保護者や家から離れて遊ぶことが
　　少ない。

⑤　まわりの大人たち（保護者や教師も含めて）が聞こえない、うまく話せないという
　　ことに過度に意識を集中させがちなために、彼らのあそびや運動などに対して、健聴
　　児との間に認識上のずれが生じる。

⑥　補聴器をつけてのあそびに一種の制約があったり、また、常に小集団での扱いを受
　　けたり、さらに受け身の態度が習慣化しやすいので、あそびや運動そのものに自主性
　　や積極性、自由さや大胆さ等に欠ける傾向がある。

　このように、聴覚障がい児の遅れの原因は、聴覚の障害と、直接、結びつけて考えられ
るものもありますが、むしろ、その二次的な障害の結果として考えられるものが多いこと
がわかります。聴覚障がい児は、まわりの人の話す言葉自体をつかんでいないことがある
ので、内容をあいまいに捉えていることが多くあります。場合によっては、書き言葉を用
い、どのようなあそびや運動を、どのように行えば、どのようになり、それはなぜなのか
を知らせることも必要です。生活環境の改善によって、健常児との差は縮まる可能性があ
るということを、指導者は認識しておかねばなりません。

## 3　知的障がい児

　知的障がい児とは、知的発達の遅滞の程度が、意思疎通が困難で日常生活において支障があり援助を必要とする子どもたちのことをいいます。知的障がい児の身長と体重の発育は、年齢の増加と共に発育するものの、全体的には低い値を示しています。とくに、身長の最急伸期は、健常児12〜13歳児で、知的障がい児は5〜6歳（男子）と早くなっています。また、女子でも同様に、健常児の10〜11歳に対し、8〜9歳と早くなっています。これは、知的障がい児には、男子5〜6歳、女子8〜9歳の頃に適度の運動と栄養摂取が量も必要なことを意味しています。

　体重の増加量は、健常児・知的障がい児ともに10〜11歳が最高となっていますが、男女とも健常児の段階的伸びに対し、知的障がい児の発育は不規則です。また、とくに女子の健常児の発育量は、13歳をピークに急激に低下しますが、知的障がい児は低下のスピードはゆるやかです。

　知的障がい児の体力や運動能力は、年齢が増すにつれて徐々に発達するものの、健常児に比べ遅れがみられ、とくに平衡機能の著しい遅れが指摘されています。しかし、知的年齢以上に、筋力的運動能力は発揮できることもあります。このことは、瞬発的なエネルギーを発生させる力の方が、調整力よりも高いことを示しています。

　したがって、以下のような点に留意するならば、心身の健康に結びつく動きを身につけ、健康的な生活を促進することができます。

① 幼児・児童が日常使用している遊具、例えば、段ボール箱や、すべり台、三輪車などを使いながら動きを増やしていきます。

② 基本的な動き、運動（這う、歩く、走る、押す、引張る、跳ぶ等）ができるようになったら、身体を動かす楽しさを十分に知らせ、さらに、積極的に動きがつくりだせるようにします。

③ 情緒障がい児などは、多動など動きに特徴があり、知的障がい児のように加齢に伴い一律に発達しないことがあります。障害の種類により、運動機能にも差があることを知っておかなければなりません。

④ 肥満児やマヒ児などには、トランポリンやプール（体重が、水中では20分の1の重さになり、負担が軽くなる）で運動させ、動きの自由さ、抵抗力、浮力、リズム感を身につけさせ、動きを誘発させます。

155

⑤　ボールを蹴ることや固定施設のあそびが好きな子どもには、サッカーゴールへのシュートあそびとか、器械運動へとあそびを発展させます。

⑥　あそびや運動が子どもにとって満足感と成就の喜びを与えるような活動であれば変化のある動きがつくられ、技能面でも子どもなりの試みがなされ、動きづくりへの積極性を高めることができます。

⑦　運動が積極的な子どもに対しては、音楽や表現活動といった共感しあえる活動を媒介として、動きを誘発させる手がかりをつかむと効果的です。

⑧　重症児に対しては、教育や医療の専門家の協力を得て、家庭と専門家の両方で指導していく体制が大切です。

⑨　笑う、叫ぶ、話す等の感情表現により諸感覚機能が活性化されるので、運動の導入に用いると有効です。リズム感の調整も図られます。

⑩　動くことにより、生活の範囲が広がることはいうまでもありませんが、併せて、安全・健康についての認識をさせることも必要です。


## 4　肢体不自由児

　肢体不自由児とは、四肢（上肢、下肢）や体幹（四肢を除く身体部分）に運動機能障害を有し、補装具を使用しても歩行等日常生活における基本的な動作が困難な子どものことをいいます。この中でも、脳性マヒによる肢体不自由児が圧倒的に多くを占めています。肢体不自由の起因疾患と分類は、かなり複雑多岐にわたっています。脳性マヒ児の場合、とくにマヒの定型を主とした障害を中心にしており、その部位、程度が重要なポイントとなっています。しかし、肢体不自由児には、切断児のような単に身体の一部を欠損している程度で、一般の園や学校への通園・通学に何ら支障のない軽度の子どもから、運動機能障害が重く、日常生活の身辺処理がまったく不可能で、重い知能障害を有し、寝たきりの重度の子どもまで、かなりの幅があります。

　肢体不自由児は、各部位に障害をもっていても、個別にいろいろな形で発達していき、四肢に運動障害をもつ子どもは、年齢が上がるほど変形が生ずる場合も多いようです。肢体不自由児の個々の障害を肉体的、精神的、医学的に十分認識した上で援助することが必要ですが、個々の子どものみでなく、子どもの集団、園医、機能訓練との関連が重要です。

　例えば、寝返りをうてない子どもに対して、寝返りを可能にするには、施設や病院など

14章　障がい児の体育指導

の機能訓練の場とも連携をとりつつ、どこが障害になっているかについて、全身の筋力を十分に生かすことと動作の応用性について考える必要があります。このことが、内容に結びついていくことにもなります。また、同じ脳性マヒの中でも、緊張の激しいもの、発作を伴うもの、拘縮の強いもの等がありますから同一に考えることはできません。進行性筋ジストロフィーにみられるように、その疾患によっては、疲労を残すと進行するもの、とくに骨折しやすいことがあることも忘れてはなりません。

　さらに、個人差もありますが、運動量の限界を知ることも大切なことです。脳性マヒ児の片マヒ者、両下肢マヒ者、上肢の強度のマヒ者などが走る場合には、発作　転倒、ケガと結びつきます。上肢のマヒの激しい場合、つまずき転ぶと、顔・頭は非常に危険です。子どもの顔色や様子、日頃の状態をよく理解しておくことは、指導者にとって大切なことです。

　また、かつては脳性マヒ児の水泳は、不随な運動を強め、姿勢のバランスを失わせるといった理由から、不適切な運動とみなされてきました。しかし、水泳は、浮力によって骨格、関節、腱などへの負担が軽くなるので、現在では、脳性マヒ児にとっては最適な運動とされています。このように、時代によって環境の捉え方が変化することもありますので、指導者は新しい情報にも注意を払っておかなければなりません。


## 5　病弱・身体虚弱児

　病弱・身体虚弱児とは、病弱児および身体虚弱児の2つを指しています。病弱児とは医学上の概念としては、病気を患っているために継続して医療または生活規制を必要とする程度の子どものことをいいます。教育上では、原因となる病気を慢性のものに限定し、たとえ、その病気が重症であっても、急性で間もなく回復する見込みのものは、これに含めません。したがって、病気が長期にわたったり、長期にわたる見込みのもので、その間、長く医療、または、生活規制を必要とするものを指しています。また、身体虚弱児とは、先天的または後天的原因により、身体諸機能に異常を示し、病気に対する抵抗力が低下し、あるいは、これらの徴候が起こりやすく、長期にわたって健康な子どもたちと同様の教育を行うことによって、かえって健康を害するおそれのある程度のものをいいます。

　これらの主な病気の種類は、近年は、結核性疾患が減少したかわりに、心疾患や腎疾患のほか進行性筋ジストロフィー症、気管支ぜん息、心身症などが対象に含まれています。

そして、病弱・身体虚弱児には次のような徴候があります。

① 疲労しやすく、一度疲労すると回復が遅いです。

② 病気になりやすく、また病気にかかると重くなりやすいです。

③ 頭痛、腹痛、発熱、めまい、悪心、嘔吐、息切れ、脳貧血などが起こりやすいですが、発育にはそれほどの障害がみられません。

④ 体質の異常があります。そのうちのアレルギー体質は、かなり遺伝的要素が明らかです。アレルギー体質の子どもは、乳幼児期に湿疹に罹患しているものが多く、風邪を引きやすいとか、ぜん息や鼻炎、じんま疹にかかりやすいこと等がはっきりしています。また、胸腺リンパ体質のものも多く、これは、軽い刺激にも敏感に反応して、非常に重症な状態になることがある体質です。また、細菌感染に対する抵抗力が減退しています。

⑤ 発育不良は、身体が小さく体重も軽く、健常な子どものように発育しません。しかし、疾病以外の面で機能的に健全であれば、虚弱児とはいえないので、偏食、寄生虫、代謝障害などの内容についても検査の必要があります。

⑥ 肥満も虚弱児の中に入ります。ただ肥満児は色つやもよく、肥っていても力も強く、一見健康的であるが、肥りすぎに問題があり、不活発で、疲れが早く運動能力が低いです。自分の容姿に劣等感を抱いているものが多く、成人の肥満症に移行する可能性がある等の問題があります。

⑦ 起立性調節障害も虚弱の中に含まれる場合があります。疲れやすく乗り物酔いによくなり、しばしば頭痛を訴えます。とくに朝起きにくく、朝のうちは体の調子が悪いことがしばしばあります。自律神経系の発達が、体の急速な発育に追いつかないために起こるといわれています。

病弱児は、虚弱児に比べると、さらに身体的発育は一般的に不良で、この傾向は発病の時期が早ければ早いほど、また、療養の期間が長ければ長いほど著しいようです。具体的には、次のような特徴がみられます。

① 形態的には、身長よりも体重に及ぼす影響が強く、また筋肉は不動性萎縮に陥りやすく、身体全体がきゃしゃになることが多いです。

② 身体機能は敏感となり、刺激に対して異常に反応を示しやすいです。

③ 運動機能は、長期にわたる運動の制限や禁止により衰え、心臓や肺臓の機能低下の原因になっています。

④ 動作がにぶくなり、反射機能も衰え、姿勢も悪くなり、これらが心理的にも作用し

はじめ、情緒不安定、意志薄弱、臆病、消極的、逃避的、自閉的な傾向がみられるようになってきます。

病弱児の場合、保護者と指導者側が連絡会をもち、協力して患児の運動指導に当たりますが、病弱の状態になれてしまった子どもたちは健康意識が欠如していて、自分から進んで運動しようとすることが少なくなってきていることもあります。

腹式呼吸は、心臓や肺臓、あるいは、胃腸などに関連した運動で血流をよくする効果があり、家庭でもできるので、子どもに腹式呼吸の意義をよく説明し、長く継続させるよう配慮しなければなりません。乾布まさつや冷水まさつでも、同様のことがいえます。とくにこの種の運動は、ほとんどの園で実施しており、家庭でも継続して行うならばかなりの効果を上げることができます。

また、水泳は、心肺の能力を高め、全身の持久力を養う効果があります。しかも、呼吸器や循環器の機能を盛んにするばかりでなく、浮力のため体重が軽くなる利点から、水泳は循環器疾患、筋神経疾患、リュウマチ等の慢性疾患のリハビリテーション、最近では精神病やぜん息の治療として実施されています。病弱児に関わる指導者は、まず、子どもの病態生理や程度を詳細に知らなければなりません。そして、メディカルチェックを継続しながら運動の種類、強さ、継続時間、頻度を考慮することが重要です。死亡するまで実技が全く不可能である病弱児については、適切な運動の経験や健康・安全についての理解を通して体格や諸器官を発達させると共に、調整力、筋力、持久力などの調和のとれた体力の向上を図ること、また、運動の楽しさを理解し、生涯にわたって運動に親しみ、楽しく明るい生活を営む態度を育てることに留意します。


## 6　発達障がい児

知能に遅れはないけれども、特別な教育的支援を必要とする子どもとして最近注目されているLD（学習障害）児、ADHD（注意欠陥・多動性障害）児、高機能自閉症児、アスペルガー症候群の子どもたちは、発達障がい児といわれ、①全身運動の不器用さ（家具やドアによく身体をぶつける、公園の遊具で上手に遊べない、お遊戯やリズム体操などでうまく身体がついていかない、動作模倣が下手、キャッチボールや、ボール蹴りあそびが苦手である、ジャングルジムに上り下りするが、くぐることは苦手、トンネルあそびのようなくぐり抜けるあそびを嫌がる）、②手の操作性の不器用さ、③姿勢の崩れ（身体がグニ

ャグニャしていて姿勢がシャキッとしない、床に寝そべって遊んでいることが多い、落ち着きがない等）という特徴がみられます。そしてこれらの子どもは、往々にして感覚統合に問題がある場合が多く、感覚統合のための運動を促すことが有効とされています。

　脳が内外からの多くの刺激を有効に利用できるよう、能率的に組み合わせることを「感覚統合」といいますが、この脳に送られてくる諸情報を統合する力により、私たちは外界の状況に対して適切に反応をすることができています（近づいてくるトラックとの距離を見極め、危険を察知して飛び退く等）。感覚統合の力は、私たちが何か新しいことを学習しようとするとき、そのやり方を工夫するのにも役立っています。自分の身体がどのように動くか、新しい行為のために、その働きがどのように利用できるかを瞬時に判断し実行する力を運動企画といいますが、運動企画が適切に身に備わってこそ、行動をうまく組み合わせて全く新しい行動をこなすことができるようになります。今まで使ったことのない遊具でも、たいていの子どもは誰にも教わらなくても、どうやって遊べばよいかを自分で見いだすことができますが、感覚統合に失敗している子どもの場合、発達・行動・学習などに不都合な問題が生じてきます。このようなとき、専門機関において、感覚系から得た情報を選択・整理し、目的に応じた円滑な動きを向上させる一連の指導「感覚統合訓練（療法)」が行われています。感覚器官の使われやすい順序は、**ゆれと関節→触覚→耳→目**であるという原則を踏まえ行われるならば、効果につながりやすく、次のような活動が一例としてあげられます。


## （1）触覚

　触覚には、身体を保護する働きと、情報を弁別する働きがあります。保護的な触覚系は、刺激が有害である場合に自動的に身体を引っ込めたり守ったりする反応をします。弁別的な触覚系は、脳にまわりの物の大きさや形・手触り等の正確な情報を送ります。触覚系が正常に働かないと、物を扱う力や情緒的な発達、ひいては社会的発達に重要な影響を及ぼすことになります。触覚系と行動障害（多動や自閉など）と関係することも多いです。

　　**【活動例】**　小麦粉（ねんど)—感覚素材の視点（さらさら—べとべと・なめらか—ざらざ
　　　　　　　　ら)、くし、ドライヤー、感覚スポンジ、ボールプール、抱っこ、布団まき（マ
　　　　　　　　ットはさみ)、乾布まさつ


## （2）身体意識

　身体意識は、固有感覚や前庭感覚の統合の所産として成立しますが、ヒトはこの情熱に

よって視覚をあまり介さなくても、どのように空間で動くかを感知することができますし、粗大運動や協調運動を実行することもできるようになります。このため、身体意識の発達が遅れている子どもは、視覚的な情報に頼りがちになるため、バランスを失いやすくなります。また、空間における自分の位置の意識があいまいなままなので、衣服の着脱や身辺処理の発達も遅れてしまうことがあります。身体意識に関する情報は、筋肉や関節が重力に逆らってはたらくときに脳によく送られます。

【活動例】　転がる、ぶらんこ、トランポリン、くぐる、またぐ、わたる、ゆっくり（そっと）動く、一定のペースで動く（音楽に合わせて歩く）、合図に合わせて動く、バランスをとる（かかと歩き、片足立ち）、重い物を持ち上げて運ぶ、おもちゃやワゴン等を力を入れて押す

## （3）両側の協調

身体協調の力は、左右の脳が上手にいっしょに作動し効率的に働くように、情報を使いわけていることを示しています。両側協調が遅れている子どもは、一方の手を反対の手に合わせる動作、空間把握の力、微細運動の発達が妨げられています。両側協調はすべての運動スキルの発達のために大切な基礎で、以下のような活動を通して、脳の特殊分化が進まなくては手が巧みに使えるようにはなりません。

【活動例】　一方の手からもう一方の手に物を持ち替える、2つのブロックを打ち合わせる・はめる、「結んで開いて」の模倣、はさみで紙を切る、みかんの皮をむく、コップに水を注ぐ、点と点の書いてある紙を押さえて鉛筆で結ぶ、ぞうきんを絞る、ほうきで掃く、フォークとナイフの使用、スキップ・ギャロップ・リズム運動・なわ跳び・二輪車

## （4）運動企画

運動企画とは、自分が獲得した成長過程の中での運動能力を土台として、次の新しい運動適応を図っていく脳の神経伝達過程を総称したものです。粗大運動のレベルから微細運動のレベルまで、あらゆる動きには必ず運動企画があるため、とりわけ不器用で事故多発タイプの子どもに運動企画の遅れがみられます。子どもの運動企画は、特定のどんな行為が運動企画を助けるかというようなモデルがあるわけではなく、子どもがいつもこの動きになると嫌がるというようなところに気づき、あそびの中で、嫌がる動きを解決するような工夫をするとよいでしょう。

【活動例】　動作模倣、不得手な動きを丁寧に根気よくあそびの中で繰り返す

## (5) 眼球のコントロール

　私たちの眼球は、支配しているいくつかの眼筋とそれを支える感覚機能によって、生理的に構成されています。眼球をコントロールする力の弱い子どもは、読み書きの遅れを生じやすいし、奥行知覚にも問題が起こりやすいです。子どもは、スムーズに協調的に外界や周りの人をみつけたり、注目したり・追いかけたりする間に、眼球をコントロールする力をつけていきます。

　【活動例】　赤ちゃん－飽きずに自分の手を見つめる、動いている母親やおもちゃを目で
　　　　　　追う、ころがる、はって移動、飛んでいるボールを目で追う（キャッチボー
　　　　　　ル）、点線なぞり、点結び、間違い探し

　子どもは、あそびによって、目と手の協応、身体意識、対象の永続性（実際に見えても見えなくても、対象それ自体の存在に気づくこと）、模倣、空間関係（方向や物の位置関係）等の発達が促されることはよく知られています。とくに、運動あそびは、さまざまな姿勢や動き、全身運動、手足の複合運動、目と手の協応運動などが自然に何度も行われることになるので、中枢神経系の機能が高められ、必然的に運動に関わる調整力の発達を促します。そして、あそびや運動の経験は、単に体力をつけるということだけでなく、粘り強く健康な生活を保持していく態度、習慣、能力をつけていくことへと発展します。

　子どもたち一人ひとりの障害の種類、程度、発達の可能性のある身体部位や情緒・社会性、言語などの諸機能の個人差を最もよく知っているのは指導者です。したがって、指導者は、日常生活のあそびの中で、心とからだの両側面から、子どもを喜びや楽しみへと導くことができます。子どもは、ほめられれば喜び、得意になって同じあそびを繰り返し、今までできなかったあそびにも挑戦するようになります。この賞賛を与え認めてやるという強化刺激は、知能程度の低いものほど効果があります。また、消極的で根気の続かないとされている病弱・身体虚弱児にも効果は大きいといえます。指導者の励ましの声による動機づけは、大いに子どもの意欲をかりたてます。それぞれの子どもがもっている素質を可能なかぎり伸ばすためには、子どもの障害や発達段階を最もよく知っている指導者が、その状態にふさわしい刺激を日常生活の中で与え、応答的反応を示してやることです。このことは、障害のあるなしにかかわらず、すべての子どもの発達に必要なことです。指導者が与える人的・物的環境がまわりの社会とのかかわりにつながるならば、たとえ障害をもつ子どもであっても、活動はより多様に活発になることはいうまでもありません。

## ［文献］

1 ）日本学校体育研究連合会：現代学校体育全集11　障害児の体育指導，ぎょうせい，1981.

2 ）高橋　純・藤田和弘：障害児の発達とポジショニング指導，ぶどう社，1986.

3 ）河添邦俊：障害児の体育，大修館書店，1981.

4 ）小林芳文：乳幼児と障害児の発達指導ステップガイド，日本文化科学社，1987.

5 ）日本学校保健会：健康障害児の運動指導，第一法規出版株式会社，1983.

6 ）前川喜平・三宅和夫：障害児・病児のための発達援助と生活指導，ミネルヴァ書房，1991.

7 ）家森百合子・神田豊子・弓削マリ子：子どもの姿勢運動発達，ミネルヴァ書房，1985.

8 ）杉田信夫：発達　第31巻第8号，ミネルヴァ書房，1987.

9 ）木庭　修・斎藤義夫・植野善太郎：精神薄弱児の体育指導，金子書房，1974.

10）半場正信：精神薄弱児の機能訓練，学芸図書株式会社，1976.

11）官本茂雄・林　邦男：発達と指導1，身体・運動，学苑社，1983.

12）本保恭子：障害児を持つ親の役割，運動・健康教育研究　2（2），1992.

13）坂本龍生：障害児を育てる感覚統合法，日本文化科学社，1993.

14）坂本龍生・花熊暁：新・感覚統合法の理論と実践，学習研究社，2000.

15）本保恭子：特別支援教育の動向，ノートルダム清心女子大学 諸課程年報 第2号，2005.

16）特別支援教育ハンドブック編集部：特別支援教育資料速報版，第一法規株式会社，2006.

17）内閣府：障害者白書　平成27年版，2015.

# 15章

## 発達障がい児の体育

〔 本保恭子 〕

15章　発達障がい児の体育

　初級編では、従来の特殊教育の対象であった知的障がい、肢体不自由、視覚障がい、聴覚障がい、病・虚弱の子どもたち及び2005（平成17年）年度から特別支援教育の対象として加えられたＬＤ（学習障害）児、ADHD（注意欠陥／多動性障害）児、高機能自閉症児の体格や体力の特徴、抱えている困難さと運動指導について、障がい別に概説しました。中級編では、保育所・幼稚園、小学校の通常のクラスや体育教室、ＹＭＣＡ等で必ず出会う、からだの動かし方がぎこちなく不器用な子どもたちの指導を重点的に説明します。

　落ち着きがなく不器用で集団活動が困難な「発達障がい」と呼ばれるＬＤ（学習障害）児、ADHD（注意欠陥・多動性障害）児、高機能自閉症児は、現在わが国では6.3％いるといわれています。例えば、「パニック・かんしゃく」を起こす子どもたちの中には、注意欠陥多動性障害、広汎性発達障害（自閉症の疑い）、自閉症、軽度知的障害、被虐待が原因であることがあります。「落ち着きがない・多動」の原因としては、気質、広汎性発達障害、自閉症、学習障害、知的障害、被虐待、その他（アレルギー、聴覚障害、てんかん、脳腫瘍、強迫神経症など）が考えられています。これらの子どもたちの運動指導にあたっては、保護者の養育態度、専門機関（病院、施設、集団保育の場、学校）の対応を踏まえて行われることが前提となります。

## 1　身体意識を養う ―感覚あそびから、からだ全体の運動へ―

　からだに触れたものに過敏に反応したり、歩いたり走ったり跳んだりする動きがぎくしゃくしている、スキップや縄跳びができない、ボール運動が苦手であるといった子どもたちには、身体知覚に問題がある場合が多くみられます。これは感覚統合に問題があるということで、触覚およびからだの向きや傾きを感じ取る感覚器官と、それに応じてからだを動かす筋肉や関節の連携がスムーズに行われず、自分のからだの動きや方向を把握できなくなっているのです。そのために、からだの動きがぎこちなくなったり、からだ全体を協調させる運動が難しくなったりします。

　そこで、このような子どもたちには、まず触覚による刺激を促すことが基本となります。触覚受容器への刺激は、脳で処理され、私たちが外界を知るための弁別的な触覚機能へと高まっていきます。また、刺激に対してからだを動かすことにより立ち直り反応が促進され、身体意識の形成が促されます。さらに、触・圧刺激は情緒の安定にも効果があります。次の段階として、からだの動きを意識的に言葉で言わせたり、考えさせたり、見せたりしながら、模倣や自らの活動をさせることが必要となります。そのような日常的な積

み重ねが身体意識を養い、全身を使ったスムーズなからだの動きにつながっていきます。以下に、有効な感覚あそびや運動あそび、活動の一例を示します。

## (1) 触・圧刺激を用いたあそびを多くさせる

- 風や熱（ドライヤー）、水や湯（シャワー）―風や水の勢いを調節することにより、様々に刺激の強さを変化させ、触感覚を促進する。
- 水あそび、ボールプール、砂あそび（砂、泥、ボールの代わりに、紙、スポンジ等）
- フィンガーペインティング、スライム、粘土などの感覚あそび
- マットレスや布団の上に寝かせ、さすったりくすぐったりする。
- マットレスや布団の間に子どもをはさみ、指導者が上から軽く

押さえて触・圧刺激を与える（過敏に反応する子どもには、背臥位よりも腹臥位にして、足などからだの抹消部から刺激を与えていく――末梢の触・圧刺激は覚醒水準に影響を与えるとともに、快・不快の情動を引き起こす）。

(2) 回転、加速度、揺れ、上下の動きを感じたり感覚を刺激するようなあそびを多くさせる

　前庭感覚、固有感覚の統合に効果があり、頸およびからだの立ち直り反応も促進します。

　・トランポリン、滑り台、傾斜のマットでの転がりあそび　等

(3) 遊具に合わせたいろいろなからだの動かし方を体験させる

　・サーキット（平均台、トンネル、はしご、マット　等）

### (4) 身体知覚を高めるあそびやゲームを取り入れる

- ・ボールのかわりに風船を使って、からだのいろいろな部分で運んだり突いたりする。
- ・ボールの弾みに合わせてからだを動かす。人のポーズや姿勢の模倣あそびをする。
- ・音楽に合わせた姿勢の変換あそびをする（リトミック等）。
- ・各自が背中につけたリボンを取り合う。
- ・的あてゲームやボウリング等を取り入れ、ボールの扱い方に慣れさせる。

【手先の不器用さとの関連において】

　小さな物を指先で掴めない、閉じた丸が描けない、ボタンがとめられない——これらも、いわゆる感覚統合に問題があるために起こる現象です。目から入る刺激を受け取り、からだの動きへと伝える器官の連携がスムーズに行われないため、細かな運動をコントロールすることが困難になっているのです。このようなときは、手指を使うあそびを取り入れて、いろいろな感覚を発達させるような動作の訓練を行うことが必要となります。例えば、指あそびや粘土（小麦粉やスライムから固い粘土へ）、積み木など、びんのふたの開け閉め、折り紙、はさみ（利き手と調整手との使い分けができるような活動）、買い物の荷物持ち、食器洗い等の活動です。

　ただし、基本的な考え方として、手先が器用になるには、その前提条件として体幹がしっかりし、肩やひじの動きが滑らかでなければなりません。ですから、手先の不器用さの改善についても、まずはからだ全体の運動発達を心がけなければなりません。

## 2　平衡感覚

　でんぐり返りや片足とびができない、階段を一段一足の交差パターンで降りられない、小学生になっても片足立ちができない、ブランコで立ちこぎができない、線上を歩いたり走ったりできない、といった子どもには、重力に対して自分のからだをまっすぐに保つという「立ち直り反射」や「平衡反応」を強化することが重要で、そのようなあそびを多く取り入れます。

　また、前述した身体知覚に問題があると、自分の空間的位置をとらえることと、それに応じたからだの動かし方がスムーズに行われないので、高いところや不安定なところを恐がることがあります。そのような子どもには、全身運動を取り入れ、ボディーイメージ（自分のからだの大きさや長さ、幅などがこれくらいという感覚）をつくらせたり、逆さ

15章　発達障がい児の体育

感覚を育てたりしながら恐怖心を取り除くようにします。
 ・高い高い、ぐるぐる回し（逆さ感覚をつかませる）
 ・大玉乗り、ハンモック、ゆりかご（不安定な位置に慣れさせる）
 ・平均台や床に置いたロープに沿って歩かせる。
 ・鉄棒、ハンモック、トランポリン等を使って、回転したり激しく動いたりした後で、からだのバランスが保てるようにする（立ち直り反射の促進）。
 ・小さくなって鉄棒の下をくぐったり、物をよけて進んだりするゲーム　等（自分のからだの大きさを感じ取らせる）

171

## 3 多　　動

　落ち着きがなく目が離せない、手が離せない、短時間に次々とあそびを変える、自分の順番を待てない、着席行動がとれず、授業中立ち歩く等の多動に対しては、規制だけでは改善は望めません。かといって決定的な指導法があるわけではありませんので、子どもの様子を見て以下のような活動を選択し、組み合わせて20〜30分行うと効果的です。

1）感覚を調整する
　　ごろごろ
　　横転（マット）
　　乾布まさつ
　　人間ブランコ

2）からだのイメージをつくる
　　椅子くぐり
　　椅子わたり
　　ひもまたぎ
　　ひもくぐり

3）合図に合わせて動く　ルールを設定
　　上体おこし　　　スクワット
4）静止する　待つ
　　寝かせ　　　バランスボール

5）過緊張をゆるめる
　　リラックス運動（力抜き）　　　押しゆるめ　　　あぐらそり
　　足ゆらし
6）バランスをとる
　　片足立ち　　　つま先歩き　　かかと歩き　　　膝立ち後ろそり
7）ゆっくり動く
　　スロースクワット
　　高ばい（で歩く）

8) 協応運動

　　ニワトリ歩き　　　四つばい

　　お船

9) 一定のペースで動き続ける

　　姿勢変換　　　大人といっしょに歩く

10) 用具を上手に使う

　　足でのわなげ　　　キャッチボール　　　ボウリング

　なお、指導にあたっては、次のようなことに配慮します。
- あらゆる刺激に対して平等に反応してしまうので、無用の刺激を与えない。気が散りやすいのでに不必要な物は置かない。
- メリハリをつけるため、好む活動と苦手な活動の順序に配慮する。とくに集中させたい活動は、最後にもっていく。
- 体育館やプレイルーム等での活動の場合、自分の居場所がわかるように印を与える。

　　（例）フープを置く

　　　　　座って待つとき

　　　　　その場で行う活動のとき

　　　　床にテープを貼る

　　　　　ある程度の範囲を動いて活動するとき

- 目標を達成した姿が見られたら、その場ですぐ大いに誉める。
（多動の子どもは、物事をするのに行き当たりばったりになる傾向があるので、このような好ましい行動が見られたときは大いに誉める）
- 衝動的に行動する前に、これから自分がする行動を言葉で表現するように習慣づけることで、行動のコントロールがしやすくなる。
- 活動の始まりと、終わりをはっきりと知らせる。

　指導したことでパニックを起こしかけたときは、その場から遠ざけ、気持ちが落ち着くのを待って静かに話しかけ、落ち着いた後、活動を続けます。その子どもの実態に合わせて、最初は短時間を目標にし、徐々に時間をのばしていくとよいでしょう。

[文献]

1）尾崎洋一郎他：学習障害（ＬＤ）及びその周辺の子どもたち―特性に対する対応を考える―，同成社，2002.

2）坂本龍生：障害児を育てる感覚統合法，日本文化科学社，1993.

3）高橋純，藤田和弘：障害児の発達と　ポジショニング指導，ぶどう社，1986.

4）坂本龍生・花熊　暁：新・感覚統合法の理論と実践，学習研究社，2000.

　　河添邦俊：障害児の体育，大修館書店，1981.

5）小林芳文：乳幼児と障害児の発達指導ステップガイド，日本文化科学社．1987.

6）ジェムコライブラリー：落ち着きのない子どもたち―多動症候群への理解と対応―　第2巻　指導編，ジェムコ出版，2001.

# 16章

## 幼児期の栄養と運動

〔稲井玲子〕

16章　幼児期の栄養と運動

## 1　幼児期の食事は、子どもの発達に合わせましょう！

　幼児期の子どもの食事形態は、離乳食から大人たちが普段食べている食事への移行期間となります。この期間の子どもの食事に対する食欲は、与えられることから自主的な方向に変化していきます。その後、自身の五感・生理機能を通し、自分から食品をほしがる食欲・食感・満足感が芽生えるように、上手に移行させてあげることが大切です。

　幼児期の子どもの食事は、大人と同じ食事で大丈夫と思わず、表16-1に示すような子ども自身の体の発達と心の成長に合わせていくことが大切です。また、体の発達が乳児に次いで盛んな時期ですが、個人差も大きいため、一人ひとりの子どもに合わせてあげることも大切です。

　子どもは、顎の発達が未熟であったり、口の中の容積が小さいため、大人と同じ固さや量を食べるのには時間がかかり、消化管の機能も未熟であるため、消化管にも負担がかかります。

　さらに、精神的発達の面から、子どもを囲んで楽しい食卓で食習慣を形成することも大切です。離乳期間は、母乳あるいはミルクと離乳食が中心の食事ですが、次第に固形の食べ物が中心となります。また、食品の好き嫌いが現れてくる頃ですが、これも精神面の発達が関係します。この時期の食習慣が後々に大きな影響を及ぼしますので、楽しく・正しい食習慣を形成してあげることを心がけましょう。

　また、食事を子どもたちに提供するための大人の対応は、「強制」と「放任」のどちらかに大きく分かれます。どちらが良い悪いではなく、子どもの心によりそい、子どもの気持ちを汲み取ってあげながら、進めることが大切です。

　子どもの体づくりは、しっかり食べて、しっかり遊んで、ぐっすり眠るという、健康的な生活リズムを確立させてあげることのできる食事のあり方が、重要な要素となります。


## 2　幼児期前期（1・2歳）

### (1) 栄養と1日にとりたい食品の目安量

　1・2歳の子どもは、咀嚼もまだ十分ではなく、自己主張も芽生え、3回の食事を用意しても、食べることがスムーズに進む場合と、食べることを嫌がったりする場合がある時期です。そのため、子どもを取り巻く大人の中には、栄養素が気になりすぎる場合がありま

177

表16-1　幼児期の子どもの発達

| | 前　半 | 後　半 | |
|---|---|---|---|
| | 1～2歳 | 2歳 | 3・4・5歳 |
| 体の発達 | ●身長は生まれたときの約1.5倍（約75～80cm）<br>●体重は生まれたときの約3倍（9～10kg） | ●身長は約85～90cm<br>●体重は約11～12kg | ●身長は5歳で生まれたときの約2倍<br>●体重は3歳で約4倍　4歳で約5倍（約15kg） |
| | 量 の 変 化 | | |
| 運動機能の発達 | ●1人歩きができる<br>●階段を1段ずつ上がる<br>●1歳半頃には走れるようになる<br>●積み木を2～3個積める<br>●なぐり書きをするようになる<br>●音楽に合わせて体を動かす | ●片手でつかまりながら階段を上り下りできる<br>●ころばずに走る<br>●ボールを蹴ったり投げたりする<br>●指先が器用になる | ●運動機能が急激に発達する<br>●三輪車、補助付二輪車に乗れる<br>●衣服を自分で着る<br>●でんぐり返しができる<br>●大きなボールがとれる<br>●自分でおしっこ、うんちができる |
| 歯の発達 | ●第1乳臼歯が揃う<br>●乳歯は8～12本ぐらい | ●乳歯が生え揃う<br>●乳歯は16～20本ぐらい<br>●第2乳臼歯が揃う | ●乳歯は上10本、下10本生え揃う |
| | 堅 さ の 変 化 | | |
| 心の発達 | ●言葉を話し始める<br>●自己意識が芽生える<br>●行動や興味の対象が広がる<br>●自分で何でもやりたくなる<br>●おなかがすくと要求する | ●だだをこねる<br>●かんしゃくを起こす<br>●言葉の数が増える「ママいない」等<br>●「いや」「自分で」等の自己主張をする（反抗期）<br>●言葉や態度で好き嫌いをはっきりと示す | ●社会性が芽生え始める<br>●集団の中で友だちと遊ぶ<br>●友だちといっしょのテーブルで食事を楽しむ<br>●相手の反応を確かめる<br>●「あれなあに」「どうして」等の質問が多くなる<br>●昨日の出来事が記憶に残る |
| 食事動作の発達 | ●食べ物の好みがはっきりしてくる<br>●手づかみ食べが盛んになる<br>●食べさせようとすると嫌がる<br>●食卓にじっと座っていない<br>●1歳半なら少し手伝えばひとりで食べられる | ●食べ物の味を覚え、食べたい物を欲しがる<br>●食べ物の好みが激しい<br>●食べない、ムラ食い、遊び食い等が増える<br>●コップを片手で持って飲む<br>●スプーンをこぼさずに使える<br>●箸が扱えるようになる<br>●こぼすと、ふこうとする | ●箸が使えるようになる<br>●食器を押さえ、両手を使って1人で食べられるようになる<br>●こぼさずに飲める<br>●食事づくりの手伝いをしたがる<br>●手洗いが自立し始める<br>●歯磨きが1人でできるようになる<br>●食べ物の好き嫌いが出てくる |
| | 食 へ の 興 味 の 変 化 | | |

★エネルギーは、体重1kgあたり大人の約2～3倍、カルシウムは約4倍必要です。

★大人に比べて一度に食べられる量が少ないので、おやつも食事の一環と考えます。

　1日3食＋おやつ1～2回（エネルギー摂取基準の15％前後）とします。

す。このような場合は、一般的に、鉄分やカルシウムが不足しがちです。理想的な食事は、日々の食事量・栄養素量が、毎回の食事で満たされることが良いことです。

しかし、日々の食事を心配される場合、できれば1日をならして食事量・栄養素量を満たしているかを見ていただければよいと思います。

図16-1には、「幼児期・前期（1・2歳）の1日にとりたい食品の目安量」を示してみました。

図16-1　幼児期・前期（1〜2歳）の1日にとりたい食品の目安量

## (2) 1歳児のポイント

1歳前後は、離乳食の完了期とも重なる時期ですので、少しずつ固形食中心の幼児食に移行していきましょう。

この頃の幼児は、食べることへの意欲や関心も芽生え、単純に自分で食べたいという意欲で食べることが多くなります。食べたいという意欲を尊重して、手づかみで食べようとするときは、それを体験させてあげることも大切です。

また、この時期になると、奥歯が生え始めるので、噛み砕くことが上手になっていきます。前歯でかじって、歯ぐきで潰していた段階から、奥歯で噛み砕く練習へ移行していきます。

## (3) 2歳児のポイント

2歳前後の幼児は、自我が芽生え、自己主張がはっきりしてくる一方で、まだまだ甘えたい気持ちや依存心が強いため、食べたくても「イヤ！」という表現をし、矛盾を感じてしまうほど情緒が不安定な時期です。

この時期にあまり強く食に関することを注意しすぎると、かえって食事嫌いに追い込んでしまうことがあります。できるだけ親子いっしょに食事をとって、楽しい雰囲気づくりを心がけて下さい。大人の常識からすると、食べ物を粗末にしたり、あそび食べがひどくて困ったり等の悩みもありますが、その一点だけをみて叱ることは避け、子どもの特徴や生活面を振り返って、子どもの食生活全体を通して考えてあげることが大切です。

## (4) 献立のポイント

料理の味は、薄味を心がけることが大切です。味覚は、加齢とともに低下しますので、この時期に濃い味に慣れさせると、予想以上に濃い味を好むようになり、生活習慣病の危険性も高くなります。

1歳児の場合、奥歯が生え揃っていないことから、加熱して固くなる肉やいか、たこ等の食品選びには、まだ気をつけてあげる必要があります。

さらに、食事の見た目にも楽しい食事を心がけることも大切です。色使いを工夫したり、動物を形どったりして、おかずが見た目にも楽しい食事だと、積極的に食事を楽しめるようになります。

# 3 幼児期後期（3・4・5歳）

## (1) 栄養と1日にとりたい食品の目安量

幼児期前期に引き続いて、一般的に鉄分やカルシウムが不足しがちなので、牛乳や乳製品、小魚やひじき等の海藻類も取り入れるように工夫しましょう。カルシウムの吸収率を上げるためにも、魚や干ししいたけ等に含まれるビタミンDと組み合わせることもポイントとなります。

図16-2には、「幼児期・後期（3～5歳）の1日にとりたい食品の目安量」を参考として示しています。

16章　幼児期の栄養と運動

図16-2　幼児期・後期（3〜5歳）の1日にとりたい食品の目安量

## (2) 幼児期後期のポイント

　幼児期後期は、食べることをいっそう意識し、「あれがほしい」、「これを食べたい」等、言葉や動作で意思表示をするようになると同時に、好き嫌いもはっきりする等の個人差も出てきます。

　また、1・2歳の頃では食べづらさから好き嫌いに結びついたものが、食欲不振を訴えたり、親が無理強いすることで食事を苦痛に感じてしまったりするような食体験や記憶を起因とした好き嫌いも出てきます。

　このような場合、いろいろな味や固さ、新しい食品を加えることによって、五感を含めた食体験を通して好みを変化させていくことで、いろいろな食べ物が食べられるようになっていくこともあり、食体験を多くして食べられる食品が多くなることは、食生活を豊かにしてあげることになりますので、気長に付き合って食べさせてあげることが大切です。

　また、食事時間があまり不規則にならないようにすることは、消化・吸収の生体リズムがあるので、栄養代謝の面からも重要です。さらに、食のしつけも開始しましょう。口の中の機能が発達し、スプーンやフォークのほか、箸も使えるようになってきますので、箸

の使い方や食事のマナー等、食生活の基本や食事の楽しさを教えていきましょう。

## (3) 献立のポイント

　子どもの舌にある味を感じるための細胞（味蕾）は、最も発達し、味が一番わかるようになりますので、いろいろな味を体験させてあげることが必要です。

　にんにくやしょうが、マスタード等、多少刺激のある香辛料も、隠し味として少量ずつ使って慣らしてあげましょう。甘さ、塩味、旨味のほかに、酸味にも、刺激が強すぎない程度に少しずつ慣れさせましょう。

　歯も生え揃い、食べ方なども安定する時期ですので、大人といっしょに落ち着いて食事を楽しめるようになります。1〜2歳児よりも、さらに大きさや固さ（大人よりも少し柔らかい程度）、味つけ等、様々な料理を味わえるようにしましょう。

　離乳食では、避けていたにおいの強い野菜、繊維の多いきのこ類も、大人の食事に近づけていくために、料理に工夫を凝らしながら取り入れていきましょう。野菜が少し好きになれば、他の食品も食べられるようなタイミングの場合があることから、子どもの食べられる食品を増やしていく機会にしてみてもよいと思います。

　しかし、いつも同じ料理では、嫌な経験が記憶として残ってしまい、嫌いになると一時的に食べなくなります。このようなときには無理強いをしないで、子どもが無理なく食べられるような料理を根気よく探しながら食卓に出すようにしましょう。また、少しでも食べられるようになったときには、「食べられたね」と、やさしく言葉をかけてあげることも大切です。

　幼児期は、消化機能が整い始めるので、生の食品も適度に利用できるようになります。しかし、まだまだ大人と比べると、消化機能だけでなく免疫機能も未熟ですので、量は少しずつとし、安心で新鮮な材料を選択することが基本となります。

　そして、いろいろなことを理解できるようになりますので、家族といっしょに楽しい食事を心がけ、食べ物のことを楽しく話し、食べ物への関心を深めてあげましょう。

　食事が楽しいと感じられるような雰囲気を心がけて下さい。

## 4 食事バランスガイドの活用

　何をどれだけ食べればよいかを表したフードガイドが、食事バランスガイドです。「食事バランスガイド」は、健康で豊かな食生活の実現を目的に策定された「食生活指針」（平成12年3月）を具体的に行動に結びつけるものとして、平成17年6月に農林水産省と厚生労働省により決定されたものです。

　この食事バランスガイドは、「食事の基本」を身につけるための望ましい食事のとり方やおおよその量をわかりやすく示すために、通常摂取される量を食品ごとに1SV（サービング）とし、これを日本で古くから親しまれている「コマ」をイメージして組み込んで描き、食事のバランスが悪くなると倒れてしまうということ、回転（運動）することによって初めて安定するということを表しています（図16-3）。

　身体状況に応じて、表16-2に示すように料理区分ごとにコマのイメージの該当するところに組み込んでいきます。子どもへの食育活動は、まず、あそびや様々な体験を通じて展開されるものであると考えられます（図16-4）。いろいろな活動を通じて、食に対する興味や関心を高めるひとつとして、食事バランスガイドの利用が勧められています。

　実際の導入の例として、幼児に対しては、「給食や弁当で食事バランスガイドを用い、主食、副菜、主菜、牛乳・乳製品、果物の分類とそれぞれの働きについて学ぶ」といったこと（図16-5）や、保育所や幼稚園での野菜・芋などの栽培や収穫体験を通じ、旬のものや地域でとれる野菜に興味をもち、いろいろな野菜を味わいながら、食事バランスガイドのコマを用い、副菜（野菜料理）を取らないとコマが完成しないことを学ぶ等のことが考えられます。

図16-3
食事バランスガイドのイメージ

表16-2 対象特性別、料理区分における摂取の目安

単位：つ（SVL）

| | | | エネルギー(kcal) | 主食 | 副菜 | 主菜 | 牛乳・乳製品 | 果物 |
|---|---|---|---|---|---|---|---|---|
| ・幼児 | 1〜2歳 | 男 | 1,050 | 3 | 3 | 3 | 2 | 2 |
| | | 女 | 950 | 3 | 3 | 3 | | |
| | 3〜5歳 | 男 | 1,400 | 4 | 4 | 3 | | |
| | | 女 | 1,250 | 3 | 4 | 3 | | |
| ・6〜9歳の子ども<br>・身体活動の低い（高齢者を含む）女性 | | | 1,600 | 4〜5 | 5〜6 | 3〜4 | 2 | 2 |
| | | | 1,800 | | | | | |
| | | | 2,000 | | | | | |
| ・ほとんどの女性<br>・身体活動の低い（高齢者を含む）男性 | | | 2,200 | 5〜7 | | 3〜6 | | |
| | | | 2,400 | | | | | |
| ・12歳以上のほとんどの男性 | | | 2,600 | 7〜8 | 6〜7 | 4〜6 | 2〜3 | 2〜3 |
| | | | 2,800 | | | | | |

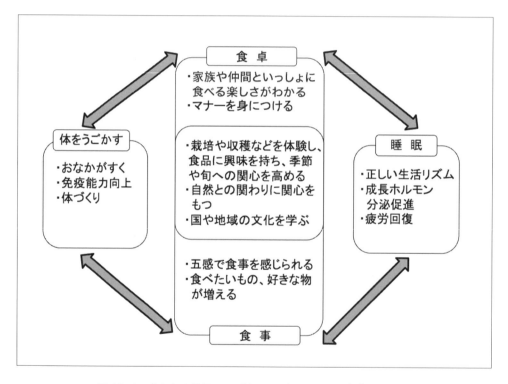

図16-4 食からの元気アップキャラバンにおける食育展開目標

16章 幼児期の栄養と運動

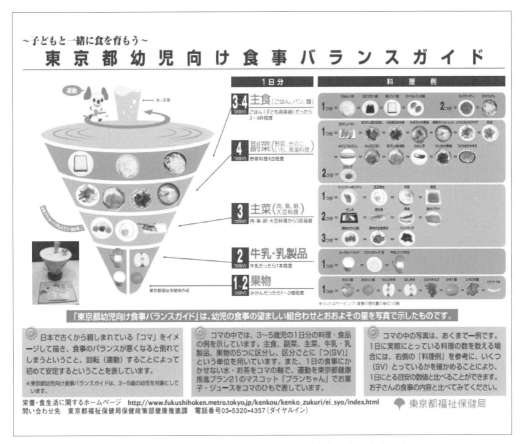

図16-5　食事バランスガイド活用例〔東京都福祉保健局〕

## 5　運動習慣の多い子どものために

　近年は、10代の若者の運動離れと言われる一方で、10代でプロ選手となる子どもも現れている中で、子どもが運動を行うことにより、運動能力を向上させ、あわせて、強い精神力を育み、快活な子どもに成長するよう、大人もいっしょになって運動をする状況もみかけるようになりました。

　しかし、運動能力を向上させるための基本である、運動をするからだをつくるはずの食生活が軽視され、十分な栄養が行きわたっていない場合や、練習のしすぎ等によるからだへの運動負担が、物理的に限界を超えた場合への配慮が十分でないことも現状です。

　この場合、栄養欠乏状態にありながら、運動をすることによって、表16-3に示すように、

健康状態やからだに障害を起こすことがあります。

　したがって、運動量に見合ったエネルギー摂取量やたんぱく質・ビタミン・ミネラル等を、食事から食べさせてあげることが大切です。

　次に、栄養不足を補うために、サプリメントに頼ることによる過剰摂取が懸念される報告もあります。また、大人は食べなくても大丈夫だから、子どもも大丈夫と錯覚をしている場合は、食べ物による問題が表面化しにくいため、言い換えれば、食べ物による栄養状況が結果として表れにくいことが、錯覚を起こす理由と考えられます。

表16-3　栄養素が欠乏した場合の影響

| 栄養成分 | | 不足して子どもに生じる症状 |
|---|---|---|
| タンパク質 | | 疲れやすく、体力・スタミナがない。やる気が出ない。発育が遅れる。学習能力が落ちる。免疫力が低下する。 |
| 脂溶性ビタミン | ビタミンA | 感染症にかかりやすくなる。視力が低下する。体と知能の発達が遅れる。 |
| | ビタミンD | 骨や歯、筋肉の発育不良。欠乏症。不機嫌。イライラ。脱力感。不眠。 |
| | ビタミンE | 体内組織の酸化の進行。コレステロールの増加。発育の遅れ。 |
| 水溶性ビタミン | ビタミンB₁ | 食欲不振、疲れやすい。神経糸の異常、胃腸・心臓の働き低下。筋肉や神経が痛む。 |
| | ビタミンB₂ | 発育が遅れる。体重減少。食欲不振。口内炎、口角炎、皮膚炎にかかりやすい。 |
| | ビタミンC | 虚弱で落ち着きがない。血管がもろくなり、骨や臓器が弱くなる。傷の治りが悪い。感染症にかかりやすい。 |
| ミネラル | カルシウム | 骨、歯の発育不良.体力低下。虫歯、くる病の原因。心臓機能の低下、不整脈。神経過敏。 |
| | マグネシウム | 筋肉の痙早、震え。動悸、不整脈。神経過敏。無気力、うつ症状。食欲不振、疲れやすい。 |
| | 鉄 | 体全体の機能低下。だるい。貧血。ストレスに対する抵抗力低下。口角炎。 |

　幼児期は、精神的にも肉体的にも様々な内容をからだに蓄える時期であることから、子どもへの食事・食べ物の提供は、注意する必要があります。中でも運動によるエネルギー・栄養素の消費が大きい場合には重要となり、充分な情報提供が必要と考えられます。これらの問題が起こりにくい栄養補給を食事とおやつで提供するには、食事・食べ物への興味・食欲をつけてあげることが、第一の注意点と言えます。

　また、運動には、短距離のように一気に力を出す瞬発性運動とマラソンのように全身を使う持久性運動の2種類に分かれます。幼児期の子どもの体は、筋肉量が少ないため、運動を繰り返しても筋肉の質を変えるまでの効果は少ないのが特徴です。そのため、幼児期

の子どもへの食事は、健全な精神的・肉体的発達を促すことを目的に、食事を考えてあげることが基本となります。

運動習慣の多い子どもの食事は、運動の種類に見合った食事よりも、生涯を通じて運動を続けるためのからだづくりに役立つ食事・おやつを食べさせてあげることが重要です。

その上での対策として、子どもが運動により失う栄養的補給は、からだにおける水分・エネルギー・たんぱく質・鉄・カルシウム・各種ビタミン類などをとることを考える必要があります。とくに、水分と電解質の補給は、十分に補うことを忘れないようにして下さい。また、運動中のスタミナの持続や運動後の疲労回復に適した食事づくり、それぞれの運動の特徴に応じた食事づくりも大切です。

日常生活において、食事をすること・からだを動かすこと・からだを休めることに加え、運動を取り入れる場合には、運動に合わせた食事量を付加することや食事のとり方の工夫が大変重要になります。

### (1) 運動の種類とエネルギー比率

成人の運動選手では、筋肉で使われるエネルギー源の違いがあり、運動の種類によって、短距離走のような瞬発性運動の場合には、糖質エネルギー比率が60％以上で、マラソンのような持久性運動の場合には、糖質エネルギー比率が55％程度です。

疲労を遅延させ、運動を持続する場合の持久性運動では、筋肉において、脂肪のエネルギー源への利用が必要とされ、逆に糖質の利用を減少させることにより、生体内に蓄えられた糖質（グリコーゲン）を残存・節約させることによって、運動が継続される状況となります。

また、脂肪の酸化分解には、継続的な酸素の補給が必要なことから、酸素の供給が間に合わないような強い瞬発性の運動においては、脂肪は利用されにくいということになります。一般的に、脂肪エネルギー比率の高い外食・夕食は、体重調整が必要な短距離のような瞬発性の運動や体重制限のあるスポーツでは、注意をしながらの食事提供が必要となります。

たんぱく質は、多くが筋肉の形成に利用されます。とくに、魚に多く含まれる一部の分岐鎖アミノ酸は、筋肉でエネルギーとして使われます。また、果物に含まれる果糖は、運動中に筋肉で使われやすいことがわかっています。

これらのことから、運動習慣がある子どもや、将来、運動選手を希望されている子どもの食事には、魚や果物は欠かせない食品であることを忘れず、提供してあげることが大切です。

## (2) 間　食

　成長が盛んな子どもは、本来、必要なエネルギー量である基礎代謝と身体活動と成長に必要なエネルギー蓄積量が必要となり、大人よりも体重当たりの栄養素の必要量は多くなります。それに加え、子どもの動作量は、大人が考えているより、はるかに全身的に動くこともあり、かなり大きい運動量となるため、大人が考えるよりも多い食事量が必要となります。

　間食は、子どもの消化吸収能力が未熟なため、子どもが食べる３食だけでは、必要十分量のエネルギー・栄養素を補うことが難しいことから、エネルギー補給だけの目的ではなく、たんぱく質やカルシウム等を補給する一部の食事としても考えられるほど重要です。

　また、子どもは、成人よりも脱水症状を起こしやすいことから、間食時に水分の提供も重要になります。子どもの消化吸収能力が未熟なことから、消化のよい形態でスタミナの維持を考えることも大切です。

　エネルギー量は、その日の運動量によっても、また、子どもによっても個人差があることから、すべて同じエネルギー量で画一的に考えることはあまり良くありません。また、必要なエネルギー量をとっているつもりでも、吸収能力の違い等により、ビタミンＢ群が不足する問題が起こると、体内でエネルギーにスムーズに変えられず、疲労の回復が遅れる場合があります。このような例は、動きが激しい運動の場合、エネルギーの必要量が高くなり、相対的にビタミンＢ群の必要量も高くなるので、バランスガイドの副菜部分の野菜を食べさせてあげることが重要となります。


## (3) 水分摂取

　子どもは、体重あたりの体表面積が大きく、不感蒸泄量が大きいです。また、子どもの腎臓における水分の再吸収機能が未熟なために、多くの水分を尿として排泄し、成人よりも脱水症状を起こしやすい状態にあります。したがって、周囲の大人たちが、注意して水分補給をこまめに行わせることを忘れないようにしてあげることが大切です。

　激しい運動や長時間の運動、とくに夏では１時間に１リットルも発汗することもまれではなく、脱水症状を起こしやすくなりますので、水分の補給には十分気をつけなければなりません。一般的な大人の場合、運動前後の体重は、汗で失われた量２～３kgの変動幅があります。

　テニスの試合を観戦すると、選手が頻繁に水を補給する姿が見受けられます。水はほんのり甘いぐらいで少し酸味があると吸収がよくなりますが、大量の汗をかいている場合は、

16章　幼児期の栄養と運動

血中濃度が濃くなるので、水の補給に注意しながら運動終了後に、甘めの水を飲むとよいでしょう。

　糖質が少し入っていることで、疲れを軽くすることができます。また、同時に発汗によって、ナトリウムをはじめ、カリウムやカルシウム等のミネラルが失われます。状況に応じてスポーツドリンクは適度に薄めて、上手に利用したいものです。なお、水の必要量は消費エネルギー 1 kcal あたり 1 ml とされています。

　この水分補給の場合、子どもは、飲み物に砂糖が入っているものを好む場合がありますが、エネルギーがある場合は、甘いものへの依存が起こり、食事への影響も心配されますので、注意が必要になります。

### (4) 運動が好きで楽しく食べることのできる子ども

　楽しく食べることは、生活の質（QOL）の向上につながり、身体的・精神的・社会的健康につながります。子どもにおける食事の楽しさは、食欲・健康状態・いっしょに食べる人などに関連し、良好な食生活を送っているかを示す指標の一つと言えます。

　発育・発達過程における特徴については、様々な側面から多くの要素があげられます。いきいきとした生活を送るために必要な食のスキルを子どもたちに身につけさせるためには、心・からだを基本とし、楽しく食べる子どもの5つの目標を通し、人々との関わり・地域文化の中から、また、からだを動かした後の食べ物のおいしさ等からの食環境を体得することにより、子ども自身が、食を営む力・食べる力を育んでいくことに力を注ぐことが大人の役割であると考えます。

| 楽しく食べる<br>子どもの5つの目標 | ・いっしょに食べる人がいる<br>・食事時刻が、ある程度、決まっている<br>・食事を五感で感じられる<br>・食に興味が見られる<br>・からだを動かすことに興味がある |
| --- | --- |

# 17章

## 安全対策とリスクマネージメント

〔 浅川和美・前橋　明 〕

## 1 幼児体育指導中のけがに関するリスク管理

　保育者が、1年間の保育中に行った幼児の応急手当ては、すり傷や切り傷、かみ傷、鼻出血や発熱など、小さなけがが大半ですが、約1割の保育者は、けいれんや骨折、目のけが等の手当てを行った経験があると回答しています。運動は、子どもの心身への負荷が大きくなり、けがをする確率が増加するとともに、医療機関の受診を必要とする大きなけがも多くなります。また、応急処置の際に困ったことで多かったのは、「受診の必要性の判断」「保護者への対応」「けいれんの時の対応」等でした（図17-1）。

　一方、保育現場の保育者への調査結果をみると、約8割の保育者が、応急処置について「あまり自信がない」「自信がない」と答えています。

　小さなけがでも、保護者の方にとっては、子どものけがは一大事です。「大人になったとき、傷跡が残ってしまわないか」「次はもっと大きなけがをするのではないか」等の心配をされます。また、医療機関の受診時には、適切な診療科を選び、保護者の同意を得る必要があります。幼児体育の指導者は、子どもへの応急手当の方法を知っているだけでなく、保護者への対応や医療機関への受診に関すること等についても、理解しておくことが必要です。

　幼児の体育指導では、子どもがけがをしないような配慮をするとともに、けがをしたときや病気になったときには、適切な対処が必要です。具体的対処は、けがをした子どもへの手当てと保護者への対応と、大きく2つに分けられます。ここでは、医療機関の受診に関することと、保護者への対応を中心に学びます。

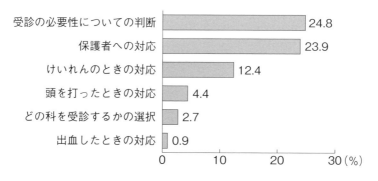

図17-1　保育者が子どもの応急処置の際に困ったこと（n=113）

## 2　医療機関の受診に関すること

### (1)　事前に受診が可能な医療機関を確認する

　運動を開始する前に、近くの病院や診療所の場所と連絡先を確認しておきます。診療所では、整形外科、外科、耳鼻科、眼科などの診療科別に確認しておくことが必要です。平日では、診療時間も確認しておきます。総合病院は、ほとんど、平日の診察時間は午前中のみです。休日については、あらかじめ、救急指定医が決まっていますので、最寄の消防署に確認しましょう。その際、総合病院でも、当直の医師の専門の科を確認しておく必要があります。

### (2)　けがの種類と診療科の選択

　幼児がけがをした場合、「医療機関への受診の必要性の判断が難しい」や、「どの科を受診すればよいのか迷う」等の声が聞かれます。

①　出血をともなう傷、深い傷、傷口が大きく、縫合の必要がある場合：外科

②　頭を強く打った場合：脳神経外科

③　手足を強く打って腫れている。骨折、捻挫の可能性がある場合：整形外科

④　鼻出血が10分以上止まらない。鼻を強く打った場合：耳鼻科

⑤　歯が折れた：歯を乾燥させないようにして、歯科

### (3)　受診時の保護者への連絡

　医療機関の受診が必要なときは、必ず保護者に連絡し、了解を得ます。かかりつけ医がある場合や保護者がすぐ来る場合、緊急性が低い場合などは、保護者に引き渡して医療機関の受診をすすめます。

　保護者が病院に連れて行けない場合や緊急時は、保護者の同意を得た後に受診します。保護者に代わって子どもを医療機関で受診させた際、後になって保護者から、「不要なレントゲンを浴びた」と苦情を受けて困った事例もあります。保護者から受診の同意を得る場合は、受診する医療機関や検査や治療内容については、指導者に一任していただけるか否かも話し合っておきましょう。

## 3 子どものけがに関する保護者への対応

### (1) 指導中の子どものけがに対する指導者の責任

保育者（113名）への調査[1]で、幼児がけがをしたときの保護者への対応では、「そのときの状況を詳しく説明する」が107名（94.7%）と最も多く、続いて、「保育者の責任なので、保護者に謝る」が81名（71.7%）、「そのときの対処を説明する」が78名（69.0%）、「普段の事故の予防法を話す」が20名（17.7%）でした（図17-2）。保育者が、子どものけがに関する自己の責任を自覚し、保護者の方に誠意をもって対処していることが伺えます。

一方、前述した保育者への調査では、幼児のけがの際の、保育者に対する保護者の苦情について、「注意すれば予防できた」が14名（12.4%）、「応急処置・手当てが不適切」が11名（9.7%）、「受診や受診時の診察内容に関する不満」が4名（3.5%）という回答がみられました（図17-3）。

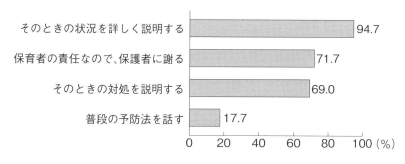

図17-2 事故やケガの時の保護者への対応（n=113）

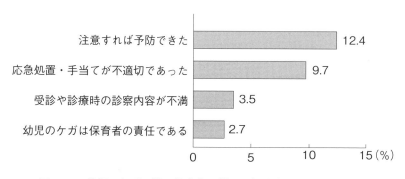

図17-3 幼児のケガの際の保育者に対する保護者の苦情（n=113）

保護者に対しては、子どもがけがをしたことについての責任を自覚していることを伝え、誠意をもって、対応することが大切です。指導者が、可能な限り、けがを防ぐ対応をしていたことを理解し、子どもがけがをした場合には、指導者が低姿勢でいることや医療機関を受診したこと等により、保護者は子どものけがは仕方なかったと考えられるようになり、安心します。その一方で、指導者の対応が不適切な場合、保護者は子どものけがに関して、指導者に疑問や不信感をもつようになります。

### (2) けがをした子どもの保護者への対応

　運動中の子どもの事故やけがについては、指導者としての責任を自覚し、誠意をもって謝ります。次に、けがをした場面やそのときの状況、けがの程度、そのときの対処内容などを、正確に伝えます。どんなに小さなけがでも、子どもや他の保護者からの説明ではなく、指導者が保護者に直接説明することが必要です。直接に会って話すことができない場合、文書での説明だけでは一方的になり、誤解を生じやすいので、電話で話します。保護者と直接話すことによって、保護者が疑問に思ったことに対して、その場で回答することができ、子どものけがの原因やそのときの対処について、誤解が生じることを防ぐことができます。


## 4　保護者との信頼関係

　運動時のけがを100％予防することはできません。ましてや、子どもの身体の特徴からも、子どもにけがや病気はつきものです。子どもは小さなけがや病気をしながら、痛みを覚え、大きなけがを防ぐことを学び、病気への免疫を獲得しながら成長します。これらのことは、運動を開始する前に、保護者の方にも理解していただくことが大切です。

　保育者調査の中でも、子どものけがや病気の予防のために、毎日の食事や睡眠や運動などの生活習慣を整えることが大切であることを保護者に理解してほしい、と述べられていました。

　保護者も指導者も、子どもの安全や健康に対する願いは同じです。日頃から保護者と指導者の間で、幼児の安全や健康づくりについての意見交換を行い、お互いの立場や考え方について理解し合うことが、幼児のケガや急病のときに、相互が納得できる対処につながります。

（浅川和美）

## 5　子どもたちが外で安全に遊ぶための工夫

　現在の子どもたちのあそびの頻度やあそび場所についての実態を紹介し、あわせて、どうすれば子どもたちが犯罪に巻き込まれずに、安全に外で元気に遊ぶことができるのかを、大学生にも考えてもらいましたので、それらの案を検討して、ここに紹介してみます（図17-4）。

　子どもたちが戸外で安全に遊べるための工夫として、検討した内容を5つにわけてまとめてみますと、

（1）保護者の配慮としては、①子どもたちのあそび場を見守る、②防犯と被害対策の教育をする、③子どもの居場所を把握しておく、④日頃から近所づきあいをする、⑤休日は子どもと遊ぶ、⑥子どもとの間で安全上のルールをつくる。

（2）子どもたちの心得としては、①「いってきます」「ただいま」のあいさつをする、②行き場所を伝えてから、あそびに行く、③危険な場所を知っておく、④一人で遊ばない、⑤明るい場所で遊ぶ、⑥人通りの多い所で遊ぶ、⑦家族との約束事を守る。

（3）学校の配慮としては、①安全マップを作り、危険か所を子どもに教える、②校庭を開放する、③校庭の遊具を充実させる、④地域や保護者と情報を交換する、⑤仲間を思いやれる子を育てるために、道徳教育を充実させる、⑥幼児と児童、生徒が関わり、互いを知る機会をつくる。

（4）地域の方々の配慮としては、①買い物や散歩時などに、子どものあそび場に目を向ける、②110番の家を把握し、その存在を広める、③子どもたちとのあそびのイベントを企画し、交流する（困ったときに手をさしのべられる関係づくりをしておく）。

（5）行政の配慮としては、①子どもが遊べる公園は、交番や消防署など、安全管理者の勤務地や大人の目が届く場所の近くに設置する、②注意を呼びかけるポスターを作る、③非常ベルや防犯カメラを公園や遊園地などの子どものあそび場の一角に設置し、安全を見守り、緊急保護をしやすくする、④不審者の育たない国をつくる(教育に力を入れる)。

　以上、保護者と子どもとの間で、外で遊ぶときのルールを決め、子どもたちが被害にあわないように予防策を話し合うことや、地域の方々との交流や大人の見守りにより、子どもたちに安全なあそび場を提供していくことで、子どもたちが元気に外で遊ぶことができるでしょう。

| 保護者の配慮 | 子どもたちの心得 | 学校の配慮 |
|---|---|---|
| ☆子どもたちのあそび場を見守る<br>☆防犯と被害対策の教育をする<br>☆子どもの居場所を把握しておく<br>☆日頃から近所づきあいをする<br>☆休日は子どもと遊ぶ<br>☆子どもとの間で安全上のルールつくる | ☆「いってきます」「ただいま」のあいさつをする<br>☆行き場所を伝えてから、あそびに行く<br>☆危険な場所を知っておく<br>☆一人で遊ばない<br>☆明るい場所で遊ぶ<br>☆人通りの多いところで遊ぶ<br>☆家族との約束事を守る | ☆安全マップを作り、危険か所を子どもに教える<br>☆校庭を開放する<br>☆校庭の遊具を充実させる<br>☆地域や保護者と情報を交換する<br>☆仲間を思いやれる子を育てるために、道徳教育を充実させる<br>☆幼児と児童、生徒が関わり、互いを知る機会をつくる |

### 地域の方々の配慮

☆買い物や散歩時などに、子どものあそび場に目を向ける
☆110番の家を把握し、その存在を広める
☆子どもたちとのあそびのイベントを企画し、交流する
→困ったときに手をさしのべられる関係づくりをしておく

### 行政の配慮

☆子どもが遊べる公園は、交番や消防署など、安全監視者の勤務地や大人の目が届く場所の近くに設置する
☆注意を呼びかけるポスターを作る
☆非常ベルや防犯カメラを公園や遊園地などの子どものあそび場の一角に設置し、安全を見守り、緊急保護をしやすくする
☆不審者の育たない国をつくる（教育に力を入れる）

**地域の方との交流や大人の見守りにより、子どもたちに安全なあそび場を提供していくことで、子どもたちが元気に遊ぶことができる**

図17-4　子どもたちが戸外で安全に遊べるための工夫

（前橋　明）

# 18章

## 運動と安全管理

〔浅川和美〕

18章　運動と安全管理

　子どもは好奇心に満ちていて、活動的です。夢中になると、危険なことに気づかず、大人が考えないような行動をとります。また、身長に対する頭の長さの割合が大きいため、大人より、身体の重心の位置が高く、転倒しやすい特徴があります。

　図18-1は、保育士が過去1年間に、子どもの手当てをした経験があるけがや病気の症状です。10名中9名の保育士がすり傷の手当てをしていました。すり傷や打ち身、切り傷、鼻出血など、転倒や転落に伴う小さなけがが多いのですが、捻挫や骨折、目のけが等の、医療機関の受診が必要な大きなけがは、1割の方が経験していました。

　子どもは、けがをして身体の痛みを感じることにより、次からは同じけがをしないように自分で注意して行動することを覚えます。小さなけがをすることで、大きなけがを予防する智恵を身につけます。また、感染症にかかることで、体内に抗体を産生し、免疫力を獲得していきます。日々成長している子どもに、けがや病気はつきものです。

　子どもへの運動指導では、安全に運動できるような環境整備に努めるとともに、子どものけがや病気に遭遇した時には、観察にもとづく適切な判断と処置ができることが必要です。

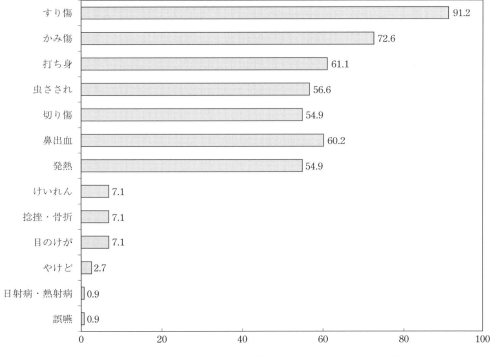

図18-1　過去1年間に保育者が応急処置を行った子どものけがや症状
（保育園10園の保育士133名の調査結果, 2004）

# 1 子どもの身体の特徴と、運動時に起こりやすいけがや病気

## （1）身体のバランスと転倒・転落

人間の身体は、年齢が小さいほど、身長に比較して頭が大きいという特徴があります。身長と頭のバランスは、新生児では、4：1であり、1～2歳で5頭身、6歳で6頭身、12歳～15歳で7頭身、成人では8頭身[1]になります。

幼少児ほど、頭が大きく、重心も上になるので転びやすくなります。また、転倒したときに頭にけがをする割合も高くなります。

## （2）体温と熱中症

体温は、体内の熱産生と体表面からの熱の放散とのバランスにより、一定範囲に維持されています。子どもは新陳代謝が盛んなため、大人より体温が高めです。また、年齢が小さいほど、体温調節機能が未熟なため、体温が環境温度に左右されやすいという特徴があります。

長時間高温度の環境下にいると、体温の放散が十分できないため、体温が上昇してしまいます。また、運動により、体熱の産生が大きくなり、体温が上昇し、体熱の放散がおいつかないと、体温が上昇し、体温調節中枢の異常をきたすと、熱中症になってしまいます。

## （3）水分代謝と脱水症

新生児では、体重の80％、乳児では70％、成人では60％が水分です。子どもは大人に比べて、身体に必要な水分含有割合が高いという特徴があります。

また、体内の水分は、尿や不感蒸泄（呼気、皮膚の表面からの蒸発）などにより失われます。1日に体重1kgあたり失われる水分量を比較する（表18-1）と、子どもは、大人より

表18-1　水分の必要量と排泄量（ml/kg/日）

| 項　　目 | 乳児 |
|---|---|
| 不　感　蒸　泄 | 50 |
| 尿　　　　量 | 90 |
| 水の生理的必要量 | 150 |

文献1），p.30

18章　運動と安全管理

著しく多くの水分を排泄しており、子どもにとっての水分補給の重要性がわかります。

　外界の気温が高いと、皮膚の表面から蒸発する水分が多くなり、汗をかいて体温を下げる働きも活発になります。人間の汗腺の数は、出生時から増加しないため、大人に比べると、子どもは体表面積当たりの汗腺の数が多くあります。高温度の環境下や運動時には、体温を低下させるために、発汗量が多くなります。しかし、身体に必要な水分量が不足すると、不感蒸泄や発汗ができなくなり、体温が上昇するとともに、脱水になってしまいます。

　子どもは、発熱しやすい、熱中症になりやすい、また、脱水症を起こしやすいという特徴があります。


## 2　幼児の安全と体調の確認

　運動前には、まず、子どもの体調を確認します。一人ひとりの機嫌や元気さ、食欲の有無を確認します。なんとなく様子が変だなと感じたら、体温を測定しましょう。気になる場合は、保護者と相談して休ませるなどの対応が必要です。

　次に、運動中に発現した異常を早期に発見することが大切です。子どもは、自分から体調の不調や疲れを訴えてくることはほとんどありません。体調が悪いと集中力が低下しているため、運動によるけがのリスクも高まります。子どもは、短時間で体調が変化しますので、指導者は常に気を配り、声かけをしながら、表情や動きの様子を観察します。


## 3　応急処置の基本

　運動中にけがをしたり、倒れた場合、医師の診療を受けるまでの間に行われる応急手当が適正であれば、疼痛や障害の程度を軽減し、その後の回復や治癒を早めることもできます。子どもの状態の変化は早いので、急激に悪化しやすいものですが、回復も早いのです。幼児のけがや急病への的確な判断による応急処置と、医療機関の受診の判断ができることは重要です。

　子どものけがや病気の時は以下に留意して対応しましょう（図18-2）。

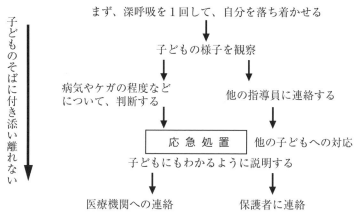

図18-2　子どものけがや病気の時の対応

(1) 観察

　子どもをよく観察し、話しかけ、触れてみて、局所だけでなく、全身状態を観察します。

(2) 生命の危険な兆候をとらえる

　心臓停止、呼吸停止、大出血、誤嚥の時は、生命の危険をともなうので、救急車を呼ぶと同時に直ちに救命処置を行います。

(3) 子どもを安心させる

　幼児は苦痛や処置に対する恐怖心を抱き、精神状態が不安定になりやすいものです。指導者は、幼児本人にも、まわりの子どもに対しても、あわてないで、落ち着いた態度で対応し、信頼感を得るようにします。子どもの目線と同じ高さで、わかりやすい優しい言葉で話しかけて安心させます。

(4) 適切な体位をとらせて、保温に努める

　状態や傷に応じて良い姿勢を保つようにします。保温に努めて体力を低下させないようにします。

18章　運動と安全管理

## 4　応急処置の実際

### (1) 外傷

　切り傷や擦り傷の場合には、傷口を水道水で洗い流した後に救急絆創膏を貼り、傷口からの感染を防ぎます。

　消毒薬は、傷口に侵入した細菌の力を弱めたり、死滅させる作用があり、傷口が炎症を起こさないように働きます。その一方で、消毒薬は私たちの皮膚細胞にも作用して、健康な細胞の力を弱めてしまいます。私たちの身体が本来持っている細胞修復力を最大限活かすためには、傷口の汚れや細菌を除去し、新たに細菌が侵入しない環境を作ってやり、消毒薬を使わないことです[3]。

　傷が深い場合や釘やガラスなどが刺さった場合は、皮膚の中に汚れやサビ、ガラス片などが残り、感染を引き起こすことがあるので、直後は血液とともに押し出すようにして洗い流し、清潔なガーゼを当てて止血します。その後、外科受診をすすめます。

　出血している場合は、傷口を清潔なガーゼかハンカチで押さえて強く圧迫します。出血が止まりにくい場合は、傷口から心臓に近い方の動脈を圧迫します。出血部位はできるだけ心臓より高い位置にすると止血しやすくなります。

### (2) 鼻出血

　鼻根部にあるキーゼルバッハ部位は、毛細血管が多いため、最も出血しやすい部位です。また、一度出血した部分は血管が弱くなり再出血しやすいので、ぶつけたときだけでなく、興奮した場合や運動したときに突然出血することがあります。

　鼻血が出てしまったら、子どもを座らせて少し前かがみにし、鼻血が前に出てくるようにして、ガーゼなどで拭き取ってやります。血液を飲み込むと胃にたまって吐き気を誘発しますので、血液が口の中に流れ込んできたら、飲み込まずに吐き出させます。口で息をするように説明し、鼻翼部を鼻中隔に向かって強く押さえます。10分くらい押さえると止血します。止血していなかったら再度圧迫します。脱脂綿のタンポンを詰める場合には、あまり奥まで入れると取り出せなくなることがあるので気をつけます。

### (3) 頭部打撲

　頭をうったあとで、顔色が悪い、嘔吐がある、体動が少なく、ボーッとして名前を呼ん

205

でも反応がない、明らかな意識障害やけいれんをきたす場合などは、すぐに医療機関（脳神経外科が望ましい）の受診を勧めます。

頭をうった直後に症状がなくても、2〜3日後に頭痛、吐き気、嘔吐、けいれんなどの症状が現われる場合があるので、保護者には、2〜3日は注意深く観察する必要があることを説明します。

## （4）つき指と捻挫

強い外力や急激な運動によって、組織が過伸展し、骨や関節周囲の靭帯や筋肉や腱などが損傷を起こした状態です。つき指は手指の腱と骨の断裂であり、足首の捻挫は、足首の骨をつないでいる靭帯の一部の断裂です。

受傷直後は、下記の"RICE"にそって処置します。

    R （Rest）　　　：安静にする
    I （Ice）　　　：水や氷嚢で冷やす
    C （Compress）：圧迫固定する
    E （Elevate）　：損傷部位を挙上する

つき指は、引っ張ってはいけません。動かさないようにして、流水または氷水で絞ったタオルをあて、3〜4分おきにタオルを絞りなおして指を冷やします。

痛みがひいてきて、腫れがひどくならないようなら、指に市販の冷湿布を貼り、隣の指と一緒に包帯で巻いて固定します。その日の夕方までは指を安静に保つよう説明します。指は軽く曲げたままで、指のカーブにそってガーゼやハンカチをたたんだものを当てて固定します。腫れが強くなったり、強い痛みが続くときは、病院を受診します。
足関節の痛みの場合は、座らせて、足先を挙げて支えて、損傷部への血流を減らします。氷水やアイスパックで冷やすことにより、内出血を抑え、腫脹や疼痛を軽減させることができます。

損傷した部位の関節を中心に包帯を巻いて固定し、挙上して様子をみます。腫れがひどくなる場合や、痛みが強く、持続する場合には骨折の可能性もあるので、整形外科を受診するようにすすめます。

## （5）脱臼

関節が異常な方向へねじる強い外力を受け、骨が異常な位置に転移した状態であり、強い痛みを伴います。子どもでは、肘、手首、肩の関節に起こりやすいです。

脱臼した骨を関節に戻そうとしてはいけません。関節の周りの靭帯や、血管や神経を損傷してしまうことがあります。周りが危険でなければ、移動せずにその場で、脱臼した部位を身体に固定して、動かないようにします。固定する位置は本人が一番痛くない位置で固定します。

上肢の関節の痛みを訴える場合は、本人が一番痛くない角度で、腕を身体の前に持ってきます。腕と胸の間にタオルなどのやわらかいものをおき、三角巾で腕とタオルをつります。さらに、腕と三角巾の周りを幅の広い包帯または三角巾で巻くと、腕が身体に固定されます。

## (6) 骨折

外力によって、骨の連続性をたたれた状態です。完全な骨折と、たわんだり、ひびが入っただけの場合（不全骨折）があり、不全骨折の場合は、レントゲンをとってもわからない場合があります。

子どもの骨は発育途上にあるので、まだ十分にカルシウムが沈着していないため、大人のように硬くなっていません。そのため、子どもの場合は、この不全骨折が多く起こります。子どもの骨折は、修復するのが早く、不全骨折でも元通りに治癒する場合もあります。しかし、骨折部位がずれたり、ゆがんだりしたまま修復した場合、変形や機能障害を起こします。痛みが強い時や、腫れや内出血が強い場合、1～2週間たっても痛みが引かない場合は、病院に行って、骨折であるかどうか、診断してもらうことが必要です。

骨折を疑うような強い痛みを訴えるときは、骨折部を動かさないようにします。骨折部を動かすと、血管や神経を損傷するので、そのままの形で固定します。出血と腫れを最小限にするために、骨折した部位は下に下げないで、挙上します。

上肢の骨折が疑われる場合は、脱臼時と同様の方法で、腕を上半身に固定します。下肢の場合は、足をまっすぐに伸ばし、受傷していない側の足を添え木として患足を固定します。両足の間にタオルや衣類などをはさんで、三角巾で、①足首、②足の甲、③ひざの上、④ひざの下を縛って固定します。結び目が腫れている部分にならないように、健足の上でしっかり結びます。足の下に座布団などをおいて患足を挙上して、病院に運びます。

## 5．熱中症の予防と対応

### （1）熱中症の予防

　運動により産生された体熱の放散を助けるために、皮膚の機能を最大限活かせるよう、肌着は、吸水性や通気性の良いものを着るように、また、汗を拭きとるタオルと着替えを持参するよう指導します。

　室内での運動時は、窓やドアを2箇所以上開けて、風が通りやすいようにします。屋外では、帽子を着用するよう指導し、休息時は日陰で休める場所を確保します。

　水筒を持参させて、運動前と運動中、少量ずつ頻回に水分をとるように指導します。年齢が低い子どもほど、休憩をこまめにとります。休憩時は、喉が渇いていなくても、1口でも水分をとるように指導します。水分は、麦茶や薄い塩分や糖分を含んだものが良いでしょう。ただし、市販のスポーツドリンクは、糖分が多く、浸透圧が高いため、子どもの場合は2倍に薄めて準備すると良いでしょう。身体に吸収されやすいためには、常温または、あまり冷たすぎない温度のものを準備します。

### （2）熱中症の初期症状と対応

　発汗が多く、顔面が紅潮し、めまいがする、ボーっとしているときは、熱中症の初期症状です。急いで水分補給と体温の放散を助ける処置が必要です。まず、風通しが良い木陰やクーラーのきいた部屋など、涼しい場所に移動します。

　衣服を緩め、上半身を高くして寝かせ、身体を冷やします。うちわを使ってあおぎ、風を送る、衣服を脱がせて濡れたタオルで身体を拭く、氷や冷たい水でぬらしたタオルを顔や頭、手足に当てる、等の方法があります。また、意識がはっきりしていたら、0.1〜0.2％の塩水やスポーツドリンクを2倍に薄めて、水分を飲ませます。

[引用文献]
1）黒田泰弘編：最新育児小児病学　改定第4版，pp11-12，1998.
2）奈良間美保編：小児看護学概論，医学書院，p43，2006.
3）夏井睦著：さらば消毒とガーゼ，春秋社，p84，2006.

# 19章

## 子どもの事故と安全

〔 森田陽子 〕

19章　子どもの事故と安全

## 1　事故防止と安全・災害対策

　子どもの事故や災害は、1日の大半を過ごす幼稚園・保育所で多発しているのが現状です。これらの子どもの事故は、子どもの発育発達と密接な関係があるとともに、家庭においては過保護や過干渉など、生活環境や生活様式との関係も強く、子どもの発育発達状況と環境による事故原因が大きく関与しているのです。幼稚園・保育所では、年間15,000件以上の事故・災害が発生しています。子どもの事故は、年々増加傾向にあり、幼稚園・保育園における事故や災害は大きな問題となっています。乳幼児期に事故が多発していることは、子どもの特性であり、年齢や四季によって事故の内容も異なって発生する傾向がみられます。幼稚園・保育所での事故発生状況をみますと、年少児ほど、身近な生活の場とその中での生活行動に関係した事故が発生しています。また、年長児になると、生活圏が拡大され、それに伴った事故が多くみられます。このような、幼児期の事故の特性を踏まえて、幼稚園や保育所において安全教育と安全管理の徹底を図っていく必要があります。また、不可抗力によって発生したものではなく、多くの事故は原因があって発生しています。だからこそ、大部分の事故は、事故の原因を早期に発見し、その危険を除去することによって防止することができるのです。

### (1) 事故の原因の4分類

　子どもの周辺には、危険が滞在しています。様々な事故や災害が、思いがけない形で一瞬にして起こります。子どもの事故の原因は、①危険な環境、②危険な行動、③危険な心身の状態、④危険な服装の4つがあり、それらが相互に関連し合っています。

①　危険な環境

　子どもを取り巻く生活環境や自然環境などの危険のことです。例えば、暗すぎる、明るすぎる、狭すぎる、広すぎる、高すぎる、低すぎる、突き出ている、へこんでいる、浅すぎる、深すぎる、寒すぎる、暑すぎる、小さすぎる、大きすぎる、長すぎる、短すぎる、見えにくい、聞こえにくい、聞き間違えやすい、細すぎる、太すぎる、軽すぎる、重すぎる、光りすぎる、目立たない、簡略すぎる、複雑すぎる、障害物がある等です。

②　危険な行動

　子どもが規則や約束ごとを守らない、自分の能力以上のことをしようする、自分中心の行動をとる等、子どもの側に存在する各種の危険行動のことです。例えば、無知、機

211

能の未発達、仮想と現実の混同、無謀、冒険的、好奇心による悪戯、規則違反、自己流作業、技能の未熟、礼儀や作法の無視、精神的に幼稚、誤解、誤認、錯覚などです。

③　危険な心身の状態

事故は、精神状態の不安定や身体的な欠陥によって起こります。精神状態の不安定とは、心配事がある、怒っている、叱られる、あわてる、注意が散漫である、夢中になる、はしゃいでいる等です。身体的な欠陥とは、睡眠不足、疲労、病気、空腹などです。

④　危険な服装

装飾が多すぎる、肌を露出しすぎる、くるみすぎる、重量が重すぎる、脱ぎにくい、長すぎる、短すぎる、厚すぎる、薄すぎる、色彩が明るすぎる、暗すぎる、被り物が目や耳の働きを妨げる、履物の底が薄すぎる、高すぎる、履物が脱げやすい、脱ぎにくい、はだし、等です。


## (2) 安全能力の4分類

子どもの生活において、いつ、どこにいても安全な生活が送れるようにするためには、次のような安全能力を子どもに授け与えることが必要です。

①　危険を早い時期に発見し、除去する能力。除去できないものについては、それを回避する能力

②　数種の危険が存在しても、それぞれを重なり合わせない能力

③　事故が生じた場合は、その事故を災害に至らさないようにする能力

④　災害が生じた場合は、それを最小限にくいとめる能力

この安全能力は、①②をあわせて事故予測能力、③④をあわせて事故対処能力と言います。事故予測能力は、まだ事故が発生しないうちに事故を予測して、事故を未然に防ぐ能力です。事故対処能力は、事故が発生してから、それに立ち向かう能力です。いずれも大切な安全能力ですが、事故が発生してから対処する能力よりも、事故が発生する前に危険を回避する事故予測能力を育てることに重点を置くべきです。そのためには、運動能力や体力を高めること、精神的な安定を図ること、道徳、社会性を高めることが必要になります。危険を予測して、それを回避することには、運動能力が大きく関わっています。目や耳などで危険を察知し、感覚器官をと通してそれを情報として知覚し、脳で判断して、危険を回避するための運動の発現をさせる重要な役割を果たしています。これらの一連の動作は運動能力といえるもので、年齢の発達段階に応じて開発をしていくことが重要となります。危険を予測して、危険を回避するために重要な運動能力の要素としては、敏捷性、

19章　子どもの事故と安全

柔軟性、瞬発性、運動協調能力などをあげることができます。運動能力を開発し、能力を
高めることによって、事故を防止する能力も高めることができます。

### (3) 幼稚園・保育所で望まれる安全教育

　幼稚園・保育所において、乳児期の安全を確保するためには、周囲の保育者の保護と管
理が必要であり、幼児期になると、年齢に合わせ、発達段階に応じた安全教育を子ども本
人に指導することが大切になります。子どもの事故を防止するためには、幼稚園や保育所
における安全教育の指導だけでなく、家庭に対する安全教育も必要です。

　また、幼稚園や保育所においては、施設・設備の安全点検や地震・火災・不審者侵入時
の避難訓練などのほかに、登降園する子どもの居住区域内の危険箇所を知っておく等の関
心をもって事故防止を図ることが必要になります。この点を考えますと、幼稚園や保育所
において幼児期から安全教育の指導を行って事故防止を図るとともに、生涯を通して安全
な生活を送れるようにすることが重要となります。そして、幼稚園や保育所での安全指導
を積極的に展開するためには、組織的、計画的に、安全指導の計画を綿密に立案し、徹底
していくことが強く望まれます。

## 2　環境改善と家庭との連絡体制

　子どもを取り巻く環境は危険に満ちています。幼稚園・保育所における事故防止につい
ては、環境整備が第一ですが、それには自ずと限界があります。子どもは、成長に応じて
幼稚園・保育所から小学校へと環境が変化していくので、保育者は危険から子どもを守る
だけではなく、積極的な安全教育の中で、子ども自身が危険を察知することや行動の限度
を身につけさせることが必要です。その多くは、日常の経験を通して自然に備わってくる
ものです。かつては、戸外の自然あそびや日常生活から、いつの間にか知っていることで
したが、今は努めて体験の機会をつくる必要が生じているのも事実です。子どもは、まだ
何が危険か判断することができません。そのため、保育者が施設設備の安全点検を実施し
て環境整備を図り、建物の構造を常に把握するとともに、それらに対して子どもがどのよ
うに行動していくかを予測する必要があります。危険が予測されるものについては、何が、
どのように危険か、どう注意をして扱えば安全であるかを、具体的に子どもに知らせるこ
とが必要です。

213

## (1) 建物内・園具における安全確保

　幼稚園・保育所内の建物や園具に関係した事故や災害は、多種多様です。例えば、遊具での事故、用具での事故、転落、転倒や衝突、誤飲などです。この時期の子どもは、危険なあそびを好んでしたがる時期でもあるので、保育者はそれに代わるものを与えたり、あそびを転換させたりして災害を未然に防ぐように配慮することも必要です。保育室や遊戯室の机や椅子などの保管は適切にし、破損部分は直ちに修理しましょう。また、不要なものは片づけて、子どもが広いスペースで安全に遊べるようにすることや、子どものあそびに支障がないように、子どもの動線を考えて安全な場所に園具を置く工夫も大切です。また、子どもが触れてはならない園具については、子どもの目に触れない場所に置くようにしたり、ほかの場所に移せないものは、子どもにわかりやすく危険性を示しておく工夫が大切です。園具に関する事故では、安全管理が十分でないために発生することが多いので、室内の安全点検を常に実施して、安全の確保を図ることが重要です。

## (2) 園庭・運動場における安全確保

　幼稚園・保育所では、園庭や運動場に関係した災害も多く発生しています。幼児期の心身の発達の特性をみますと、身体的な発達に伴って、活動が活発になり、活動範囲も広がり、挑戦的なあそびや冒険的なあそびを好むようになります。また、自己中心的で、衝動的な行動をとりやすいこと、あそびの技術が未熟なこと等によって事故が多発しています。園庭でのあそびは、自主性、自発性が発揮される大切な場面ですが、園庭でのあそびも、間違えれば、友だちを傷つけたり、思わぬ事故が発生したりします。子どもは、外に出ると開放的、活動的になります。園庭での事故事例をみますと、自己中心的、衝動的な行動が原因で事故が発生しています。園庭に関係した事故を防止するためには、日常のあそびの中で危険な行動について機会をみて臨機応変に指導をすることが大切です。また、子ども一人ひとりの動きや情緒の傾向を把握し、その場に合った指導と保護を行い、自分で身を守る能力の低い子どもの安全を確保するとともに、子どもの安全能力を高めるようにします。

## (3) 望まれる安全管理方法

　安全管理面では、日常の安全点検を実施して、点検の結果、危険と思われたときには、直ちに危険物の除去、施設・設備の修繕、危険箇所の明示、立ち入り禁止、使用禁止などの適切な措置が必要です。また、園庭で飼育する動物については、興奮したり噛みついた

りしやすい動物、園庭で栽培する植物については、触れるとかぶれる等、強い毒性をもった植物は避けるというような配慮が必要です。

　子どもが安全に生活していくためには、子どもを取り巻く大人が安全に対して共通意識をもつことが大切です。幼稚園・保育所で、安全について指導をすることだけで子どもを守ることは困難です。幼稚園・保育所を中心に、家庭、地域、関係機関などが一体となり、それぞれの役割を果たし、お互いに協力し合うことにより、大きな成果をあげることができます。とくに、幼稚園・保育所と家庭との機能的な協力体制を生み出すための共通理解を確立することが重要となります。緊急時における情報提供、マニュアルづくり、保育者と子どもだけではなく、保護者も含めて事故災害に対する基礎知識を習得すること、避難訓練などを実施し、緊急時に即応できるようにすることが重要です。


## 3　救急処置

　幼稚園・保育所では、事故を未然に防ぐことはもちろんのこと、万が一、子どもが事故にあってしまった際の対処法を習得しておく必要があります。

### (1) 心肺蘇生法の手順

① 傷病者の発生

　傷病者（子ども）を発見した際は、まず周囲の状況を確認し、二次災害（事故）の危険性がないかを確かめることが大切です（表19-1）。また、傷病の原因や証拠になるものがないかの確認を行います。

② 意識の確認

　言葉をかけ、その後、軽く肩をたたき（乳児の場合は、足の裏をたたく）、「○○ちゃん（くん）、大丈夫？」と意識の有無を確認します。くり返し刺激を行っても反応がない、あるいは反応が悪い場合は、即座に気道確保を行います。

③ 顔色の確認

　チアノーゼ…青黒くなっていないかを確認します（唇がわかりやすい）。

　蒼白…白く冷たく湿った感じになっていないかを確認します。

　赤味…顔や皮膚の色が赤味がかっていないかを確認します。

④ 気道確保

　乳児の場合の気道確保の手法は、片手で頭部を支え、もう一方の手の指であご先を軽く前で押し出す方法が望ましいです。

⑤　呼吸の確認

　　胸の動きや吐息の有無を確認します。吐息の確認が取りづらい場合は、自分の頬を傷病者の口元に近づけ、頬で呼吸の確認を行います。

　　乳児の場合は、腹式呼吸が主ですので、腹部と胸部の上下運動を確認します。

⑥　人工呼吸

　　最初の２回の吹き込みは、１～1.5秒かけて胸が軽く膨らむ程度にゆっくりと吹き込みます。新生児・乳児に人工呼吸を行う場合は、救助者は乳児の口と鼻を同時に救助者の口で覆うこと。小児の場合は、成人と同様に指で鼻をつまみ、口対口の人工呼吸を行います。

⑦　循環のサインの確認

　　２回の吹き込みを終えた後は、循環のサインの確認を行います。確認方法は、㋐息をしているか、㋑咳をしているか、㋒体動など、身体に何かしらの動きが見られるか、10秒以内にこれら３つの確認を行います。

⑧　心臓マッサージ

　　圧迫部位は、新生児・乳児の場合は乳頭を結ぶ線より指一本分下側を中指と薬指で圧迫します。小児の場合は、胸骨の下半分を片手（手の付け根）で行います。

⑨　圧迫回数

　　新生児の場合は、毎分約120回、乳児・小児の場合は毎分100回の速さで圧迫します。圧迫の程度は、胸の厚さの1/3がくぼむ程度に押し下げます。

表19-1　心肺蘇生法の手順

|  | 新生児（28日未満） | 乳児（1歳未満） | 小児（1～8歳） |
|---|---|---|---|
| 人工呼吸 | 口：口鼻 | 口：口鼻 | 口：口 |
| 吹き込み時間 | 1秒かけて | 1～1.5秒かけて | 1～1.5秒かけて |
| 吹き込み量 | 胸が軽く膨らむ程度 | 胸が軽く膨らむ程度 | 胸が軽く膨らむ程度 |
| 心臓マッサージ圧迫部位 | 乳頭を結ぶ線より指1本分下側 | 乳頭を結ぶ線より指1本分下側 | 胸骨の下半分 |
| 圧迫方法 | 中指・薬指の2本 | 中指・薬指の2本 | 片手（手の付け根） |
| 圧迫の速さ | 約120回／分 | 約100回／分 | 約100回／分 |
| 心臓マッサージ：人工呼吸 | 3回：1回 | 5回：1回 | 5回：1回 |

※新生児・乳児・小児の場合は成人と異なり、迅速な応急手当てで蘇生する可能性が高い。万が一、救助者が自分ひとりしかいない場合は、119番通報を行う前に、応急手当を１分間程度実施することが望ましい。その後、119番通報を行うこと。

⑩　人工呼吸との組み合わせ

　新生児の場合、3回の心臓マッサージ終了ごとに、1回人工呼吸を行います。乳児・小児の場合は、5回の心臓マッサージ終了ごとに、1回人工呼吸を行います。


## (2) 止血方法

① 直接圧迫法…傷口の上に、ガーゼ、ハンカチ等を当て圧迫します。救助者は、直接血液に触れないように注意します。

② 間接圧迫法…傷口よりも心臓に近い動脈を、手や指で圧迫して血液の流れを止めます。

③ 直接圧迫法と間接圧迫法の併用…直接圧迫法だけでは止血が抑えられない場合は、さらに間接圧迫法を併用します。

④ 止血帯法…直接圧迫法では止血できない場合に、傷口より心臓側の部分をひも状（ハンカチ・ネクタイ等）のもので強く縛ります。その場合、できるだけ3cm幅以上のものを使用しましょう。


## (3) 異物除去方法

① 背部叩打法…乳児の場合は、救助者の手で乳児の頭部および顎を固定し、前腕にまたがらせて頭の方を下げ、背中の真ん中を手拳基部でたたきます。

　小児の場合は、腹部を持ち上げて頭を下にし、背部の肩甲骨の間を平手で4～5回力強く叩きます。

② ハイムリック法…主に、小児、成人に対して行う手法です。片手で握りこぶしをつくり、もう一方の手を握りこぶしの上に添えます。

　添える部分は、腹部のみぞおちの下部に当て、数回、上方向に向かって押し上げます。

③ 側胸下部圧迫法…寝かせて左右側胸部に圧迫を加える方法です。


## (4) 溺水救助方法

① 救助者に危険がないかを確認します。

② 溺者の気道を一刻も早く確保します。

③ 水中であっても、溺者の顔を水面上に出し、人工呼吸を行います。

④ 溺者をできるだけ早く水際に引き上げます。

⑤　水を吐かせる前に、人工呼吸を行います。

⑥　口の中や気道に液状物がある場合は、溺者を横向きにして上腹部を押さえます。

## (5) 骨　折

①　皮下骨折…骨折部の皮膚に傷はないが、骨折部が体の表面の傷と直接つながっていない骨折のことを言います。

②　開放性骨折…骨折部が体の表面の傷と直接つながっている骨折のことを言います。つまり、皮膚を破って表面に骨が出ている骨折です。

### 骨折の観察方法

①　受傷時の状況

②　骨折音の有無

③　痛みの部位

④　患部を自力で動かすことができるか

### 骨折の手当て方法

＜皮下骨折の手当て＞

①　全身および骨折節を安静にします。

②　患部を固定します。

③　患部を高くします。

④　そのままの状態で医療機関に搬送します。

⑤　体位は負傷者の楽な体勢にします。

⑥　全身を毛布などで保温します。

＜開放性骨折の手当て＞

①　止血をし、傷口の手当てを行い、固定します。

②　骨折端を戻さないようにします。

③　骨折節の衣類を切り広げます。

### 副木

　副木とは、骨折部の動揺を防ぐために当てる支持物のことです。身近なものでは、傘や野球バット、新聞紙、雑誌なども利用することができます。

### 副木の当て方

①　しっかり支えます。

②　かかと、膝、肘などの骨ばった場所は、ハンカチやタオル等をクッション代わりに

入れます。

③　副木を当てる際は、血行を悪くしない程度に固定します。

④　固定した後も、よく観察を行います。


## (6) 打　撲

打撲は、外傷がない場合でも、体の内部に損傷を負う場合もあるので、注意が必要です。

打撲の手当方法

打撲部位を安静にし、患部を原則として冷やします。


## (7) 熱射病

体温の調節機能が障害を起こした状態を言います。異常な体温の上昇が著明で、発汗の停止によって、皮膚は乾燥して紅潮していることが多いです。

手当てが遅れれば、ショックや臓器障害に陥り、死亡することもあります。

熱射病の応急処置

①　風通しのよい、涼しい所へ移動させます。

②　衣類を緩め、体を冷やします。

③　顔面が蒼白で脈が弱いときは足を高くした体位にします。

④　意識がはっきりしていれば、冷たい水や少量の食塩を加えた水、スポーツ飲料を飲ませます。

⑤　体が冷たかったり、震えがある場合は、乾いたタオルで体をマッサージします。

⑥　意識がない場合は、回復体位をとらせ、一刻も早く医療機関へ搬送します。


## 4　医療機関との連携

子どもが事故にあってしまった際に、医療機関との連携は必須です。そのためにも、普段の生活から医療機関との連携を密にとっておく必要があります。また、連携の医療機関で対応できない場合を想定し、いくつかの医療機関のリストを作成し、目につく所に置いておきましょう。また、職員との共通理解をしておくことも重要です。

## (1) 症状における医療機関の選択

① 異物誤飲

異物誤飲の場合は、内科に行くことが望ましいです。

> ＜たばこ専用電話＞
> ㈶日本中毒情報センター　0727-26-9922（毎日24時間　年中無休）

② 鼻異物・耳異物

鼻異物・耳異物の場合は、耳鼻科に行くことが望ましいです。

③ 皮膚に毒薬物

皮膚に毒薬物がついた場合は、皮膚科に行くことが望ましいです。

④ 歯がかける

歯がかけたり、抜けたりした場合は、歯科に行くことが望ましいです。

⑤ 打撲・骨折

打撲や骨折の場合は、外科に行くことが望ましいです。

⑥ 目異物

目に毒物が入った場合は、眼科に行くことが望ましいです。

## (2) 救急車の手配方法

目の前で事故が発生してしまうと、気が動転してしまい、冷静な判断がとりにくい状況に陥ってしまいがちです。しかし、子どもの場合、事故後の迅速な応急手当てで蘇生する可能性が高いのです。万が一、救助者が自分一人であった場合は、119番通報を行う前にまず応急手当てを1分程度実施することが望ましいです。近くに他の救助者がいる場合は、「誰か、119番通報して下さい」と言うのではなく、「そこの○色のシャツを着ているあなた！119番通報して下さい」と、わかりやすい指示を行うことが望まれます。

**119番通報を行う際のポイント**

① 119番通報を行います。

② 慌てずゆっくりと「救急です」と伝えます。

③ 負傷者のいる場所と周辺の目印になるものを伝えます（大きな建物・信号の名前など）。

④ 誰がいつ、どこで、どのように負傷しているのか、現在の容態はどのようであるのか、わかりやすく簡潔に伝えます。

⑤　負傷者がいる所に救急車が一刻も早く到着するように大通りなどに誘導する人を配置します。

⑥　道が入り組んでいる場合や、様々なルートがある場合には、人数に応じて配置の方法を考えます。

# 20章

## 固定遊具の利用とその安全

〔前橋　明〕

20章　固定遊具の利用とその安全

　固定遊具は、その設置に先立ち、動きの導線や遊具の配置を周到に行い、子どもたちが出合い頭にぶつかったり、運動の流れが極度につまったりしないように、空間を確保しておくことが大切です。

　この空間内には、遊具本体を除き、照明灯やマンホール、縁石などの施設や、石やガラス等の異物があってはなりません。

　次に、予測できない危険「ハザード」をなくすことが必要です。ハザードには、物的ハザードと人的ハザードの2種類があり、物的ハザードとは、遊具の不適切な配置や構造、不十分な維持管理による遊具の不良などに問題がある危険です。人的ハザードとは、遊具の使用の方法に問題がある危険です。

　したがって、遊具は、正しい使い方をして、仲良く遊ぶこと、遊具に不具合があるときは、専門業者による点検のほか、指導者や職員による点検を実施してもらう必要があります。早期発見・早期対応が事故防止に繋がるので、大人の協力が必要です。子どもも、ねじが緩んでいたり、異音が生じたりするようなときは、すみやかに近くにいる大人に伝えるよう、幼少児期から指導しておくことが重要です。

　そして、日常のメンテナンスの実施や「定期点検」をすること、さらには、製品の構造的な部分や、対処の難しい箇所については、専門家に依頼して、修理や改善をしておくことが求められます。

## 1　固定遊具の点検と結果の対応

　遊具の設置後に、日常点検や定期点検を行い、必要によっては、修繕が求められます（表20-1）。専門家（遊具点検士）による遊具のメンテナンス契約を結んでおくことも大切です。

⑴　児童ための遊具は、定期的に点検し、または補修を行うことにより、遊具の安全確保を図り、事故を未然に防止し、適切に管理することが必要です。そのために、管理者は、専門家による遊具の保守点検を、少なくとも年に1回以上は実施してほしいものです。保守点検を行った遊具については、点検実施時における状況や点検結果を記録し、適正に保管することが大切です。また、遊具の劣化は、設置後の経過年数や、地域の気象条件ならびに遊具の使用状況、部位、構造、管理方法および立地条件などにより、劣化の進行状況が異なることに留意しておきましょう。

⑵　遊具を構成する構造部材および消耗部材は、金属類、木質類、プラスチック系、繊維などの様々な材料が用いられていることを理解し、事故に繋がりやすい危険箇所、

表20-1　固定遊具を安全に利用するための点検

| |
|---|
| **1.　日常点検**<br>　日常点検とは、遊具の変形や異常の有無を調べるために、管理者が目視診断、触手診断、聴音診断などにより、行う日常的な点検のことです。日常点検を効率的に行えるようにするには、遊具ごとに日常点検表があるとよいでしょう。 |
| **2.　定期点検**<br>　遊具点検士にお願いをして、定期的に点検（劣化点検や規準点検）を行ってもらいます。<br>　劣化診断の例としては、遊具の設置後、長い年月が経過すると、地面に近い箇所で、目に見えない劣化が進んでいく場合があります。そのため、定期点検によって、その劣化の状態を把握していきます。<br>　規準診断の例として、遊具の安全規準は年々改定されており、以前は規準を満たしていた遊具でも、現在の規準には当てはまらない場合があります。定期点検をして、現在の規準を満たしているかを確認する必要があります。 |
| **3.　遊具点検後の修繕・撤去**<br>　不具合のあった遊具については、使用禁止とし、補修が完了すれば、開放しますが、補修が不可能なものについては、撤去が基本です。 |

　とくに、過去の実例から危険性があると判断されるポイントについては、重点的に点検を実施することが必要です。

(3)　点検の結果、遊具の撤去または補修の必要が生じた場合は、迅速な対応が求められます。

　①放置しておくことで、事故につながる恐れがあると判断されるものについては、早急に使用禁止の措置を行うとともに、撤去または補修を行うこと。

　②補修の困難なものについては、撤去を行うこと。

　③早急に対応する必要がない場合は、点検終了後に補修を実施すること。

　④事故に繋がるおそれがなく、当該点検時に補修を実施するよりも適切な時期に補修を実施する方が効果的なものについては、経過観察をすること。


## 2.　安全に配慮した遊具の設計と製品そのものの安全性

### (1)　安全に配慮した設計

　花や樹木などの環境を生かしつつ、安全エリアを確保することが基本となります。安全マットの設置や段差の注意喚起の塗り分け等、安全に配慮した設計・配置が求められます。


### (2)　製品そのものの安全性

①突起の少ないボルト類：子どもたちの手やからだにふれる部分には、突起の少ないボ

ルトを使用することが望ましいです。

②指爪防止チェーン：チェーンの隙間に樹脂カバーを取り付けてカバーチェーンにして
もらいましょう。

③盗難防止ボルト：ときに、遊具のボルトを盗む心無い人が現れることがあります。特
殊工具を必要とするボルトを使い、いたずらからなる事故を防ぐことも必要です。

④鋼材の品質：JIS規格に定める鋼材を使っていることが必要です。

⑤木材：耐久性、耐水性が良く、ささくれ等が起こらないような素材が求められます。

⑥樹脂：耐候性や衛生面に優れているもの。

⑦ネット遊具：耐候性や耐摩擦性、耐熱性、衛生面に優れたもの。

⑧塗装：耐候性や耐水性、防カビ、防藻性に優れ、美観を保つもの。


## (3) 設計・設置上の留意点

①頭部・胴体・首・指の挟みこみ

　頭部・胴体・首・指を挟みこんでしまう隙間を除去して、事故を防止してもらいたい
ものです。子どもが自分の体格を意識せずに通り抜けようとした場合、頭部や胴体の挟
み込みが発生しないように、開口部は胴体が入らない構造にするか、胴体が入る場合は
頭部が通り抜ける構造にしましょう。

②指の挟み込み

　指が抜けなくなる恐れのある穴は、設けないようにします。

③足の挟み込み

　踊り場や通路といった歩行や走行を目的とした平坦な床面の隙間は、6mmを超えな
いようにしましょう。ただし、つり橋やネット渡り等のあそびを目的にした部分の隙間
は、頭部や胴体の挟み込みが起こらないようにしてもらいます。要は、子どもが容易に
触れる部分には、突出部や隙間を除去し、事故を防止したいものです。

④絡まり、引っ掛かり

　子どもが容易に触れる可能性のある部分には、着衣の一部やカバンのひもが絡まった
りしないように配慮しなければなりません。とくに、滑走系の遊具のすべり出し部のよ
うに、落下が予想される箇所では、絡まったり、引っかかったりする突出部や隙間がな
いようにしてください。落下高さに応じて、ガードレールや落下防止柵を設置し、不意
な落下を防止します。

# 21章

## 固定遊具、近年の総合遊具や
## 公園遊具の特徴と安全な使い方

〔前橋　明〕

## 1 固定遊具や総合遊具の特徴

　固定遊具は、児童の健康の増進や情操を豊かにすることを目的として、児童に安全かつ健全なあそびを提供する屋外施設です。標準的設備としては、ブランコや砂場、すべり台、うんてい、ジャングルジム等があります。

### (1) すべり台
　公園や校庭、園庭に標準的に設置されるすべり台は、シンプルな機能をもっていますが、おもしろさがいっぱいです。

### (2) ブランコ
　揺動系遊具のブランコは、時代を超えて、多くの子どもたちに親しまれてきた遊具です。楽しさばかりではなく、最近の子どもたちの弱くなっているバランス感覚を向上させたり、様々な動作の習得に有用な運動機能を高めたりします。

### (3) うんてい
　上体の筋力だけではなく、全身の筋力を高め、リズム感や持久力も養います。子どもたちのからだに、比較的強い負荷をかける運動を生み出す遊具ですが、何より子どもたちの「挑戦する」というチャレンジ精神に働きかける遊具です。

### (4) モニュメント遊具・恐竜遊具
　博物館でしか見ることのできなかった古代の生き物や恐竜などが、子どもたちのあそび場にやってきます。安全性とリアリティ感を経験でき、また、本物の化石にも勝る存在感を味わわせてくれます。

### (5) 木登り遊具
　ダイナミックな木登りあそびが再現できます。木登りを体感できる遊具として、木登りのおもしろさ、とくに、枝から枝へ、大型であれば、安全のために、ネットがらせん状に張りめぐらされ、迷路のような遊び空間をも創ります。もちろん、子どもたちは好奇心を膨らませて枝をよじ登り、空に向かって冒険を始めます。木登り遊具は、小さな

挑戦をいくつも繰り返しながら、あそびを創造し、子どもたちの夢を育んでいきます。登る、降りる、ぶら下がる、這う等、多様な動きが経験できます。

①木登りは、育ち盛りの子どもたちが「チャレンジ精神」「運動能力」「集中力」を一度に身につけることのできる運動遊具です。枝をよじ登ったり、ぶら下がったりしながら、高い所へと登っていく楽しさや木登りのおもしろさを、安全に体感できる施設です。

②遊び疲れたときには、そのままゴロン、ネットがハンモックに早変わり、からだを優しく包みます。

③木によじ登り、頂上に辿り着けば、爽快な風を感じることができます。また、自然の木を模した展望施設として、地上とは違った風景に気づいたり、小鳥たちのさえずりも身近に聞こえる格好のバードウォッチングのポイントにもなります。


## 2　近年の公園遊具の特徴

　近年の公園遊具の特徴では、公園を健康増進の場所として、公園内に積極的に導入されている健康遊具をよく目にします。気軽に楽しみながら、からだを動かすことのできる遊具は、トレーニング器具としても利用されています。

　この健康遊具は、広場や公園、通り、自宅の庭など、簡単に設置できて場所をとらない遊具です。気軽に遊び感覚で使ううちに、からだをいろいろと動かして、日頃の運動不足の解消にも役立ちます。目の前にあると、つい使ってしまう気軽さと楽しさが味わえます。そして、家族みんなで楽しめて、遊びながら健康になれます。


## 3　遊具の安全な使い方

　遊具の使用についての約束は、①靴をしっかり履いて、脱げないようにする、②マフラーのように、引っかかりやすいものは取って遊ぶ、③上着の前を開けっ放しにしない、④ランドセルやカバンは置いて遊ぶ、⑤ひも付き手袋はしない、⑥上から物を投げない、⑦高い所から飛び降りない、⑧ひもを遊具に巻きつけない、⑨濡れた遊具では、遊ばない、⑩壊れた遊具では、遊ばない、などです（表21-1）。

21章　固定遊具、近年の総合遊具や公園遊具の特徴と安全な使い方

## 親の意識が危険を避ける **公園での安全な遊び方**
公園で安全に楽しく遊ぶための約束事をおさらいしておきましょう。

### 服装
なるべく動きを妨げない服装が良いでしょう。挟まったり、引っかかったりする危険がないよう、遊ぶ前に大人がきちんとチェックをしてください。

### 遊具
安全な遊具でも、使い方を誤るとケガや事故が起こります。はじめて遊ぶ遊具は、大人が事前に確認して、使い方を子どもに教えましょう。特に子どもに伝えておきたいのは以下のことです。

表21-1　遊具の使用についての約束

（1）靴をしっかり履いて、脱げないようにする。
（2）マフラーのように、引っかかりやすいものは取って遊ぶ。
（3）上着の前を開けっ放しにしない。
（4）ランドセルやカバンは置いて遊ぶ。
（5）ひも付き手袋はしない。
（6）上から物を投げない。
（7）高い所から飛び降りない。
（8）ひもを、遊具に巻きつけない。
（9）濡れた遊具では、遊ばない。
（10）壊れた遊具では、遊ばない。壊れた箇所を大人に伝える。

# 22章

## 遊具安全点検（劣化）

〔 ジャクエツ 〕

## 1 目的

遊具点検については、「子ども目線からの安全・安心を追求する考え方」を基本とし、子どもの安全・安心の向上、健やかな成長発達のために、遊具の安全を確保し、幼児教育・児童教育への社会貢献を行うこととします。また、公園遊具においても、使用する子どもたちのために、安全・安心を追求することとします。

## 2 点検の考え方

点検は、遊具の構造や劣化の点検・修理にとどまらず、子どもにとって安全で楽しいあそびの確保ができるかという視点で行うこととし、安全エリアについても点検することとします。点検は、子どもたちの使用時における危険な状況を把握できることがあるため、子どもたちの遊び方も調査します。

## 3 点検の種類

表22-1　点検の種類

| 日常点検 | 管理者（幼児施設や学校、自治体など）が、目視・聴診・触診などで、日常的に劣化や異常を確認する点検です。 |
|---|---|
| 定期点検 | 専門家が定期的（1年に1回以上）に劣化（目視、触診、聴診、打診）や規準を調査する点検です。 |

## 4 点検の実施技術者（遊具点検士）

劣化点検業務は、遊具点検士が行います。劣化点検報告書は、遊具点検士が作成し、点検した者以外の遊具点検士が照査します。

## 5 点検方法

点検のポイントをまとめてみます（表22-2）。
①地際部については、重要なチェックポイントであるため、掘削して調査します。

②各ジョイント部は、老朽化・破損・摩耗の危険な部位であるため、注意深く調査をします。

③部品の老朽化・破損・摩耗は、事故につながるポイントであるために、注意深く調査をします。

④安全エリアは、危険を回避する重要なポイントであるため、注意深く調査をします。

表22-2　点検のチェック項目と内容

| 項　　目 | 内　　　　　容 |
|---|---|
| 目　　視 | 外観や形状を見て、劣化の状態を検査します。 |
| 触　　診 | 素手で触り、劣化の状態や突起、ささくれ等を検査します。 |
| 聴　　診 | 遊具を使用し、構造部や駆動部などに異常音やがたつきがないかを検査します。多くは可動部の油切れが原因と予想できますが、ベアリング等の破損・摩耗も考えられるため、注意深く調査をします。 |
| 揺　　れ | 全体をゆすり、おおきなぐらつきがないか検査します。 |
| 打　　検 | テストハンマーでたたき、表面の劣化・腐食の状況やボルトの緩みがないかを検査します。木製遊具においては、打検時にマイナスドライバーにて突き刺して判断することも必要です。 |
| メジャー | JIS 1 級表示製品を使用、磨耗、劣化の状態を検査します。 |
| ノ ギ ス | JIS 1 級表示製品を使用、磨耗、劣化の状態を検査します。 |

# 6　劣化判断基準

劣化判断基準は、表22-3 によります。

22章　遊具安全点検（劣化）

表 22-3　劣化判断基準

判定の種類

| | 判　定 | 状　　態 |
|---|---|---|
| ○ | 指摘無し | 異常がなく使用できる。 |
| △ | 要重点点検 | 現時点では使用できるが、経過観察を要し、不具合が進行した場合は修繕を必要とする。 |
| × | 要是正 | 直ちに修繕を必要とする。 |

判定基準

| 種別 | 項　目 | | 判　定 | 基　　準 |
|---|---|---|---|---|
| 鋼材 | 錆（腐食） | ○ | 指摘無し | 錆が発生していない。 |
| | | △ | 要重点点検 | 表面の錆は点錆程度である。 |
| | | × | 要是正 | 錆が進行して穴があいている。 |
| | | | | テストハンマーで叩くと錆が剥がれ落ちるか穴があく。 |
| | | | | 全体的に錆が発生している。 |
| | 摩耗 | ○ | 指摘無し | 厚みが設計値の 90％以上である。 |
| | | △ | 要重点点検 | 厚みが設計値の 80％以上 90％未満である。 |
| | | × | 要是正 | 厚みが設計値の 80％未満である。 |
| | 塗装（剥離・キズ） | ○ | 指摘無し | 塗膜に剥離や浮きや傷が無い。 |
| | | △ | 要重点点検 | 塗膜に剥離や浮きや傷が有るが、表面の錆は点錆程度である。 |
| | | | | 退色や白亜化が進行している。 |
| | | × | 要是正 | 塗膜に剥離や浮きや傷が有り、表面積の 30％以上に錆が発生している。 |
| 木材 | 腐朽 | ○ | 指摘無し | テストハンマーで叩くと高く乾いた音がし、叩いた跡がほとんど付かない。 |
| | | △ | 要重点点検 | テストハンマーで叩くと低くく湿った音がし、叩いた跡が残る。 |
| | | × | 要是正 | マイナスドライバー等で貫通しようとすると、ほとんど抵抗なく突き刺さる。 |
| | | | | 表面が腐食し、断面積で 70％未満である。 |
| ワイヤーロープ | 素線切れ | ○ | 指摘無し | 素線切れが無く、錆が発生していない。 |
| | | △ | 要重点点検 | 1 よりピッチ内の素線切れが 10％未満である。集中素線切れの場合は 5％未満である。 |
| | | × | 要是正 | 1 よりピッチ内の素線切れが 10％以上である。集中素線切れの場合は 5％以上である。 |
| | | | | 素線が緩んだり、形くずれ（キンク）している。 |
| | | | | 著しく錆が発生している。 |
| | 径（摩耗） | ○ | 指摘無し | 摩耗がない。 |
| | | △ | 要重点点検 | 径が設計値の 90％以上である。 |
| | | × | 要是正 | 径が設計値の 90％未満である。 |

239

| 種別 | 項目 | 判定 | | 基準 |
|---|---|---|---|---|
| 樹脂ロープ | 状態<br>（摩耗・破断） | ○ | 指摘無し | 損傷や摩耗や腐食が無い。 |
| | | △ | 要重点点検 | 軽度の摩耗で硬化している。 |
| | | × | 要是正 | ストランドが断線している。 |
| | | | | 著しい損傷や腐食がある。 |
| チェーン | 錆（腐食） | ○ | 指摘無し | 錆が発生していない。 |
| | | △ | 要重点点検 | 表面の錆は点錆程度である。 |
| | | × | 要是正 | テストハンマーで叩くと錆が剥がれ落ちる。 |
| | | | | 全体的に錆が発生している。 |
| | 径（摩耗） | ○ | 指摘無し | 摩耗がない。 |
| | | △ | 要重点点検 | 径が設計値の 70% 以上である。 |
| | | × | 要是正 | 径が設計値の 70% 未満である。 |
| 基礎 | 露出 | ○ | 指摘無し | 基礎天からの土かぶりが 10 cm 以上である。 |
| | | △ | 要重点点検 | 基礎天からの土かぶりが 0 を超え 10 cm 未満である。 |
| | | × | 要是正 | 基礎天が地面から露出している。 |

総合判定の基準

| 種類 | 使用 | 基準 |
|---|---|---|
| A 判定 | 可 | 全ての項目が指摘無し |
| B 判定 | 可 | 要重点点検が 1 項目以上あり、要是正項目がない場合 |
| C 判定 | 不可 | 一つの項目でも要是正がある場合 |

## 7　点検書類の作成と報告

　点検書類は、遊具劣化点検総括表と遊具劣化点検表をセットとします（資料編参照）。個別の遊具劣化点検表をまとめたものを、遊具劣化点検総括表として一覧できるものとし、写真アルバムとともに提出することとします。

　写真管理は、黒板に施設名・点検日・遊具名などを記入し、撮影します。異常部においては、黒板に状況を記入し、わかりやすく見るために、ドライバーやテストハンマーを当てて接写することとします。

　点検にて発見した不具合箇所や落下対策必要箇所については、適正な修繕の提案を行います。

## 8　点検の安全

### (1) 服装（標準）

安全に遊具を点検するために、下記のような服装で点検作業を行います。

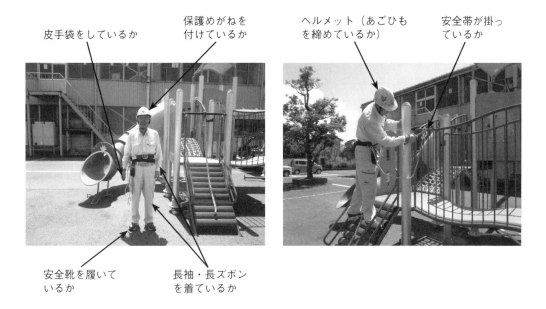

### (2) 安全管理

①作業に入る前に、当日の点検作業の危険予知をし、安全意識の向上を図ります。

②第三者（利用者や所有者など）の生命や身体、および財産に対して、危害や迷惑となる行為の防止に努めます。

③点検中であることを表示し、利用者の安全確保をするために、一時利用を停止していただき、必要に応じてロープ柵やコーンバリケード等を設置します。

④安全帯は、高さ2m以上で落下の危険性がある場所での点検作業をする場合に使用します。危険な高所点検作業は、2名以上で行い、高齢者は高所での点検作業をなるべく行わせないように配慮します。

⑤点検中に事故が発生すると予見される危険箇所が発見された場合は、所有者や管理者と協議して、使用禁止処置やテーピング等の応急処置を行います。

# 23章

## 遊具別劣化点検のポイント

〔 ジャクエツ 〕

## 1 ブランコ

①支柱地際部は、掘削し、腐食していないかを目視、打検で全数チェックします。
②梁と支柱の鋳物接合部は、分解せずに目視、打検をしますが、鋳物との隙間から錆の流れた跡があると、内部腐食が考えられるので念入りにチェックします。
③吊り金具部は、分解せずに目視・打検しますが、ベアリングの摩耗による回転軸のガタツキや取り付け穴の摩耗をチェックします。
④吊り具のチェーンは特に上端と下端の接合部の摩耗をチェックします。
⑤吊り具を掛ける割型鋳物の固定ボルトが腐食していないかをマイナスドライバーで念入りにチェックします。
⑥座板の固定ボルトの緩みは、全数チェックします。
⑦ゴムカバー座板の固定ナットが、ステンレス製に交換されているか、裏側のキャップを外してチェックします。
⑧実際に使ってみて、全体のグラツキや異常音をチェックします。

劣化点検ポイント部位図

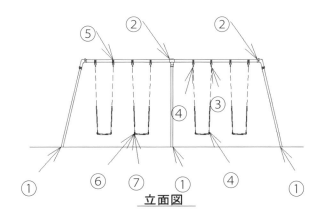

立面図

①支柱地際部腐食

②鋳物接合部腐食

③吊り金具ベアリング腐食部

④チェーン摩耗部

⑤割型鋳物固定ボルト腐食部

⑥⑦座板固定ナット部

## 2 すべり台

①支柱地際部は掘削し、腐食していないか、目視、打検で全数チェックします。
②すべり面と側板接合部（表側も裏側）が腐食していないか、目視、打検でチェックします。
③踊り場とすべり面との接合部に、隙間がないかをチェックします。
④踊り場との接合ボルトが腐食していないかを目視、打検でチェックします。
⑤踊り場と柵の接合部が腐食していないかを目視、打検でチェックします。
⑥すべり面に破損、割れがないかをチェックします。
⑦実際に使ってみて、全体のグラツキや異常音をチェックします。

劣化点検ポイント部位図

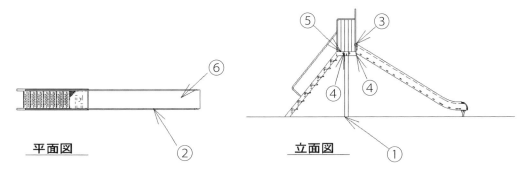

①支柱地際部腐食

②すべり面と側板接合部腐食

③すべり面と手すりの隙間

④踊り場との接合ボルト腐食

⑤踊り場と柵の接合部腐食

⑥すべり面の破損・割れ

## 3 鉄棒

①支柱地際部は掘削し、腐食していないかを目視、打検で全数チェックします。
②鋳物接合部は分解せずに、目視、打検するとともに、鋳物との隙間から錆の流れた跡があると、内部腐食が考えられるので念入りにチェックします。
③実際に使ってみて、握り棒のガタツキ、回転や全体のグラツキをチェックします。
④鋳物取付ボルトが突出していないかチェックします。

劣化点検ポイント部位図

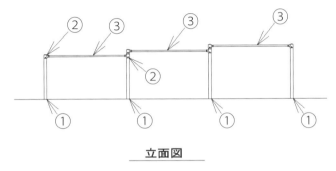

立面図

①支柱地際部腐食

②鋳物接合部腐食

③握り棒のガタツキ・回転

④ボルトの突出

## 4 シーソー

①支柱地際部は掘削し、腐食していないかを目視、打検で全数チェックします。
②鋳物接合部や回転部は、分解せずに目視、打検するとともに、鋳物との隙間から錆の流れた跡があると、内部腐食が考えられるので念入りにチェックします。
③持ち手のガタツキをチェックします。
④座板の裏側が腐食していないかをチェックします。
⑤実際に使ってみて、全体のグラツキや異常音をチェックします。

劣化点検ポイント部位図

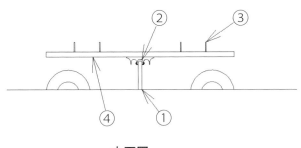

立面図

①支柱地際部腐食

②鋳物接合部・回転部腐食

③持ち手のガタツキ確認

④座板裏側部腐食

## 5 スプリング遊具

①スプリング部は、分解せずに目視、打検でチェックします。
②アンカーボルト固定の場合は、ボルト、ナットの腐食をチェックします。
③持ち手のガタツキや回転をチェックします。
④スプリングに錆が発生している場合は、交換します。
⑤耐用年数（標準5年）を超えたスプリングの場合は、交換します。
⑥実際に使ってみて、本体が回転したり、異常音を発したりしないかを念入りにチェックします。
⑦騎乗本体に破損箇所が無いかチェックします。

劣化点検ポイント部位図

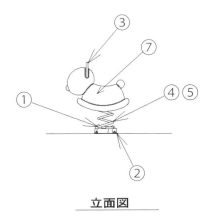

立面図

②アンカーボルト部

③持ち手のガタツキ等の確認

④スプリング錆発生部

⑥異常音や本体の回転チェック

⑦騎乗本体の破損確認

## 6 うんてい

①支柱は、地際部を掘削し、腐食していないかを目視、打検で全数チェックします。
②接合部は、分解せずに目視、打検するとともに、接合部の隙間から錆の流れた跡があると、内部腐食が考えられるので念入りにチェックをします。
③握り棒と梁接合部の下側の腐食をチェックします。
④実際に使ってみて、握り棒のガタツキや全体のグラツキをチェックします。

劣化点検ポイント部位図

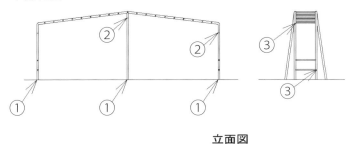

立面図

①支柱地際部腐食

②接合部腐食

③握り棒と梁接合部下側腐食

## 7　ジャングルジム

①支柱は、地際部を掘削し、腐食していないかを目視、打検で、全数チェックします。
②横棒と柱接合部の下側の腐食をチェックします。
③実際に使ってみて、握り棒のガタツキや全体のグラツキをチェックします。

劣化点検ポイント部位図

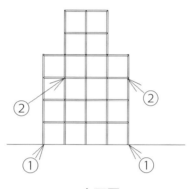

立面図

①支柱地際部腐食

②横棒と柱接合部下側腐食

③全体のグラツキ

## 8　太鼓橋

①支柱は、地際部を掘削し、腐食していないかを目視、打検で全数チェックします。
②鋳物接合部は、分解せずに目視、打検するとともに、鋳物との隙間から錆の流れた跡があると、内部腐食が考えられるので念入りにチェックをします。
③実際に使ってみて、握り棒のガタツキや全体のグラツキをチェックします。

劣化点検ポイント部位図

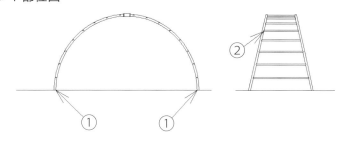

①支柱地際部腐食

②接合部下部腐食

## 9　登はん棒

①支柱は、地際部を掘削し、腐食していないかを目視、打検で全数チェックします。
②登はん棒は、地際部を掘削し、腐食していないかを目視、打検で、全数チェックします。
③登はん棒上端、鋳物接合部および固定部のボルトの腐食をチェックします。
④実際に使ってみて、全体のグラツキをチェックします。

劣化点検ポイント部位図

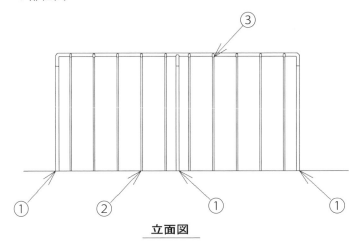

立面図

23章　遊具別劣化点検のポイント

①②支柱、登はん棒地際部腐食

③登はん棒上端腐食

③鋳物接合部腐食

261

## 10　平均台

①支柱は、地際部を掘削し、腐食していないかを目視、打検で全数チェックします。
②支柱と梁との接合部が腐食していないかをチェックします。
③実際に使ってみて、握り棒のガタツキや全体のグラツキをチェックします。

劣化点検ポイント部位図

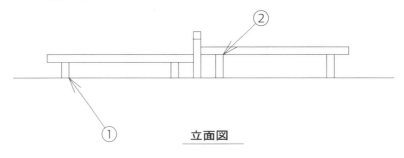

立面図

①支柱地際部腐食

②支柱と梁の接合部腐食

## 11 スイング遊具

①稼働部は、分解せずに目視、打検するとともに、稼働部の隙間から錆の流れた跡があると、内部腐食が考えられるので念入りにチェックします。
②持ち手のガタツキや回転をチェックします。
③スイングした時の地面との隙間をチェックします。
④椅子ブランコは、撤去とします。
⑤実際に使ってみて、本体の異常振動や異常音を念入りにチェックします。

劣化点検ポイント部位図

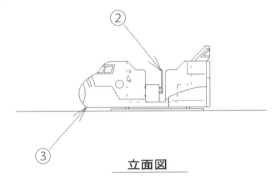

立面図

スイング稼働部グリスアップ

## 12　ローラーすべり台

①支柱は、地際部を掘削し、腐食していないかを目視、打検で全数チェックします。
②ローラーのベアリングケースに破損や著しい飛び出しや欠落がないかチェックします。
③ローラーとローラーの隙間に小石などが挟まっていないかをチェックします。
④側板接合プレートの角が浮き上がっていないかを念入りにチェックします。
⑤側板手すりカバーの破損（劣化、穴あき）や浮き上がりをチェックします。
⑥すべり面と側板接合部（表側と裏側）の腐食状況をチェックします。
⑦踊り場とすべり面との接合部に隙間がないかをチェックします。
⑧すべり面のローラーに破損、割れがないかをチェックします。
⑨すべり面と支柱の接合ボルトが腐食していないかをチェックします。
⑩実際に使ってみて、全体のグラツキや異常音をチェックします。

劣化点検ポイント部位図

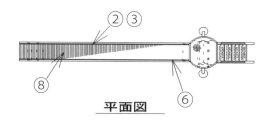

平面図

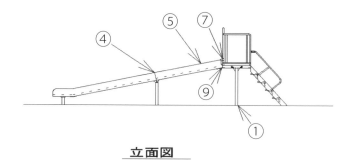

立面図

23章　遊具別劣化点検のポイント

①支柱地際部腐食

②ベアリングケース破損

⑤側板手すりカバー劣化・穴あき

⑨接合部ボルト腐食

## 13 回転遊具

①支柱回転部は、地際部を掘削し、腐食していないかを目視、打検で全数チェックします。
②稼働部は、分解せずに目視、打検するとともに、稼働部の隙間から錆の流れた跡があると、内部腐食が考えられるので念入りにチェックします。
③持ち手のガタツキや回転をチェックします。
④回転した時の地面との隙間をチェックします。
⑤床板の裏側の腐食をチェックします。
⑥回転させるための円形状の手すりのボルトが抜けていないかをチェックします。
⑦グローブジャングルジムは、撤去とします。
⑧実際に使ってみて、本体の異常振動や異常音を念入りにチェックします。

劣化点検ポイント部位図

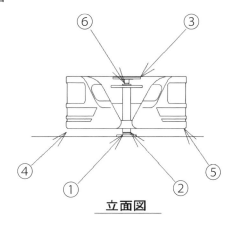

立面図

23章　遊具別劣化点検のポイント

①支柱・回転部の腐食

①本体内支柱根本腐食

③持ち手のガタツキ、回転確認

⑥回転部手すり固定ボルト欠落

⑥回転部手すり固定ボルト欠落

⑦グローブジャングルジムは撤去

267

## 14 ネットクライム

①支柱は、地際部を掘削し、腐食していないかを目視、打検で全数チェックします。
②ネットロープに摩耗や破断やほつれがないかをチェックします。
③枠に巻き付けているロープに破断やほつれがないかをチェックします。
④固定金具を分解せずに摩耗や腐食状況を目視、打検でチェックします。
⑤ネット枠の巻き付けロープ下側が腐食していないかを、目視、打検でチェックします。

劣化点検ポイント部位図

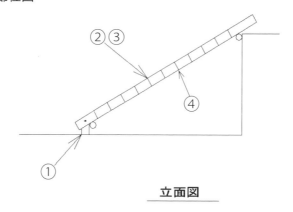

立面図

23章　遊具別劣化点検のポイント

②ネットロープの破断

③巻き付けロープのほつれ

④ネット枠巻付ロープ部の腐食穴

## 15 砂場

①石ころや動物の糞など、異物が混入していないかをチェックします。
②水はけはよいかをチェックします。
③砂は固まっていないかをチェックします。
④枠が腐食していないかチェックします。

劣化点検ポイント部位図

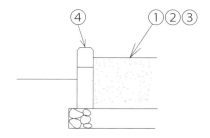

**断面詳細図**

④砂場枠腐食

## 16 総合遊具

①各機能部位は、個別遊具に準じます。
②木製の場合は、支柱の地際部を掘削し、腐食していないかを念入りにチェックします。
③木製の場合は、梁や支柱、床板が腐食していないかを念入りにチェックします。
④木製の場合は、木材の痩せによる全体のグラツキや床板のガタツキを念入りにチェックします。
⑤すべり台着地部と他の機能部との動線が重なっていないかをチェックします。

①鉄製総合遊具風車タワー取り付け部腐食

①固定ボルトの緩み

②支柱地際部の腐食

③踊り場梁の腐食チェック

③床板固定ボルトの欠落

③床板固定ボルトの緩み

③支柱上部の腐食

③床板の腐食

④梁上部の腐食

# 24 章

## 指導者の役割と指導者としての
## コミュニケーションスキル

〔 奥富庸一 〕

## 1 幼児体育指導者の役割

　幼児を指導していると、「この子は、どうして私の言うことを聞いてくれないのだろう？」「この子は、どうしてまわりの子どもたちとトラブルの原因をつくってしまうのだろう？」等といった場面に出会うことがあるかと思います。

　子どもが何を言いたいのかわからない、なぜこんなに言っているのに伝わらないのかわからない、そんな思いがあるかと思います。

　幼児期になると、自我が芽生え[1]、子どもそれぞれに、自分自身の考え方をもつようになります。子どもが、どうしてこのような行動をとるのか——それは、その子なりの気持ちや考えがあって行動を起こしているのです。幼児体育指導者として、子どもの気持ちや考えを理解し、運動に対するやる気を支えていくことが、最も重要なポイントになるでしょう。

　また、指導者自身の習慣や行動によって、幼児体育の理想と目的を示すことも大切と考えます。

　幼児の体育指導をする上で、①対象となる子どもの理解、②専門知識や技術の理解と習得、③コミュニケーションスキルの習得の3点が重要です。つまり、対象となる子どもの発育・発達、心身の成長、社会性の獲得時期など、子どもが成育過程の中で、どのような時期にどのような成長をするのか、また、どのような働きかけが、子どもの健やかな成長を促進させるのかを理解する必要があります。そして、運動技術を獲得させるための専門技術を理解し、指導者自身も技術を身につけておくことが必要です。

　そして、何よりも重要なことは、それをいかに伝えるかということです。子どもの気持ちや感情を理解しながら、子どものやる気を支え、運動に対する動機づけが強まるような指導を展開するために、コミュニケーションスキルを獲得していく必要があります。

　そこで、本章では、とくに、幼児体育指導者として、子どもの気持ちや考えを理解し、いかにやる気をサポートしていくかについて、コミュニケーションスキルを中心に、解説していきます。このコミュニケーションスキルは、子どもに対してだけではなく、指導者間や保護者との意思疎通を円滑にするためにも、必要なスキルになります。

## 2　幼児体育指導者のコミュニケーションスキル

　幼児体育指導者にとって、子どものやる気を支えるために、子どもの気持ちや考えを理解し、子どもの主体的な行動をサポートしていくことが、重要な使命です。コミュニケーションスキルを獲得し、子どもがのびのびと運動に取り組み、健やかに成長していくサポートができるよう、コミュニケーションの基本を押さえておきましょう。

### (1) 言語的コミュニケーション
#### 1) リスニングスキル

　コミュニケーションを円滑にすすめるためには、まず相手の気持ちや考えを理解する必要があります。まず、相手の気持ちや考えを理解するために、リスニングスキル（効果的な傾聴法）を紹介します。リスニングスキルには、基本的な技法が3つあります。

#### ① 観察法

　観察法とは、話のポイントを的確に捉えるために、言語的・非言語的な表現を観察する手法のことです。話を聴くといったときに、いつ、誰が、どこで、といった事柄に着目する場合が多いのですが、ここでは、事柄だけに着目するのではなく、どういった事柄を話しているところで、語気が強くなるか、トーンがかわるか等に着目し、表情やしぐさを見て、事柄の背後にある気持ちや感情に着目することが大切です。

　気持ちや感情を理解することで、指導者は、相手が何を考え、どうしてその行動をしているのかが見えてきます。そして、相手は、この指導者であれば、何を言っても安心で安全な環境だということが理解できます。

　観察法のポイント（表24-1）は、言語的表現（キーワード）と非言語的表現（キーメッセージ）を捉えることです。言語的表現とは、相手の気持ち用語（嫌だよ、疲れた等）、感情用語（楽しい、寂しい、怖い等）、セリフ（「だっておもしろくないもん」「ほんとはやりたいの」等）といった表現です。非言語的表現とは、相手の目・顔・声の表情の変化（目が潤む、声が震える）、ジェスチャー（手をぐっと握りしめる、身振り手振り）、身体姿勢の変化（からだを縮こませる、顔をそらせる等）、そして、指導者自身の心がジーンとくるような表現です。このような表現の中に、気持ちや感情が含まれており、的確に捉えることで、相手の考えや行動に至った背景が見えてきます。ときには、言葉と表情が一致していない場合（例えば、「楽しい」と話しているにもかかわらず、表情がくもっていたり、

24章　指導者の役割と指導者としてのコミュニケーションスキル

表24-1　言語的表現と非言語的表現の観察法のポイント

| 言語的表現（キーワード） | 非言語的表現（キーメッセージ） |
|---|---|
| 気持ち用語（嫌だよ、疲れた 等） | 目・顔・声の表情の変化<br>（目が潤む、声が震える 等） |
| 感情用語（美しい、寂しい、怖い 等） | ジェスチャー<br>（手をぐっと握りしめる、身振り手振り 等） |
| セリフ<br>（だっておもしろくないもん、<br>　　　　　ほんとはやりたいの 等） | 身体姿勢の変化<br>（からだを縮こませる、顔をそらせる 等）<br>指導者自身の心がジーンとくる |

〔宗像恒次・小森まり子・橋本左百合：ヘルスカウンセリングテキスト vol.1，ヘルスカウンセリングセンターインターナショナル，p.51，2000．から改変〕

語気が弱い等の場合）がありますので、その場合は、キーメッセージを大切にして、本当の気持ちを捉えられるように再度確認してみましょう。

　子どもでも大人でもそうですが、悩みや困っていることがある人は、最初から自分の言いたいことがはっきりしていない場合が多く、語りながら整理し、言いたいことや伝えたいことがみえてくることがありますので、相手の気持ちや感情に沿った観察をすることが重要です。

②　傾聴法

　相手の話を聴こうと思っていても、自分自身の経験や体験を通して相手の話を理解しようとするために、相手の言いたいことや話したいことを案外聴けていないということがあります。傾聴法とは、話を聴くときに、相手が話しやすいように促し、自分自身の中に浮かび上がる様々な心の壁（ブロッキング現象）を除き、相手の気持ちや感情をそのまま受け止める聴き方です。

　まず、話を聴くときに、相手が自由に話をしやすいように促すことが必要です。促し方には、開いた質問（オープンエンド・クエスチョン）と閉じた質問（クローズド・クエスチョン）があります。

　閉じた質問とは、YesかNoで答えられるような質問です。例えば、「お友だちと仲良くできたかな？」「朝ごはんは食べたかな？」というように、相手の答えを限定する聴き方です。これは、活動の導入やアセスメントに利用できます。閉じた質問は、答えを限定しているので、答える側は考えずに答えられ、短時間で必要な情報を得ることができますが、話したいことを自由に話すことができず、本当の気持ちを理解することが難しくなります。

　一方、開いた質問は、「今朝の気分はどうかな？」「今日の活動はどうだった？」という

ように、相手が自由に答えを述べることができる聴き方です。開いた質問は、自分の気持ちや考えを自由に話すことができ、相手に対して自分の気持ちを伝えることができます。また、話すうちに自分の気持ちが整理できるという利点があります。しかし、話したいことがなかなかでず、時間がかかり、話すことに苦手意識があると、言葉につまってしまいます。指導者は、これらの質問をうまく使い分けて、話を聴くことが大切です。

相手が話をしやすいように促し、相手の話を聴き始めると、相手の話の情報の不足分を補おうとして、自分自身の経験や体験を参照して、聴くことがあります。例えば、「こういった話は前にもあったな（追体験）」「こうすればうまくいくのに（意見）」「おそらくやりたくないだけなんだろうな（憶測）」といったことです。

これは、聴きながら、自然に心の中に生まれるものです。意見や評価したくなる、追体験や同一視をして話の情報を補う、ほかのことが気にかかる、時間を気にするというように、相手の話を聴く上で心の壁となる現象を、ブロッキング現象と言います（図24-1）。指導者のもつ専門知識や経験からのみで話を理解しようとするとブロッキングが生じやすくなり、相手の言いたいことや本当の要求を見落とす原因になります。相手の気持ちや考えに沿った聴き方をするために、ブロッキングは脇において、相手の気持ちや感情を受け止め、常に相手の心の動きについていくという態度が必要となります。

指導者は、子どものやる気を支えるために、「今ここで」の子どもの気持ちや感情に、耳を傾ける必要があります。

図24-1　ブロッキング現象の事例

③　確認法

子どもでも大人でも、最初から自分の言いたいことがはっきりしていない場合が多くあります。相手の話のポイントを繰り返すことによって、相手の話の内容と反応を確認することで、相手は自分自身の気持ちが整理され、言いたいことや伝えたいことが明確になってきます。相手の話を、観察や傾聴によって得られた気持ちや感情の情報をもとに、相手のトーンやスピードに合わせて、そのまま繰り返し、相手の気持ちとピッタリ合うようにしましょう。このとき、注意すべき点は、相手のセリフや気持ちの用語をそのまま繰り返すことです。言い方や言葉を変えると、微妙なズレを生じさせる場合があります。相手の気持ちとピッタリ合っているかは、相手が教えてくれます。指導者が、子どもの話を、ポ

イントを押さえて繰り返し、確認したとき、「ウン、そうだよ」という返事が聴け、また、相手の表情もイキイキしていれば、ピッタリと合っている聴き方ができていると思ってよいでしょう。「ウ、ウン」「そうなんだけど～」というように、2段階の返事であったり、表情がとまっているときは、「違っている」のサインですので、もう一度しっくりいかない部分について聴き、再度、繰り返して確認しながら、話をピッタリと合わせることが大切です。

確認をすることで、子どもはイキイキとした反応をみせてくれます。すると、この指導者は、何を言っても安心で安全な存在だと感じ、自分の気持ちをたくさん話してくれるようになります。

2）効果的な促し

話を聴いていると、相手は、①問題解決をしたい、②アドバイスがほしい、③ただ話を聴いてほしい、の3つのいずれかの思いがあることがわかります。話のこしを折らないように、相手の話のスピードに合わせて、話のしやすいように効果的に促すことが重要です。そのために以下のようなことを心がけるとよいでしょう。

・話の内容やスピードに合った、適度なうなずき

・話の内容に合った表情

・視線を受け止めるように合わせる

・相手の言った言葉の最後を繰り返す

・「そして…」「それから…」等、ゆっくり続きを促す

そして、「本当はどうしたかったのか」「まわりにどうしてほしいのか」といった自分自身や周囲に対する要求を聴くことで、問題解決のためのエネルギーをサポートしていきましょう。

まず、相手に寄り添うことで、相手のわかってほしい欲求を十分に傾聴し、共感することで、相手の欲求を満足させることが重要です。

3）ポジティブフィードバック

子どもの運動に対する動機づけを支えるために、ポジティブフィードバックを活用しましょう。簡単に言うと、子どものよいところを褒めて伸ばす指導です。よいところを褒めることで、子どもの自信感（自己効力感）[2]が向上し、のびのびとあらゆることに挑戦できるようになります。しかし、指導者がお世辞や心にもないことを並べて褒めるのでは、効果はありません。指導者自身が、「すごいな」「自分にはできないな」というところを、率直に心から伝えることが大切です。

指導をしていく上で、よいところを褒めるだけでは、子どもが成長していかないのではないかと思われるかもしれません。確かに、運動を指導していく上で、欠点を克服し、さらなる技術向上を目指すことも必要になるかもしれません。しかし、小さなことでも、まず、良いところを探しましょう。そして、良いところを褒めた上で、欠点となる部分を、子どもと指導者がいっしょに探し、どうするとうまくできるかをスモールステップで考えていくことが有効です。

　欠点を叱るという方法で指導を続けると、子どもは怖さを感じ、課題に対してチャレンジしない、あるいは、指導者の顔色をうかがいながらチャレンジするようになったり、欠点を隠そうとしたりします。スモールステップで小さな課題をみつけ、それにチャレンジし、自分自身の力でできたという成功体験を積み重ね、そのチャレンジする勇気と成功体験を褒めて、子どもの自信感や有能感を向上させることが必要になります。

### (2) 非言語的コミュニケーション

#### 1) 表情

　子どもは、小さい頃から、実によく、まわりの人の表情を見ています。顔の表情は、指導者にとって大変重要です。怒っているつもりでなくても、「怒っているでしょう」と言われたり、笑っているつもりでなくても「楽しそうだね」「笑っているでしょう」と言われたりしたことはありませんか。

　顔の表情は、愛や幸福、楽しさといったポジティブな感情表現と軽蔑というネガティブな感情表現が近接している[3]と言われています(図24-2)。子どもに軽蔑と取られないように、自分自身の顔の表情に気を配る必要があるかもしれません。また、相手の表情を勘違いすることのないようにしたいものです。

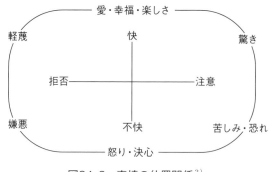

図24-2　表情の位置関係[3]

## 2）視線

指導をする上で、視線の使い方も大変重要です。子どもと接する場合、指導者である私たちの方が、子どもより高い位置からの視線になります。高い位置からの視線を送ることは、相手に対して高圧的な印象を与えかねません。とくに、指導者という立場は、子どもと比して、高くなりがちです。子どもと視線のレベルを合わせ、いわゆる「同じ目線」に立って、話しかけることが重要です。

また、日本の場合、アラブ系やラテン系の視線を合わせる文化に対して、視線を避ける文化があります。視線を意図的に合わせるときは、相手に対して敵意や闘争心がある場合といわれています[4]。指導をする場合は、対面で話しかけるより、少し相手の目線と角度をつけて話しかけると、相手に安心感が得られます（図24-3）。

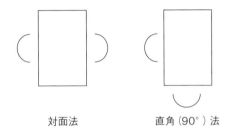

図24-3　対面法と直角法[4]

## 3）スキンシップ

スキンシップは、子どもとコミュニケーションをとる上で、最も重要です。昔から医療の世界では、治療のことを「手当て」と呼びます。治療に際し、まず、患者の患部に、治療者の手を当てて、診断をしたことから「手当て」と呼ばれているそうです[5]。

手当てをすることによって、人に安心感を与え、不安感を和らげることができるのです。たとえば、乳幼児期のコミュニケーションは、泣くという行為で不快感や不安感を表現します。その泣き声を聞いて、親は「どうしたの」と声をかけ、頭を撫でたり、手を握ったり、抱いたりすることで、子どもは安心感を得て、泣きやみます。スキンシップを通じて、身体的にも、心理的にも、安心感を得られた子どもは、他者に対する基本的信頼感[6]を得ることとなり、自立した成長を遂げるようになります。

指導者は、子どもの健やかな成長のサポーターです。「健やかに成長してほしい」という思いを込めて、スキンシップをすることで、言語的な交流が未熟な乳幼児であっても、十分に気持ちが伝わります。子どものチャレンジする気持ちを、そっとスキンシップを通

じて支えることで、勇気や意欲がわいてくることでしょう。

## 3　子どものサポーターとしての幼児体育指導者

　幼児体育指導者は、子どもの健やかな成長を育むための、よきサポーターでなければなりません。子どものもつエネルギーは、計り知れないほど、大きく、強いものです。子どものやる気を支えるために、コミュニケーションスキルを身につけ、子どもが主体的に活動できるよう、サポートしていくことが大切です。

　幼児体育指導者は、子どもにとって「よき（技術上の）指導者」「よき理解者」でありながら、かつ、子どもの気持ちや考えを理解し支える「よき応援団」であることが、望まれる指導者像ではないかと考えます。

　子どもは、成人と比べて、少し話を聴き、共有するだけで、素直で率直に自分の気持ちを表現できるようになります。自分自身の気持ちを表現する力を、幼少期に身につけておくことで、成人してからも、自分自身の気持ちを上手に表現できるようになります。

　これまでの日本の工業化社会の時代では、周囲の人との和を大切にした自己抑制型の人物スタイルが求められてきました[7]。しかし、自己抑制型の人物スタイルは、自分の気持ちを抑え、がまんすることで、様々なストレスを抱える温床となっています[8]。今日の情報化社会の時代では、周囲の人との和も大切にしつつ、上手に自己主張することが大切です。幼少期から自分自身の気持ちを表現する力を身につけるためには、安心で安全な環境の中で、周りの評価はどうであれ、自分の気持ちを表現できる力を養う必要があります。子どもが自分の考えや気持ちを、率直に表現できるように、指導者は、安心で安全な環境づくりをすることが求められます。

### ＜リスニングスキルと効果的な促しを活用した事例＞

　ある子ども（Aくん）が、なかなかあそびの輪の中に入れずに、つまらなそうにしていました。指導者であるあなたは、Aくんに話しかけました（表24-2）。

　子どもは、大人と比べて、自分の気持ちを素直に表現します。まずは、話を聴き、繰り返し、子ども自身がどのようにしたいか、その気持ちを支援しましょう。指導者からの提案や助言は、最小限にとどめる方が、望ましいといえます。

24章　指導者の役割と指導者としてのコミュニケーションスキル

表24-2　リスニングスキルと効果的な促しを活用した例

| 指導者： | 「どうしたのかな？」 | （開いた質問） |
|---|---|---|
| Aくん： | 「もうヤダ。したくない」<br>うつむいて、地面をけとばしている | （観察法） |
| 指導者： | 「もうヤダ。したくないって思うんだね。もうしたくないっていうのは、どうしてかな。もう少し教えてくれないかな」 | （確認法）<br>（開いた質問） |
| Aくん： | 「だってBくんがいじわるするんだもん」<br>口を尖らせ、Bくんのほうを指差す | （観察法） |
| 指導者： | 「Bくんがいじわるするから、もうしたくないんだね」 | （確認法） |
| Aくん： | 「ほんとは、もっとやりたかったのに」 | （観察法） |
| 指導者： | 「そうだね。ほんとは、もっとやりたかったね」 | （確認法） |
| Aくん： | 「ウン」 | （観察法） |
| 指導者： | 「そうか。ほんとは、もっとやりたかったね。どうするともっとやれるかな」 | （確認法）（開いた質問による問題の明確化） |
| Aくん： | 「Bくんがいじわるしないでいたら、入れる」 | |
| 指導者： | 「Bくんがいじわるしないでいてくれたら、入れるんだね。いじわるしないでくれるには、どうするといいかな」 | （確認法）（開いた質問による問題の明確化） |
| Aくん： | 「いじわるしないでって言う」 | |
| 指導者： | 「いじわるしないでって言うことなんだね。そうだね。いじわるしないでって言えると、入れてくれるかもね。すごいな〜言えるかな。いじわるしないでって」Aくんの手を握る | （確認法）（ポジティブフィードバックとスキンシップ） |
| Aくん： | 「ウン。言ってみる」 | |

[引用文献]

1）三浦正江：発達課題，上里一郎（監），現代のエスプリ別冊，臨床心理学と心理学を学ぶための心理学基礎辞典，至文堂，pp.131-132, 2002.

2）Bandura, A. : Self-efficacy : Toward a Unifying Theory of Behavioral Change. Psychological Review 84（2），pp.191-215, 1977.

3）Schlosberg, H.: Three dimensions of emotion. Psychological Review 61, pp.81-88, 1954.

4）諏訪茂樹：援助者のためのコミュニケーションと人間関係〔第2版〕，建帛社，pp.106-109, 1987.

5）山口　創：子供の「脳」は肌にある，光文社新書，p.182, 2004.

6）杉原一昭・海保博之：事例で学ぶ教育心理学，福村出版，p.129, 1986.

7）宗像恒次：ストレス解消学，小学館，pp.46-52, 1995.

8）宗像恒次：最新 行動科学からみた健康と病気，メヂカルフレンド社，pp.20-25, 1996.

# 25章

## 身体コミュニケーション力の育成

〔 宮下恭子 〕

## 1 最近の子どもの傾向からみた身体コミュニケーション力

近年の子どものあそび状況では、集団で遊ぶことより少人数で遊ぶことが多く、また、戸外でのあそびより室内でのあそびの方が多いことが知られています。また、あそびの種類では、ゲームやお絵かき等、静かに遊ぶことが好まれ、かつての子どものようにじゃれ合って遊ぶような身体と身体が触れ合い、また、身体があそびの媒体になるようなあそびは少なく、おもちゃや道具などが媒体となるあそびが多くなっています。

子どもがよく遊ぶ場所は、「自宅」が最も多く、また、近所に友だちのいない子どもが3割を越えるようにもなりました。そうした現状から、大勢の子どもと遊ぶことによって育まれるコミュニケーション力が低下していると思われます。一人で遊んだり、気の合った少人数の友だちだけとしか遊ばない状況では、言葉によるコミュニケーション能力も身体を使ったコミュニケーション力も育たないでしょう。

コミュニケーション力の低下は、自分の思いを相手に伝えられないという自己表現力の低下につながり、同時に他人の気持ちを理解する受容性にも欠けることになります。コミュニケーションが成立するには、自分または相手のどちらかが喋っているときには、耳を傾けて聞き、相手が話し終わったなら、次に自分が話す、という相互交換性の関係ができないと成立しません。また、話をどのように進めていくかは、相手と自分の話の共通点や相違点を見極め、自分がどのように意思決定し、表現していくかによって、コミュニケーションの円滑化に繋がっていきます。

言語能力がまだ十分に発達していない幼児の段階では、言葉だけで意思を伝達することよりも、身振りや手振り等の身体表現を加えて意思を伝達することが多くあります。そして、自分の気持ちが相手にうまく伝わったときには、豊かな表情や大げさなしぐさで喜びや嬉しさを表し、逆に思いが伝わらないときには、もどかしさで表情が険しくなったり、泣いたり、時には地面に寝転んで手足をバタバタさせながら悔しさを表すことがあります。

このような感情の表出は、やがては内面化して我慢ができたり、冷静な判断力が芽生えてきたりして、落ち着きが生まれ、強い感情表現が少なくなり、情緒面での安定感が出てきます。ブリッジス（Bridges, 1930）は、情緒はだいたい5歳頃までに分化し、すべての情緒が出揃うことを示しています。したがって、情緒の発達が著しい幼児期に、あそびの中でいろいろな感情を体験し、言葉だけではなく、身体すべてを使った動きや運動で表現することは、言語コミュニケーションの補完的な機能としての意味をもつだけではなく、

将来に向けての感情コントロールのし方を身につけ、同時に豊かな表現力による非言語コミュニケーション力を培っていくことを可能にします。

## 2　運動あそびに見られる身体コミュニケーション

運動あそびは、鬼ごっこやかくれんぼのように、あそび道具を使わないあそびと、ボールやバット等の道具や用具を使うあそびがあります。それらのあそびを、遊ぶフィールドから考えるとかなりの広さを使って遊ぶことになります。

そして、あそびが発展してくると、そこにはルールが存在してきますが、現在一般的なスポーツとして定着している運動やあそびを身体接触の面から分類すると、2種類の形態に大別できますので、その特徴から身体コミュニケーションの機能について考えてみましょう。

### (1) 非接触型のあそび

ルールの基本は、相手チームの人の身体に触れてはいけない、もしくは、触れないあそびです。

プレイ・フィールドからみると、バレーボール、ドッジボール等、自分のエリア内から相手チームと戦うエリア限定型と、サッカー、バスケットボール、野球などのように、相手チームと1つのフィールドでゲームをするエリア混合型のゲームがあります。

エリア限定型の場合、相手チームの人とはまったく身体的接触がなく、自分のチームのエリアの中から、相手の動きを見ながら次の動きを予測したり、判断したりして、自分の動きを決めていくものです。また、自分のチームの仲間とは、相手チームに動きが知られないように、並んでくっついて立って壁を作ったように接触する場合があります。この場合、互いに相手チームにその意図が読まれないように、非言語的合図やしぐさで意思の疎通を図り、ゲームを進めていきます。また、ゲーム上の作戦ではなく、自分のチームの人とちょっとした身体接触があったとき、瞬時にお互い励まし合うきっかけになったり、アイコンタクトによって気持ちを伝える機会になったりすることがあり、言葉との相乗効果が生まれることがあります。このようなゲームでは、ボールが飛んでくる方向や距離などを把握する能力と、自分のチームの仲間との距離のもち方など、距離感や方向性などの空間認知能力が養われるようになります。

一方、サッカーやバスケットボール等のエリア混合型の場合、相手チームの人の身体に

故意に触れることは禁止されているので、相手の動きやスピードをすぐさま読み取って、次の動きを予測したり、自分の動きを判断したりする能力を身につけていきます。相手チームと自分のチームが同じフィールドで混ざり合いながらゲームを進めていくので、その場合、相手の進路を阻んだり、ボールを奪い合ったりしますが、原則的には相手には触れないというルールの中で、相手の動きを予測しながら、相手との距離感を瞬時に読み取る能力を養っていきます。自分のチームの人とは、組み合って動くことはありませんが、ちょっとした身体接触の機会があった場合、お互いがどのように動き合うかを確認したり、励まし合ったりと、気持ちを伝える役割となっています。

　両型に共通に培われる能力は、ボールを介して距離や力のコントロール等の空間認知能力が養われますが、身体接触が原則的にないために、相手の動きから次の動作を素早く予測するような洞察力が養われることになります。


## (2) 接触型のあそび

　他人の身体に、直接、触れるあそびです。すもうやレスリングのような格闘技では、自分の力を相手に加えて相手を打ち負かすということが基本ですので、力の強さや技によって相手の動きを封じ込めるといったパワーが重要な要素となり、それを相手に知らしめることになります。この場合、相手と組み合うことが中心の運動であり、相手の身体の動き、位置、力などの認知をはじめ、相手の体格など、身体的条件まで触れることによって認知していくことになります。

　一方、フォークダンスやかごめかごめ等の歌あそびの遊戯では、自分の力を誇示するのではなく、みんなで手を繋ぎ輪となって小社会が形成されるような融和的な能力が育まれることが期待されます。さらに、互いに仲間の手を取り合ったり、トンネルを作って仲間の手の下をくぐったりしながら、仲間のしぐさや力加減、リズム感などを知ることになります。

　また、鬼ごっこのように捕まえたり、追っかけたりするあそびでは、相手の動きを予測したり、相手の足の速さや素早さを認知したりすることができます。

　これらの接触型のあそびでは、いずれの場合も他人の身体に直接触れることで、相手の身体の呼吸、体温、皮膚の感触、力の入り具合、身体の大きさや骨格などまで、自分との違いや他人の身体に関する発見などを認識する能力が培われます。

## 3　身体コミュニケーション力を高めるボディワーク

### (1) ボディワークとは

　ボディワークは、「身体的アプローチを広く総称する用語」（平井，2000）として用いられ、ダンスセラピーや運動療法などの分野で、様々な技法によって、精神と身体の不調和の改善やストレスの緩和など、治療面での効果も挙げられています。その目的は、「不自然で不必要な緊張を解き、長年、作り上げてきた望ましくない習慣や条件づけを解除し、からだが自然に本来の機能を果たせるようにする」ことであり、技法の特徴として「直接、体にふれること」が取り入れられています。赤ちゃんが母親に抱かれて安心して眠るように、乳幼児での身体接触は、子どもの精神や情緒の安定に欠かせない行為であり、この行為が大人との信頼関係をつくっていく絆になっていきます。そして、乳幼児のふれあい体験が子どもの心身の発達を促し、社会生活を円滑に送っていくための重要な要素でもあります。したがって、ボディワークは、体を使ったコミュニケーションの一つと言えるでしょう。

　最近の子どものあそびには、全身を使って遊ぶあそびが少なくなってきています。きょうだい同士や気の合う友だちとすもうをしたり、じゃれ合ったりする機会が極端に少なくなっています。そこには、現在のあそび環境の変化が深く関係します。3つの間（サンマ）の減少、あそび仲間がいない、遊ぶ場所（空間）、遊ぶ時間がない、といったことも大きく関与します。それに代わって、TVゲームやDSと呼ばれるような電子機器に代表されるゲームあそび、すなわち、目からの情報を中心にしたバーチャル・リアリティのあそびが多くなっています。使われる身体の器官は、目と指先だけといった限られた感覚器官だけによるものがほとんどです。

　本来、人間の身体は、全身を動かすことによって発達し、健康を維持増進していくような仕組みになっています。子どもの頃から、からだ全体を使わない習慣がついてしまうと、からだのもつ機能が徐々に失われていきます。象徴的な例は、からだの硬い子、バランス能力に欠ける子、持久力に欠ける子など、一昔前には考えられなかった身体になっている子どもが見受けられます。また、最近の子どもは取っ組み合いのケンカをする経験が少なくなってきています。小さい頃にきょうだいや身近な友だちとケンカをしたことのある経験によって、自分のからだに受ける痛みや相手に負わせた痛みを知ることができ、成長と共にケンカは危険で自己中心的な行為であることに気づき、感情コントロールによってそ

25章　身体コミュニケーション力の育成

の衝動が抑えることができるようになっていきます。

## (2)「ふれること」と「ふれられること」

　ボディワークの特徴の一つに、からだにふれることがあります。その場合、「ふれる」は能動的な働きで、「ふれられること」は受動的な働きですが、「ふれあい」という言葉を使うこともしばしばあり、その場合は、「ふれること」と「ふれられること」の二重感覚を得ることです。しかし、厳密には、市川は、「例えば、自分の右手で左手の甲をさわる時、右手でさわることは、左手によってさわられることでもあり、主体としての身体が容易に客体としての身体に変わる」ことであり、そして、「さわることを感じることと同時にさわられることを感じることであり、感覚の同一性直感による二重感覚は、主体としての身体と客体としての身体、つまり、内面的身体と外面的身体を結びつけ、融合させることになります。しかし、さわることとさわられることは、能動―受動の身体図式が成立し、いっしょに感じられる２つの感覚ではなく、２つの手がさわるものとさわられるものという機能のうちで交代しうるような両義的体制であるというが、どちらかに意識を集中しないかぎり、相互浸透的な原始感覚を感じるであろう」と述べており、自分の意識がどちらにあるかによって感覚の違いに気づくのでしょう。つまり、こうした経験は、自分の身体感覚を鋭敏に養うことに繋がるものであるので、自分のからだへの気づきと同時に、他人のからだへの気づきも培われていくことになります。

　ボディワークの中で、自分１人で行うワークは、Non-Body Contactと呼び、２人で行うワークを、Body Contactと呼んでいます。

　Non-Body Contactの場合、常に自分の身体に意識を集中し、からだの動き方や方向、空間認知、重量感などを感じながら、今現在の自分のからだと向き合うワークとなります。比較対象は、以前の自分や、将来の自分であり、「今日は気持ちよく感じた」とか「先週よりからだがスッキリした気分だ」といった自分との対話を通して、気分転換や心身のストレスの解消にも繋がっていきます。また、同じ場でワークを行ってる人との対話を通して、同じ気分を共感することもできます。

　他方、Body Contactは、相手のからだにふれながらのワークであり、「ふれること」の立場にあるときと「ふれられること」の立場に立ち、相互交換性をもちながら自分と他人とのからだについて気づくことができます。「ふれる」ときには、相手のからだの状態、硬さや柔らかさ、温かさや冷たさ、緊張感やリラックス感などを感じ、その評価は、自分のからだとの違いに向けられたり、別な他人との違いに向けられたりします。「ふれられ

ること」は受動的な立場であり、相手に自分の気持ちを委ねることができる場合は、リラックスして、快の方向を探ることになります。しかし、相手に気持ちを委ねられないときには、心身に緊張感が走り、不快や嫌悪の方向を探ることになります。したがって、互いに「ふれあう」という体験は、両者の共感性が生まれ、身体のコミュニケーションが成立した状態とも言えるでしょう。

### (3) ボディワークにより育つもの

　ボディワークは、1人で行う場合は、自分との対話を通してからだや動きへの気づきから始まり、また、他人とのふれあいによるボディワークでは、他人のからだへの気づきが生まれ、次のような機能が促進されることになります。また、ボディワークは、特別な運動で行うものではなく、あそびの中で、子ども同士のふれあいによって、感じ取っていけるものです。しかし、ここで必要なことは、常に先生や指導者による気づきを促すための言葉がけです。

　大人の場合、ボディワークは静かな運動で行われることが多いですが、子どもはからだを動かすことが大好きで、活動力をもっています。子どもの内に秘めたエネルギーを使って、活動性のあるあそびの中にボディワークを取り入れていくことが望まれます。その結果、次のような心身の発達効果が望めます。

① 　身体認識力、空間認知能力
② 　他者への気づき、他者への理解
③ 　身体表現力（身体コミュニケーション力）
④ 　自分と他人との共感性
⑤ 　身体爽快感、開放感、リラクゼーション、心身の開放、感情コントロールや情緒の安定

　「子どもは、身体の諸感覚を駆使して世界を全身で感受したり、身体を通して他者や世界と関わることで自らの意味世界を形成したりしており、実践では心の動きも身体の動きを媒介して捉えていることから、幼児教育実践はまさに身体を基盤としている相互作用である」（三井他編, 2007）と述べられているように、子どもの物事への認識の原点は身体諸機関の感覚であり、また、身体は他者とのコミュニケーションの媒体でもあると言えるでしょう。

25章　身体コミュニケーション力の育成

## 4　ボディワークの実践方法

　本来の身体感覚を見直すために、自分の体の感覚や運動様式を振り返り、他人とのかかわりの中で、他人のからだや運動様式を知り、会話だけでは知りえない他人の身体感覚や動き方を理解し、人との繋がりを大切に考えるきっかけにしていきたいと、次のような実践を行ってみましょう。

### (1) 感覚のウォーミング・アップ

　ワークの前にあなた自身の身体感覚を計ってみましょう。2人組になり、ワークを行います。

①　距離感覚　自分で長さを決め、それを再現します。（ものさし）

　　ワークをする人は、前方に両手を伸ばし、両人差し指を立て、自分の感覚で両指間の長さを決め、止めます。その距離を記録者がものさしで計ります。計った長さを記録用紙（表25-1）に記入します。長い、短い、を交互に2回、繰り返し記録します。ワークする人に測定値を知らせません。

②　力感覚　自分で力を決め、それを再現します。（体重計）

　　床に体重計を置き、ワークする人はその上に右手（利き手）を乗せ、自分の感覚で押し、適度なところでメモリを見ないで止めます。記録者は、その重さを記録します。強い、弱い、の2種類を交互に押し、記録します。ワークする人に測定値を知らせません。

③　時間感覚　自分で時間を決め、それを再現します。（ストップウォッチ）

　　ワークする人は、ストップウォッチを持ち、スタートさせ、自分で決めた時間がきたと思ったらストップを押します。記録者に見てもらい、記録します。ワークする人に測定値を知らせません。

④　ワークする人が①～③まで終わってから、2～3分休憩をとり、記録者と交代して行います。

⑤　2人が終了した時点で、それぞれの記録用紙を渡し、自分の身体感覚を把握します。

表25-1 ワークの記録用紙

| 身体感覚自己点検票 | | 氏名 | | 実施日　年　　月　　日 | | |
|---|---|---|---|---|---|---|
| | 決めた量1回目 | 2回目 | 誤差 | 決めた量1回目 | 2回目 | 誤差 |
| 距離 | 長い | | | 短い | | |
| 力 | 強い | | | 弱い | | |
| 時間 | 長い | | | 短い | | |
| コメント | | | | | | |

(2) ワーク

1) ワーク1：ブラインド・ウォーク（アイマスク、紐、コーン）

視覚を遮断されたとき、もともと視覚に頼っていた人は、どのように感じるでしょうか。

① 目隠し（アイマスクをつけて）をして、相手の声を頼りに行動します。
前進したり、後退したり、障害物を避けたりして歩きます。

② 見えない糸に引かれて　相手のひっぱる紐を頼りに行動します。

糸電話は、ピーンと張っていないと何も聞こえません。紐もピーンと張っていないと情報が伝わってきません。紐に自分の思いを乗せてみて下さい。

③ 背中の感覚を取り戻します。指先で背中を押されたとき、どのように感じ、行動しますか。

背中は、人間の皮膚感覚の中で非常に鈍感な部分の一つです。鈍感な部分を敏感に感じ取れるよう、意識を集中してみましょう。指で押された感覚を頼りに歩いてみます。

④ 仲良し腕組みでお散歩。
腕組みで歩きます。相手との仲の良さ（信頼度）が計られます。

2) ワーク2：委ねるからだと委ねられるからだ

人の身体と接触するとき、触れる場合と触れられる場合があります。その違いを感じてみましょう。

① どちらか一方の人が力を入れる場合
　　Aさんは寝ているだけ　Bさんは脚を引っ張って移動させます。
　　ぐるぐる飛行機　チクタク振り子（3人組）　丸太ころがし　足竹馬　など

ぐるぐる飛行機

チクタク振り子

② どちらも力を入れる場合
　　引っ張り合う、押し合う（手、足、背中）等、2人、または3人が同時に力を入れてみます。相手の力加減を感じ取ります。
　　　2人でバランス　　3人でバランス
　　　2人で背中を押し合い、座る、立つ

2人バランス

背中押し

3人バランス

3）ワーク3：繋がるあそび

人との繋がりって大切ですよね。でも、本当に身体ごと、繋がってしまったら…

① 人間チェーン

　　寝転がって、手と足で輪を作り、どんどん長く繋がっていきます。チーム対抗で行い、早くできたチームが勝ちです。

人間チェーン

② 人間知恵の輪

　　10人1組になり、手を繋いで大きな円になります。誰かが誰かの手の下をくぐるという動作を4～5回くり返すと、繋がっていた円がぐしゃぐしゃになります。出

来た知恵の輪を一つずつ解いていきましょう。もとどおりに戻っていきます。絶対に手は離してはいけません。

　チーム対抗ですると楽しいです。チームワークが大切です。
③　人間椅子

　進行方向を決め、みんなで円になり、一斉に後ろの人の膝に座ります。他人の膝の温かさを感じてみましょう。

人間知恵の輪　　　　　　　　　　　　　人間椅子

4）ワーク4：鏡の国と影の国
①　鏡の国では、いつも向かい側に私の真似をするもう一人の私がいます。
②　影の国では、いつも真後ろに私の真似をするもう一人の私がいます。
③　影踏みあそび

　2人が前後に並びます。後ろの人は影です。ヨーイドンで、よその組の影を踏みに行きます。この影踏みは、後の影の人がタッチされると影は消えてしまいます。前の人は、影が踏まれないよう（タッチされないよう）に　守ってあげながら、他の組の影も踏みに行きます。

鏡の国　　　　　　影の国　　　　　　影踏みあそび

5）ワーク5：言葉の通じない世界での会話　（紙、鉛筆）

① 動物王国での会話

　　動物になってお話しましょう。動物の声としぐさでお話をします。でも、何を言っ
ているのかがわからないので、何を話したかを、後で人間に変身して話し合ってみ
ましょう。

② 宇宙人との会話

　　異文化コミュニケーションってとても大切です。もうすぐ宇宙人と友だちになれる
時代が来るかもしれませんね。

　　　　ナナナ星人の言葉はナだけ。　　　パパパ星人の言葉はパだけ。

　　　　それぞれの国の言葉で話し合い、協定を結んだことを紙に書いてみましょう。


6）ワーク6：みんなで楽しく踊りましょう　（ピアノ）

アブラハムの子

　♪アブラハムには7人の子　1人はノッポであとはチビ

　みんな仲良く暮らしてる　さあ踊りましょ

　右手　左手　右足　左足　頭　お尻♪

　・♪アブラハムには7人の子　1人はノッポであとはチビ

　　みんな仲良く暮らしてる　さあ踊りましょ♪　までは、好きな振り付けで踊りま
す。

　・♪右手　左手　右足　左足　頭　お尻♪の部分

　　最初は、歌通りに右手のときは右手を出し、左手のときは左手を出します。

　・次は、右手のときは左手を出します。

　・その次は、手と足を交換してみます。

　・うまくできるようになってきたら、歌うスピードをあげていきましょう。


　以上のようなボディワークを参考に、あそびの中に取り入れていくことで、身体コミュ
ニケーション力が養われていきます。

　また、ボディワークには、上記【ワーク6】のように、しばしばダンスが用いられるこ
とがあります。ダンスは、リズミカルな運動、すなわち、心地よいリズム運動と筋の緊張
と弛緩が、からだにとってよい刺激となり、心とからだの開放やストレスの発散などが、
精神の治療に効果があり、ダンスセラピーとして、医療現場でも実施されています。Ｌク

ラーゲスは、リズムは一般的生命現象であり、リズムは類似者の再帰であるといい、寄せては返す波のように、まったく同一の現象がくり返すものではないが、きわめて類似したものが次々とくり返されることが、生命現象である所以としているようです。

　したがって、人と繋がり、リズムをとりながら、くり返し踊ることは、それぞれの生命を感じ取ることでもあり、身体によるコミュニケーションであるともいえるのではないでしょうか。


[引用・参考文献]
1）市川　浩：精神としての身体，勁草書房，p.25，1985.
2）全国保育団体連絡会・保育研究所編：2008保育白書，ひとなる書房，pp.18-19，2008.
3）保育士養成講座編纂委員会編：発達心理学　第3巻，全社協，p.107，2008.
4）厚生労働省：21世紀出生児縦断調査，（第2〜6）
5）平井タカネ：リズム運動，ボディワークの精神生理学研究　―リズミカルなボディコンタクトについて―，平成9年度〜平成11年度科学研究費補助金　研究報告書，2000.
6）三井悦子・池田恵子編：いま奏でよう、身体のシンフォニー，叢文社，pp.90-91，2007.
7）L クラーゲス・L クラーゲス：リズムの本質，p.22，1983.

# 26章

## 運動あそび・運動会種目の創作

〔前橋　明〕

26章　運動あそび・運動会種目の創作

## 1　運動あそびの創作

　子どもたちに体験させたい運動あそびを創ってみましょう。幼児の発達特性を考慮に入れて、創作してください。

　書き方の様式を提示しておきます。

### (1) 運動あそびの創作様式

## あそび名：○○○○○○○○

【あそびを通して育つもの】

　ねらいを書くと、あそびを通して、子どもたちの中に育つものが見えてきます。例えば、体力・運動能力の要素、運動スキル、健康・安全の面、社会性の面で育つもの等を、示してください。体力や運動能力、運動スキルの内容については、本書（pp.20-25）を参照してください。

　例）

　協応性、操作系運動スキル（打つ・捕る）、移動系運動スキル（走る）、空間認知能力、助け合う心

【準備するもの】

　創作した運動あそびの展開に必要なもの・準備物（用品や遊具、ライン等）を列挙します。準備物の品名を書き、続いて（　）内に、その数量を数値で示します。単位は、省きましょう。解説の必要な場合は、数量を示す（　）の後に点線・・・で結び、簡潔な文章を加えておきます。

　例）

　バット（1）、1塁サークル（1）…直径2m

　コーン（1）…バッティングサークルの中に置きます。

【あそび方】

　箇条書きで、かつ、「です・ます」型で書きましょう。

　例えば、次のように簡潔にまとめます。

　①みんなで、人数が同数になるように、2チームを作ります。

　②チームの代表が出てジャンケンをし、先攻と後攻を決めます。

301

③・・・

④・・・

⑤・・・

## 【イラスト】

動きが理解しやすいように、メインの場面をイラストや図で示します。

## 【メ　モ】

指導上の留意事項や注意すべきこと・配慮した方がよいこと、展開上の工夫、遊び方のバリエーション、年少児や障害をもっている子どもへの配慮事項などを、列挙します。

例)

・子どもたちがルールを理解し、あそびに慣れてきたら、１回戦だけでなく、数回戦行うと楽しいでしょう。

・バッティングサークルと１塁サークルの折り返しだけでなく、２塁サークルを設けて、その２塁サークル内に両足を踏み入れてから、バッティングサークルにもどるというバリエーションも楽しんでみましょう。

## (2) 運動あそび記述例

# ボールコレクター

## 【あそびを通して育つもの】

協応性、瞬発力、敏捷性、操作系運動スキル（打つ・捕る）、移動系運動スキル（走る）、空間認知能力

## 【準備するもの】

バッティングサークル（１）

１塁サークル（１）…バッティングサークルとラインで結び、ファウルラインとします。

コーン（１）…バッティングサークルの中に置きます。

ソフトバレーボール（チームの人数分）

バット（１）

ファウルライン（２）

## 【あそび方】

①みんなで、同数になるように、２チームを作ります。

②チームの代表が出てジャンケンをし、先攻と後攻を決めます。

③後攻のチームは全員守備につきます。

④先攻のチームは、打順を決め、1番から順に、バッティングサークルに入り、コーン上のボールを思い切り遠くに打ちます。打ったら、バットを置き、1塁サークルに向かって走り、1塁サークルの中のボールを1個もって、バッティングサークルにもどります。

⑤守備の子は、打たれたボールを捕ります。ボールを捕ったら、ボールをもって、バッティングサークルに走り込みます。

⑥攻撃チームが早くもどったら、1点が入ります。守備チームが早かったら、攻撃チームの得点は0点です。

⑦攻撃チームのメンバー全員が打ち終えたら、攻守を交代します。攻撃チームとなって、メンバー全員が打ち終えたときの合計得点を競います。

【メ　モ】

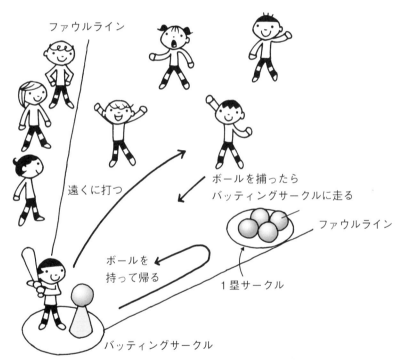

・子どもたちがルールを理解し、あそびに慣れてきたら、1回戦だけでなく、数回戦行うと楽しいでしょう。

・守備チームは、ボールを捕った子がボールをもって走るだけでなく、ボールをパスしてバッティングサークルまで運んでもよいでしょう。

・バッターがボールをもってバッティングサークルにもどってきたら、サークル内に
ボールを置いて、もう一度、1塁サークル内のボール（1個）を取りに行くという
ルールにしてもよいでしょう。その場合、守備者よりも早くバッティングサークル
内にもち帰ったボールの個数を得点とします。

・バッティングサークルと1塁サークルの折り返しだけでなく、2塁サークルを設け
て、その2塁サークル内に両足を踏み入れてから、バッティングサークルにもどる
というバリエーションも楽しんでみましょう。

・ボールの大きさや重さ、コートの広さ、バッティングサークルと1塁サークルとの距
離は、子どもたちの運動能力のレベルに応じて変えてください。

## タッチアップ

【あそびを通して育つもの】

協応性、瞬発力、敏捷性、操作系運動スキル（打つ・捕る・投げる）、移動系運動スキル（走
る）、空間認知能力

【準備するもの】

バッティングサークル（1）…直径2mの円

ベース（2）…1塁と2塁ベースを、バッティングサークルから、それぞれ約10m程離
れたところに置きます。

コーン（1）…バッティングサークルの中に置きます。

ソフトバレーボール（1）、バット（1）、ファウルライン（2）

【あそび方】

①みんなで、人数が同数になるように2チームを作り、チームの代表が出てジャンケン
をし、先攻と後攻を決めます。

②後攻のチームは、全員、守備につきます。

③先攻のチームは、打順を決め、1番から順に、バッティングサークルに入り、コーン
上のボールを思い切り遠くに打ちます。打ったら、その場で応援します。

④2番の子は、1塁ベースの上に位置します。3番以降は、1塁ベースの近くで待機し
ます。

⑤1番の子どもがバッターとしてボールを打ったら、2番の子どもが1塁ベースをス
タートして、2塁に向かって走り、2塁ベースの上に足を付けたら、バッティングサー

26章　運動あそび・運動会種目の創作

クルの中に向かって走ります。
⑥守備の子は、打たれたボールを捕るやいなや、そのボールをもって、バッティングサークルに走り込みます。この場合、ボールをもって走るだけでなく、ボールを投げたりパスしたりして、ボールをバッティングサークルまで運んでもよいです。
⑦バッティングサークル内に攻撃チームが早くもどったら、1点が入ります。守備チームの方が早かったら、攻撃チームの得点は0点です。
⑧1番にボールを打った子は、1塁ベースに移動し、順番に並んで走者になります。走った2番目の子は、次のバッターになり、3番の子が1塁上の走者となり、それぞれ役割をローテーションします。
⑨攻撃チームのメンバー全員が打ち終えたら、攻守を交代します。メンバー全員が打ち終えたときの合計得点を競います。

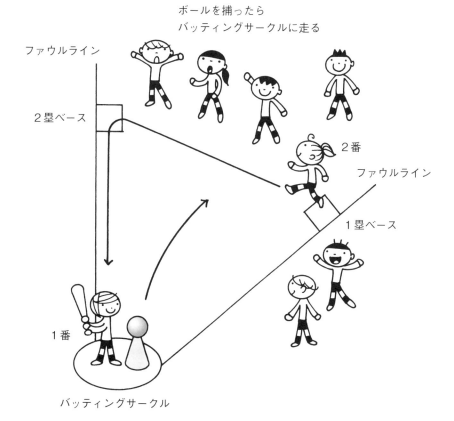

305

【メ　モ】
・初心者レベルであったり、ボールを遠くに打てない場合には、スタートを２塁ベースからにしてもよいです。
・やわらかいソフトバレーボールからはじめ、いろいろな大きさのボールで遊んでみましょう。
・ベースの位置を、子どもたちの能力に応じて、近くしたり、遠くしたりしてみましょう。
・上達したら、３つベースを用意して、１塁から２塁、そして、３塁を回ってバッティングサークルへという四角コートにしてもよいでしょう。


## 2　運動会種目の創作

子どもたちに体験させたい運動会種目を創ってみましょう。幼児の発達特性を考慮して、創作してください。

書き方の様式を提示しておきます。


### (1) 運動会種目の創作様式

## 種目名：○○○○○○○○

【種目を通して育つもの】

ねらいを書きます。例えば、体力・運動能力の要素、運動スキル、健康・安全の面、社会性の面で育つもの等を示します。

例）

瞬発力、走力、移動系運動スキル（走る・跳ぶ）、身体認識力、空間認知能力など

【準備するもの】

展開に必要なもの・準備物（用品や遊具、ライン等）を列挙します。準備物の品名を書き、続いて（　）内に、その数量を数値で示します。単位は、省きましょう。解説の必要な場合は、数量を示す（　）の後に点線…で結び、簡潔な文章を加えておきます。

例）

大型コーン（４）…折り返し用

はしご（１）…はしごを横にして立て、補助者２人で、その両端を持ちます。

26章　運動あそび・運動会種目の創作

【あそび方】

箇条書きで、かつ、「です・ます」型で書きましょう。

例えば、次のように、簡潔にまとめます。

①人数が同数になるように、4チームを作ります。

②チームごとに入場し、スタートラインの手前に位置します。

③・・・

④・・・

⑤・・・

⑥・・・

【イラスト】

動きが理解しやすいように、メインの場面をイラストや図を描いて示します。

【メモ】

指導上の留意事項や注意すべきこと・配慮した方がよいこと、年少児や障害をもっている子どもへの配慮事項、展開上の工夫、種目展開上のバリエーション等を、列挙します。

例）

・保護者が入る場合は、走る部分を、すべて手をつないで移動してもらうことにします。


(2) 運動会種目記述例

# 大きな大きなさといも

【準備するもの】

スタートライン（1）

大玉（各チームに1）

新聞棒（各チームに2）

旗（各チームに1）…折り返し地点用

【あそび方】

①スタートラインの手前に、チームごとに2人組で並びます。

②スタートの合図で、2人が向かい合って2本の新聞棒をもち、その上に大玉を乗せて運びます。

③大玉と2本の新聞棒をバトン代わりとして、全員が旗をまわって、もどってくるまで続けます。

【メモ】
- お互いが声をかけ合って、落ち着いて運びましょう。
- 大玉が新聞棒から落ちると、その地点からやり直しになります。
- 大人と子どもで行う場合は、新聞棒の位置（高さ）を、子どもの手の位置に合わせるように気をつけましょう。

【バリエーション】
- 新聞棒ではなく、長い棒を使って、数人でおみこしのようにして運ぶリレーも楽しいでしょう。
- 大玉を運ぶのではなく、ダンボールを使って、にんじんやジャガイモの形を作り、『カレーを作ろう！競争』として運ぶ、または『おでん競争』にしても、おもしろいと思います。

## たおして、おこして、おんぶして

【準備するもの】
　スタートライン（1）
　旗（各チームに1）…ペットボトルに色をつけ、砂を1/3入れて、中間地点のフープの中に3本ずつ立てておきます。
　フラフープ（各チームに3）…ペットボトル配置用
　たすき（各チームに1）…アンカー用

【あそび方】
　①各チームの親子は手をつなぎ、スタートラインの手前に並びます。
　②スタートの合図で、親は、手押し車になった子どもの足を持ち、ペットボトルのところまで進みます。

③手押し車のまま、子どもがペットボトルをすべて倒し、その後、立ち上がって、親子で手をつないで旗をまわってペットボトルの所に再びもどってきます。

④倒れたペットボトルを、今度は親が立て直します。

⑤立て直したら、親は子どもをおんぶしてゴールし、次の親にタッチします。

⑥これをくり返し、はやく終わったチームの勝ちとします。

【メ　モ】

・初めて手押し車になる子に対しては、焦らず行わせることが必要です。日常の保育のあそびの中で、手押し車になる運動を取り入れておくことが必要です。

・子どもたちの年齢が小さければ、手押し車を行う距離を短くしたり、ペットボトルの数を少なくしてもよいですね。

【バリエーション】

・親子競技ではなく、子どもたちの競技としても有効です。そのときは、おんぶのところを、手をつないでのかけっこにしてもよいですね。

# 27章

## 体育あそびの
## 指導計画・指導案の作成

前橋　明・片岡正幸・石井浩子・
松尾瑞穂・長谷川　大

27章　体育あそびの指導計画・指導案の作成

　幼児の体育指導は、幼児を計画的・意図的に、より好ましい方向へ導く営みであり、一人ひとりの幼児の能力を最大限に発揮させ、伸長していこうとするものです。そのためには、合理的で、かつ、細かな配慮のある指導計画がなくてはなりません。単に幼児の自由奔放な運動に任せておけばすむものでもありません。幼児の運動欲求を的確につかみ、その欲求の充足に筋道をつける計画が必要なのです。

　そのためにも、指導では、幼児の実態や施設・用具の現状、地域の特性などを把握した教材研究を徹底することが大切です。具体的には、その教材研究の成果を実際の指導の場にどのように生かしていけばよいかを考えながら、指導計画を立案していくことです。そうして作成した計画に従って、指導を展開するとともに、展開のしかたや指導内容、幼児の動き、指導経過、結果などを反省・評価し、今後のより良い指導へとつないでいきます。

　つまり、実態把握→教材研究→指導案作成→指導実践→反省・評価→再構成と展開していく中から、幼児に、基礎的・基本的な技能や態度を確実に習得させることのできる充実した指導が生まれてくるのです。幼児にも、「できない」から「できる」へ、「できる」から「より上手にできる」という自信を抱かせ、運動の楽しさや身体を動かすことの喜びを体得させることができるような指導を積極的に展開していきたいものです。

　指導計画では、幼児の学習活動と指導者の要点を明確にとらえ、幼児がどのような学習活動を行い、指導者がどのように指導すればよいかの見通しをつけることができるよう、ねらっています。したがって、指導案の中には、指導内容をどのような活動によって習得させるか、その際のキーポイントは何か等を明確にしておく必要があります。

　しかし、指導案には、固定した形式というものはありません。それは、「指導」に対する見方や考え方、指導方針が、指導の現場により、異なる場合が考えられるからです。要は、指導案を見て、指導の進め方がわかり、指導に際して使いやすいものが望まれるということですが、指導案が備えなければならない条件は厳として存在します。それは、指導案のもつ機能から考えてみる必要があります。


## 1　指導案の機能

　指導案には、2つの機能があると考えられます。1つは、指導者が指導を進めていく場合の計画であり、指導のめやすとなるものです。また、1つは、指導場面への参加者や共同研究者に見てもらい、指導の流れやポイントを伝えるという機能です。

　つまり、指導案の機能は、指導案を作成する目的や意義を表しています。したがって、

指導案は指導者自身が指導を展開していくための具体的な計画であり、めやすとなるものであれば良いと思います。

また、指導場面を観察し、事後に共同研究を行う場合、観察者にとっても、具体的で見やすく、わかりやすいものであってほしいと考えます。


## 2　指導案が備えなければならない事項

指導のねらいと方法が順を追って示されるとともに、対応する幼児の動きの予測と予想される問題点が的確に記述されているならば、それらを読むことによって、指導がどのように展開するかを知ることができるだけでなく、実際の指導場面とその後の指導分析の場において、予想と現実とのくいちがいをはっきりとつかむことができるでしょう。

ここでは、指導計画書・指導案が備えていた方がよい事項を考え、それらを以下に列挙してみることにします。

（1）運動・運動あそび名（テーマ）

（2）指導者・補助者名

（3）指導の日時

（4）指導の場所

（5）対　象

（6）主　題

（7）主となる活動を書きます。

（8）指導目標…テーマの運動あそびの目標を書きます。①身体（体力・運動能力）面・運動技能面、②社会性、③健康・安全の3つ側面からの目標は、少なくとも考えておきましょう。

（9）指導計画…テーマとなった運動や運動あそびを、何回計画で指導し、今回（本時）は、何回目に当たるかがわかるように明記します。

（10）課　題

内容と内容の学習に対するレベルやレディネス、学習段階との関連で、達成可能な目標が具体化されていることが大切です。例えば、運動技能面では、「逆上りが、胸の高さの鉄棒で、2回連続してできるようになる」というように、行為の対象（①………「何を」「何が」）と、環境条件・負荷の条件（②………「どのような条件のもとで」）、行為の要求水準（③………「どのようにして」「どの程度に」）、目に見える行動で表す行為の表現（④

27章　体育あそびの指導計画・指導案の作成

………「どうする」「………できる」）を文章中に含むと、より明確化したものとなります。

（11）　ねらい（本時のねらい）

今回（本時）の指導を通して、子どもたちに「何を身につけさせようとしているのか」、また「何がねらえるのか」について、指導者の立場で明記することが大切です。

（12）　本時の指導展開

指導を展開していくための筋道や段階を書きます。

　①　具体化された内容

　　（ア）　幼児の経験や活動

　　　　幼児が学習する内容や活動を、具体的に明記します。

　　（イ）　環境構成

　　　　幼児の実態や前日の活動を把握したうえで、指導の隊形、運動遊具や用具の配置、動き方などを図示しておきます。

　　（ウ）　時　　間

　　　　時間の経過に沿って、指導が展開できるよう、始まりや区切り、終わりの時刻を記述し、時間の配分を行います。

　②　指導上の留意点

　　　指導者の指導・援助活動、指導上の要点・留意点などを、幼児の活動に応じて具体的に記述します。

　③　準備物

　　　必要に応じて使用する運動遊具名や用具名、および、その数量を明記します。

## 3　指導の流れ

指導の流れは、一般的には、「導入（はじめ）」、「展開（なか）」、「整理（おわり）」の3段階で構成されます。

「導入」の段階では、幼児の健康チェックと見学者および欠席者の確認をしたうえで、指導のねらいや内容を幼児に知らせたり、実践を効率的に行うためのグルーピングや役割分担を行ったりして、活動の見通しを与え、一人ひとりにやる気を起こさせるようにします。

「展開」の段階では、学習内容を活動によって習得させ、さらに定着させる段階で、時間的に最も多くの時間を割り当てます。また、幼児の多様な動きに対応して、適宜、手直しができるように柔軟な計画とします。

「整理」の段階では、クラス全体としてだけでなく、個人やグループにも着目して、反省・評価を行うとともに、幼児に学習の成就感を味わわせ、次時や日常の健康な生活へ向かって、運動する意欲を喚起し、学習の成果にまとまりをつけます。

## 4　指導案作成上のポイント

指導案の形式は、幼稚園や保育園、体育教室、研究グループ、あるいは、指導者によって異なるものであり、必ずしも統一されていません。

したがって、ここでは、指導の対象となる幼児の学習活動に焦点をあて、その学習をめぐる指導活動や運動内容のプログラム編成、学習集団などとのかかわりから、指導案作成上、留意すべき事項について整理してみます。

### (1) 幼児への働きかけを明確にすること

幼児への働きかけは数ありますが、それぞれは一連のつながりをもっています。以下に、その主な働きかけを3つ紹介しておきます。

どの働きかけを用いて、指導を展開するかを明確にしておくことが大切です。

① 指示的指導活動

この働きかけでは、指導内容の系統によってプログラムを編成するとともに、一斉指導の形態をとり、運動技術中心の練習活動となる場合が多いものです。

② 探究的指導活動

この働きかけでは、幼児の学習課題によってプログラムを編成し、幼児の主体的活動を積極的に促していきます。つまり、グループ学習による練習活動や思考活動、相互交流活動によって、支えられます。

③ 課題発見的指導活動

この働きかけでは、幼児の先行経験をもとにして、自ら学習課題を発見し、活動が展開されています。ここでの幼児の活動は、前述の探究的指導活動より、もっと主体的になります。

### (2) 運動の形式にとらわれすぎないこと

運動スキルや人数による形式、競争やゲームに伴うルールの形式などにとらわれすぎない弾力性のある指導が大切です。どんな条件下でも、幼児自身が工夫して、運動を楽しむ

ことのできる能力を育ててほしいものです。

### (3) 運動に熱中できる活動を工夫すること

運動スキルは、幼児が運動に熱中し、反復練習をすれば、動きを自然に身につけ、獲得されていきます。したがって、幼児一人ひとりが熱中できるための活動内容や活動方法の工夫が大切となります。

### (4) 友だちとの交流がもてるよう、活動を工夫すること

指導では、一人ひとりの運動能力を高めることをねらうだけでなく、誰とでも仲よく、いっしょに楽しみながら活動できる社会性の育成も大切です。

その社会性の育成のためには、友だちとの交流活動を質的に深めることによって培われますから、今後とも、相互交流のできる活動を導入したり、相互交流の深め方を工夫したりすることが大切です。

### (5) 動機づけや賞賛のことばかけ、技術面における的確なアドバイスを工夫すること

運動に対し、消極的な幼児を積極的に取り組む幼児に、運動の嫌いな幼児を運動好きな幼児に、友だちとのかかわりがもてない幼児をいっしょに仲よく友だちと関わって活動できる幼児へ成長させるために、機会あるごとに、心に残る的確な指導やアドバイス、賞賛を送ることができるならば、運動実践の喜びをいっそう高めていくことができます。


## 5　指導案例

さて、次に、幼児体育のねらいを具体的な指導に展開するための手がかりを得ようと、「マットあそび」と「ティーボールあそび」の指導案をとりあげて紹介してみます。

ここで紹介する指導案例は、2様式のものであり、これからの楽しい指導づくりの手がかりとして、参考にしていただければ幸いです。

## 〔様式1〕 指 導 案 例

| 月　　　日（　　曜日）　　　組（　　歳児）男児女児 名名計 名 | | 指導者（　　　　　　）補助者（　　　　　　） | | |
|---|---|---|---|---|

| 主　題<br>　主となる活動を書きます。 | 課　題<br>　幼児に課して何ができるようになるかの基準を、幼児の立場で、具体的に書きます。行為の対象（何を、何が）と環境条件、負荷の条件（どのような条件のもとで）、行為の要求水準（どのようにして、どの程度に）、目に見える行為で表わす行為の表現（〜できる、〜どうする）を文章中に含むと、課題がより明確になります。 | ねらい<br>　指導を通して、幼児に「何を身につけさせようとしているのか」、また「何がねらえるのか」について、指導者の立場で明記しましょう。 | | |
|---|---|---|---|---|

| 時　間 | 環境構成 | 経験や活動 | 指　導　上　の　留　意　点 | 準　備 |
|---|---|---|---|---|
| 時間の経過に沿って、指導が展開できるよう、時間の配当を行います。 | 対象となる幼児の実態や前日の活動を把握したうえで、指導の隊形（指導者と幼児の位置のとり方）、器械器具や用具の配置、動き方などについて図示しておきます。 | 対象となる幼児が学習する内容や活動を計画した展開の流れにそって順序よく、幼児の立場で具体的に書きます。 | 指導者の指導および援助活動、指導上の要点や留意点、意欲を促すための具体的な工夫、予想される問題点やその問題に対する処置のしかたや配慮、障害をもつ幼児や問題行動をもつ幼児に対する配慮や働きかけ等について、幼児の活動に応じて指導者の立場で具体的に記述します。 | 必要に応じて使用する器械、器具名や用具名、その数量を明記しておきます。 |

27章　体育あそびの指導計画・指導案の作成

〔様式1〕　マットあそび　指導案

| 月　　日（　　曜日）　組（　　歳児） | | 男児 女児 | 名 計 名 | 名 | 指導者（　　　　　　） 指導者（　　　　　　） |
|---|---|---|---|---|---|

| 主　題 川とびをして遊ぶ。 | 課　題 ・マットからマットへ、自由なとび方で 跳び移れるようになるとともに、マッ トの上で追いかけっこを楽しむことが できる。 | ねらい ・マットからマットへ力いっぱい跳び移っ たり、すばやく跳び移ったりすることに よって、瞬発力やリズム感、敏捷性、平 衡性を養わせる。 ・あそびの中で、子どもたちがお互いにあそ びの約束事を守って、仲よく安全に遊ぶよ うにさせる。 |
|---|---|---|

| 時間 | 環境構成 | 経験や活動 | 指　導　上　の　留　意　点 | 準　備 |
|---|---|---|---|---|
| 10:00 | 〈プレイルーム〉 | 1. マットを運ぶ。 | ・「○○ちゃん、こっちを持ってね」と、個々 に言葉をかけ、マット2枚を協力してプレ イルームの中央部に運ばせ、それらをつな いでロングマットをつくらせる。 ・マットを運んでいる時、マットの上にふざ けてあがらないよう指導する。 | マット（2） |
| 10:05 | 指導者 ● ○○○○ ○○○○ 幼児 | 2. 今日のあそび について話を聞 く。 | ・指導者のまわりに集め、体操すわりをさせ てから指導者の方を向かせる。 ・マットの上で動物になったり、マットとマッ トとの間を川に見立てて川とびをしたりす ることを知らせる。 ・ふざけて友だちを押したり、叩いたりしな いように約束させる。 | |
| 10:08 | | 3. マットの上で 遊ぶ。 (1)ウサギになる。 | ・「ピョン、ピョン、ウサちゃんだよ」と、言 葉かけをしてから、指導者が頭の上に手を 伸ばして耳をつくり、足をそろえて跳びな がら「みんなもいっしょにウサちゃんにな ろうよ」と楽しそうに跳んで見せ、活動に 誘う。 | |
| 10:12 | | (2)カエルになる。 | ・「今度は、カエルさんだよ。カエルさんはど んな跳び方をするのかな？みんなカエルさ んになって跳んでみよう」と、言葉かけを して、自由にカエルの表現をさせる。その時、 指導者もいっしょにカエルとびをして、「お 父さんガエルはすごく跳べるよ」とできる だけ高く跳んで見せ、幼児の励みにさせる。 ・カエルの特徴をよくとらえている幼児や、 高く跳んだり、遠くへ跳んだりしている幼 児をみんなの前で紹介してほめる。 | |
| 10:16 | | (3)ジャンプをす る動物になる。 | ・ジャンプする動物を幼児に考えさせながら、 動物の模倣を行わせる。 ・模倣をしている動物の動きを3例とりあげ て、みんなの前で紹介し、それらの動物の 名前を当てさせ、さらに楽しくあそびを展 開していくように雰囲気づくりをする。 | |

| 時間 | 環境構成 | 経験や活動 | 指　導　上　の　留　意　点 | 準　備 |
|---|---|---|---|---|
| 10:20 | | 4．川とびをする。<br>　(1)2つのマットの間を川に見立てて跳ぶ。 | ・2枚のマットの間隔を30cm程あけて平行に置き、マットからマットへ跳び移らせる。その際、川に落ちてはいけないことを知らせる。<br>・1人で自由に跳んだり、子どもたち同士で工夫してとび方を変えたりして、楽しく遊ばせる。<br>・跳んだ後、マットが動いたら、適宜、直すようにする。 | |
| 10:26 | | 　(2)距離を変えて跳ぶ。 | ・2枚のマットの間隔を40cmから50cmと少しずつ広げていく。<br>・遠くまで跳べた幼児をしっかりほめて、自信をもたせるとともに、「○○ちゃんは、こんなに間が離れていても跳んだよ！」と他児に知らせ、みんなの前で跳ばせる。他児には、しっかり拍手をさせ、目標とさせる。 | |
| 10:33 | | 　(3)追いかけっこをしながら跳ぶ。<br>　　①追いかけっこをする。 | ・幼児を3人1組に分けて、そのうち、1人を鬼にして、マットの上で追いかけっこをさせる。その際、平行に置いた2枚のマットの間に40cmの川があり、川に落ちると、その子が鬼になることや、マットの外側に逃げないことを知らせる。<br>・初めに指導者が鬼になって「さあ、だれからつかまえようかな」と言いながら、2人の幼児を追いかけてあそびのルールを確認させたり、楽しい雰囲気をつくったりする。<br>・あそびの順番を待っている子どもには、体操すわりをさせ、友だちを応援させる。 | |
| 10:39 | | 　　②2枚のマットの間の幅を変えて、追いかけっこをする。 | ・マット間の幅が狭い所は40cmに、広い所は70cm位にする。<br>・「そっちは小さい川だけど、こっちは大きな川だよ！気をつけて渡ってよ」と、言葉をかけて追いかけっこを楽しませる。 | |
| 10:45 | | 5．マットを片づける。 | ・使ったマットをみんなで協力して、所定の場所に片づけさせる。 | |
| 10:50 | | 6．今日のあそびについて話し合う。 | ・川とびが上手にできていたり、がんばって追いかけっこをしていたり、あそびの約束が守れた子どもたちをみんなの前で紹介してほめて自信をもたせる。<br>・楽しかったことや上手にできたこと、困ったこと等を話し合わせるとともに、問題点が出れば助言を与える。 | |
| 10:55 | | 7．汗ふきや手洗い、うがいをする。 | ・汗をしっかりふいているかを確認し、手洗いやうがいも忘れずに行わせ、それらが不十分な幼児には個別に指導をして、習慣づけていく。 | 個人用タオル<br>個人用コップ |
| 11:00 | | | | |

（前橋　明）

27章　体育あそびの指導計画・指導案の作成

〔様式２〕　ティーボールあそび（ゲートおとし）指導案①

指導者　　○○　○○

1．日　　時　　○○年４月23日（水）14：00～14：50
2．場　　所　　○○幼稚園　園庭
3．対　　象　　年長いるか組５歳児25名（男児15名・女児10名）
4．主　　題　　ティーボールあそびを通して、ボールを打ったり、捕ったりする楽しさを体験する。
5．指導目標
　（1）からだを動かすことを楽しませるとともに、打つ、捕る、走る等の運動能力を高める。（身体面・技能面）
　（2）友だちと協力し合い、相手を思いやったり、応援したりする心を育てる。（社会性）
　（3）安全に運動するための知識を身につけさせるとともに、安全な活動の中で成功体験をもたせ、達成感と自信をつけさせていく。（健康・安全）
6．指導計画　　　　　　　　　　（［　］は配当時間数）
　（1）ゲートとおし　　　　　　　　［1］本時
　（2）ヒット・キャッチ　　　　　　［1］
　（3）サークルラン　　　　　　　　［1］
　（4）ボールコレクター　　　　　　［1］
7．本時のねらい
　（1）バットの危険性を理解させ、安全にバットを振ったり、置いたりさせる。（安全面）
　（2）ボールをよく見て、ゲートをねらって打とうとする意識を芽生えさせ、バットを用いたスイングを体験させる。（技術面）
　（3）みんなと仲よく、順番を守って、「ゲートとおし」を楽しむことができるようにさせる。（社会性）

## 8．本時の指導展開

| 流れ | 時間 | 活動内容<br>（環境構成） | 経験や活動 | 指　導　上　の　留　意　点 | 準　備 |
|---|---|---|---|---|---|
| 導入 | 14:00<br><br><br>（5分） | 1．集合・あい<br>　さつ<br><br>指導者◎<br><br>○○○○○○<br>幼児 | 1．本時の活動内<br>　容と流れを確認<br>　する。<br>（1）あいさつをす<br>　る。<br><br>（2）バットを使って<br>　ボールを打って、<br>　ゲートにボールを<br>　通すあそび「ゲー<br>　トとおし」につい<br>　ての話を聞く。 | ・園庭に一列に並んで集合させる。<br>・みんなであいさつをした後、個々の幼児の<br>　顔を見て健康観察をしながら、出欠の確認<br>　をする。<br>・バットに興味をもつように、実物を見せな<br>　がら、バットはボールを打つ道具であるこ<br>　とを教える。<br>・バットを使って、思ったところにボールが<br>　打てると、嬉しい気持ちになることを話す。 | 出席簿<br><br><br>指導者用<br>バット(1) |
| 導入 | 14:05<br><br><br><br><br><br>（5分）<br><br>指導者<br>◎<br>○○○<br>○　　○<br>○　　○<br>○　　○<br>○○○<br>幼児 | 2．準備運動 | 2．準備運動をする。<br>（1）リーダーを先<br>　頭に、「ファイ<br>　ト！ファイト！」<br>　と声をかけなが<br>　ら、園庭を3周<br>　走る。<br>（2）全員で手をつ<br>　ないで円をつ<br>　くった後、手を<br>　離して後方に2<br>　～3歩下がり、<br>　広がって体操を<br>　する。 | ・走るときは、競走でないことと、リーダー<br>　を追い越したり、前の子を押したりしない<br>　ように約束させる。<br>・子どもたちの進路の安全を確認しながら、<br>　より元気が出せるように、「ファイト！ファ<br>　イト！」とかけ声をかける。<br>・指導者が見本となるように、大きな動作で<br>　子どもたちといっしょに体操をする。<br>・元気がなかったり、やり方のわからない子<br>　には、暖かい言葉をかけたり、手を添えて<br>　体の動かし方を教えたりする。<br>・体操は、次の9種類を行う。<br>　①跳躍　②膝屈伸　③伸脚　④前後屈　⑤<br>　体側のばし　⑥アキレス腱のばし　⑦手足<br>　振り・足首まわし　⑧首まわし　⑨深呼吸 | |
| 展開 | 14:10<br><br><br><br><br><br><br><br><br>（10分） | 3．手打ちあそび<br><br>↑<br>⚐<br>○<br>○<br>○<br>○ | 3．コーンに乗せ<br>　たボールを手で<br>　打つ。<br>（1）ボールを1個<br>　持ち、バッティ<br>　ングサークルの<br>　後ろに並ぶ。<br><br><br><br>（2）ボールをコー<br>　ンの上に乗せ<br>　て、利き手の手<br>　の平で打ち、自<br>　分でボールを捕<br>　りに走る。 | ・3m以上の間隔をあけた3ヶ所にバッティン<br>　グサークルを描き、その中央にコーンを置く。<br>・子どもたち25名を3チームにわけて、各自<br>　にボールを1個持たせ、バッティングサー<br>　クルの後ろに1列で並ぶよう指示する。バッ<br>　ティングサークル内へは、打つとき以外は<br>　入らないように伝える。<br>・右手と左手のどちらか打ちやすい方の手の<br>　平をボールに向けて打つ見本を示す。 | バッティング<br>サークル(3)…<br>直径2m<br><br>コーン(3)<br><br>指導者用ソフ<br>トバレーボー<br>ル(1)<br><br>ソフトバレー<br>ボール(25) |

322

27章　体育あそびの指導計画・指導案の作成

| 流れ | 時間 | 活動内容<br>(環境構成) | 経験や活動 | 指　導　上　の　留　意　点 | 準　備 |
|---|---|---|---|---|---|
| 展開 | | | (3)前方のコーンに向かって、ボールを手の平で打つ。 | ・打ったら、転がったボールを捕りに行き、並んだ順に交代していくことを伝える。<br>・最初は軽く打つようにして、慣れてきたら、少しずつ力を入れて打つようにさせる。<br>・ボールを捕りに行く際に、子どもたちはボールを目がけて走るため、他の子どもと接触しないように注意する。<br>・ボールをしっかり見て打たないと、コーンを叩いてしまうため、手がボールに当たる瞬間まで目を離さないように伝える。<br>・子どもが右打ち、左打ちなのかを把握しておく。<br>・手が当たった方向にボールが飛ぶことを理解させるために、目印にコーンを3つ配置し、コーンに対して手の平を向けて、ボールを打つことを教える。 | コーン(3) |
| | 14:20 | 4. バット打ち | 4. ボールをバットで打って遊ぶ。<br>(1)チームごと、1列に並んで集まる。<br>(2)バットの使い方の説明を聞き、約束をする。 | ・全員を1箇所に集め、チームごとに一列に並んで座るよう指示する。<br>・「打つとき、近くに友だちがいるのに、思い切りバットを振ったらどうなる?」と質問をして、子どもたちに答えてもらう。また、その危険な行動の見本を指導者が行って見せて、危険な場面のイメージを伝える。その際、子どもたちを危険に巻き込まないように留意する。<br>・ボールを捕りに行くことに気をとられ、バットを投げてしまうと、待っている友だちやボールを捕る友だちに当たる可能性があるので、指導者が打ってバットを置く手本を見せる。<br>・次の3つの約束事を徹底させる。<br>　①打つときは、必ずまわりに友だちがいないことを確認してから、バットを振る。待つときも、打つ友だちの近くに行かない。<br>　②打った後は、バットを地面に置いてボールを捕りに行く。<br>　③待っているときは、一列に並んで待ち、バッティングサークルの中には、打つとき以外は入らない。 | バット(1) |
| | (5分) | | | | |
| | 14:25 | | (3)3チームにわかれ、各自ボールを1個持ち、コーンにボールを乗せて打つ。 | ・一斉に打っても安全な所(3カ所)にコーンを置いて、子どもたちを3チームにわける。<br>・打つときは、ボールをしっかり見て打つことと、思い切りバットを振ると、ボールが遠くまで飛ぶことを伝える。<br>・自分でコーンの上にボールを置き、思い切り打つのを楽しむ姿を見守る。<br>・ボールをバットで打てない子には、補助者が手を添えながら打ち方を指導したり、言葉をかけて打つタイミングを伝えたりする。 | バット(3)<br>コーン(3)<br>ソフトバレーボール(25) |
| | (8分) | | | | |

323

| 流れ | 時間 | 活動内容<br>(環境構成) | 経験や活動 | 指　導　上　の　留　意　点 | 準　備 |
|---|---|---|---|---|---|
| 展開 | 14:33<br><br>(10分) | 5.　ゲートとおし | (4)打ったボールを自分で捕りに行き、ボールを捕ったら、並んでいる列の後ろに座る。<br>(5)友だちの応援をする。<br><br>5.「ゲートとおし」をする。<br>(1)ボールを1個持ち、3つのグループにわかれて、コーンの後ろに順番に並ぶ。<br>(2)1番目の子は、バッティングサークル内に入り、ゲートの下をねらって、ボールを打つ。<br>(3)ボールが途中で止まったら、同じゲートをねらって地面上からボールを再度打ち、ゲートを通るまで続ける。<br>(4)打ったボールは、自分で捕りに行き列の後方に並ぶ。<br>(5)1人が終わったら、次の子が打ち、順番に全員が行う。 | ・打った後もボールを持たせておくことで、集中力や打とうとする意欲を高めさせる。<br><br>・待っているときは、打っている友だちの応援をするように促す。応援をしたり、応援をしてもらったりすると、よりあそびが楽しくなることを知らせる。<br><br>・前方に置いた3つのコーンをゲートに変える。<br><br>・ゲートばかりを見て打つと、コーンを打ったり空振りをしてしまうので、ゲートの方向を見てから、ボールをしっかり見て打つことを意識させる。<br>・「さっき、手のひらで打ったことを思い出して、バットが手だと思って打ってごらん」と助言する。<br>・ゲートを通すために、加減して打ってしまう子どもには、慣れてきたら強めにバットを振って打つことを伝える。<br>・打ち終わり、ボールを捕りに行くときは、他の子が打ったボールに気をつけさせる。<br>・慣れてきたら、ゲートを1つ増やして2ヶ所のゲートをくぐらせる。 | ゲート(3)<br>バット(3)<br>ソフトバレーボール(25)<br><br><br><br><br><br><br><br><br><br>ゲート(3) |
| 整理 | 14:43<br><br>(7分)<br><br><br><br><br><br><br><br>14:50 | 6.　整理運動とまとめ | 6.　整理運動を行い、活動内容を振り返る。<br>(1)整理運動をする。<br><br><br><br><br>(2)活動のふりかえりをして、あいさつをする。<br><br><br><br><br><br><br><br><br>(3)汗の始末や手洗い、うがいをする。 | ・整理運動では、次の9種類を行う。<br>①跳躍　②膝屈伸　③伸脚　④前後屈　⑤体側のばし　⑥アキレス腱のばし　⑦手足振り・足首まわし　⑧首まわし　⑨深呼吸<br>・バットの危険性やボールをしっかり見て打つことを、再度、確認させる。<br>・ボールをよく見て、上手に打てるようになった子や安全にバットを置いていた子、友だちをしっかり応援していた子をみんなの前でほめ、自信をもたせたり、他の子どもたちへの励みにさせたりする。<br>・次回は、ボールを打つあそび「ヒット・キャッチ」をすることを伝える。<br>・終了のあいさつをするとき、子どもの顔色や健康状態の確認をする。<br>・汗ふきや手洗い、うがいをするように指導する。 | |

## 9．評価

（1）安全にバットを振ったり、置いたりすることができていたか。

（2）ボールを最後まで見て、手やバットで打つことができていたか。

（3）友だちと仲良く協力して、順番を守りながら「ゲートとおし」を楽しめたか。


［文献］

1）前橋　明：幼少児のためのティーボールあそび，大学教育出版，pp.4-5，2007.

2）前橋　明：幼児の体育，明研図書，p.299，1998.

# ティーボールあそび（ヒット・キャッチ）指導案②

指導者　　○○　○○

1．日　時　　○○○○年5月7日（水）14：00～14：50
2．場　所　　○○幼稚園　園庭
3．対　象　　年長いるか組 5歳児25名（男児15名・女児10名）
4．主　題　　ティーボールあそびを通して、ボールを打ったり、捕ったりする楽しさを体験する。

5．指導目標

（1）からだを動かすことを楽しませるとともに、打つ、捕る、走る等の運動能力を高める。（身体面・技能面）

（2）友だちと協力し合い、相手を思いやったり、応援したりする心を育てる。（社会性）

（3）安全に運動するための知識を身につけさせるとともに、安全な活動の中で成功体験をもたせ、達成感と自信をつけさせていく。（健康・安全）

6．指導計画　　　　　　　　（［　　］は配当時間数）

（1）ゲートとおし　　　　　　　［1］

（2）ヒット・キャッチ　　　　　［1］本時

（3）サークルラン　　　　　　　［1］

（4）ボールコレクター　　　　　［1］

7．本時のねらい

（1）友だちがいる方向にボールを打ったり、飛んできたボールをキャッチしたりさせる。（技術面）

（2）友だちとの接触に注意させ、安全にゲームをさせる。（安全面）

（3）みんなと協力して、なかよくゲームを進める力を身につけさせる。（社会性）

## 8. 本時の指導展開

| 流れ | 時間 | 活動内容（環境構成） | 経験や活動 | 指　導　上　の　留　意　点 | 準　備 |
|---|---|---|---|---|---|
| 導入 | 14:00<br><br>（5分） | 1．集合・あいさつ<br><br>指導者◎<br><br>○○○○○○<br>幼児 | 1．本時の活動内容と流れを確認する。<br>(1)あいさつをする。<br><br>(2)チームにわかれてボールを打ったり、捕ったり、走ったりする「ヒット・キャッチ」についての話を聞く。 | ・園庭に一列に並んで集合してから、全員であいさつをするようにしていく。<br>・健康観察をしながら、出欠の確認を行う。<br>・チームにわかれて、ティーボールを使ったリレーをすることを知らせる。その中で、ボールを捕ることを大切にしたあそびであることを話す。 | 出席簿 |
| | 14:05<br><br>（5分） | 2．準備運動<br><br>指導者<br>○◎○<br>○　　○<br>○　　　○<br>○　　　○<br>○　　○<br>○○○<br>幼児 | 2．準備運動をする。<br>(1)リーダーを先頭に、「ファイト！ファイト！」と、かけ声をかけながら園庭を2〜3周走る。<br>(2)全員で手をつないで円をつくった後、手を離して後方に2〜3歩下がり、広がって体操を行う。 | ・走る前にリーダーを決め、リーダーの後ろをついて走るように伝える。<br>・元気が出るように、「ファイト！ファイト！」と声を出しながら走るようにさせる。<br><br>・指導者は、見本となるように、はっきりとした動作で、子どもたちといっしょに体操を行う。<br>・体操は、次の9種類を行う。<br>①跳躍　②膝屈伸　③伸脚　④前後屈　⑤体側のばし　⑥アキレス腱のばし　⑦手足振り・足首まわし　⑧首まわし　⑨深呼吸 | |
| | 14:10<br><br>（10分） | 3．ボールあそび | 3．ボールを捕る。<br>(1)ボールを1人1個持って集まってから、他の友だちとぶつからないように、広がる。<br>(2)いろいろなボールあそびをしながら、ボールを捕る。<br>①ボールを落とさないように腹部のまわりをまわす。 | ・子どもたち同士が近くにいると、衝突したり、友だちのボールが当たったりするので、2〜3mは間隔をあけるように指示する。<br><br>・ボールを地面に落とさないよう、また、ボールに対する恐怖心を取り除くために、ボールを「たまご」「りんご」「おにぎり」等に例えて説明する。 | ソフトバレーボール（25） |

| 流れ | 時間 | 活動内容<br>（環境構成） | 経験や活動 | 指　導　上　の　留　意　点 | 準　備 |
|---|---|---|---|---|---|
| 展<br><br>開 | 14:20<br><br><br><br><br><br><br><br>（20分） | ②閉じた足のまわりを転がし、その後、足を開いて、8の字を描くように地面上で転がす。<br>③上に投げてキャッチする。<br>④地面にバウンドをさせてキャッチする。<br><br>⑤上に投げ、手を3回叩いてキャッチしたり、1回転してキャッチする。<br><br>⑥長座姿勢で上に投げた後、立ってキャッチする。<br><br>4．ヒット・キャッチのゲーム体験<br><br>陣地<br><br><br><br><br><br>スタートライン<br>○<br>○<br>○<br>○<br>○ | ②閉じた足のまわりを転がし、その後、足を開いて、8の字を描くように地面上で転がす。<br>③上に投げてキャッチする。<br>④地面にバウンドをさせてキャッチする。<br><br>⑤上に投げ、手を3回叩いてキャッチしたり、1回転してキャッチする。<br><br>⑥長座姿勢で上に投げた後、立ってキャッチする。<br><br>4．「ヒット・キャッチ」を体験する。<br>⑴ヒット・キャッチのあそび方の説明を聞く。<br><br><br><br><br>⑵ヒット・キャッチをして遊ぶ。<br>①3チームにわかれて、スタートラインの手前に1列に並ぶ。<br>②合図で先頭の子はボールを持って、バッティングサークルまで走り、コーンの上にボールを乗せて、次の友だちに向けて、バットでボールを打つ。<br>③スタートラインで待っている子は、前の子が打ったボールを捕りに行く。 | ・子どもたち一人ひとりを見て、上手にできた子や一生懸命に取り組んでいる子には、「できたね」「頑張って」「もう少しでできるよ」等と、その場でほめる。<br><br>・上に投げたボールが顔に当たらないように、しっかりボールを見て捕るように注意を呼びかける。<br>・捕りやすい位置にボールを投げること、また、地面につくと捕りやすくなることを体験させるため、最初は、やさしく投げて確実に捕れるようにする。<br>・前方や後方にボールを投げてしまうと、捕球が難しくなることを実演して見せ、理解させる。このとき、ボールは子どものいない方向へ向けて投げる。<br><br>・技術的に難しいので、挑戦しようとしている気持ちをとり上げて、しっかりほめる。<br><br><br><br>・あそびの流れを全員に説明する。<br>・ゲーム中で起こる可能性のある事故（ボールを捕る際の友だちとの接触、打球やバットの放り投げによるケガ等）に注意をさせるため、子どもたちに、どのようなことが危ないかを尋ねて、答えさせ、安全についての理解を促す。<br>・3チームごとに、コーン、ソフトバレーボール、バットを1つずつ用意し、使っていたボールは片づけるようにさせる。<br><br>・「前回遊んだ、ゲートとおしを思い出してごらん」と言葉をかけながら、前方で待っている友だちに、まっすぐ打ち返すように実践して見せておく。<br>・ボールを捕る相手のことを考えて、捕りやすいところに打ち返すことを伝える。<br><br><br>・先頭の子は、打った後、バットを地面に置き、味方の友だちの後ろに並ぶように伝える。（ボールを捕る子にぶつからないように走らせる。）そして、バットを投げないように気をつけさせる。 | スタートライン⑴<br>バッティングサークル⑶<br>…直径2m<br>コーン⑶<br>バット⑶<br>ソフトバレーボール⑶<br>陣地⑶ |

| 流れ | 時間 | 活動内容（環境構成） | 経験や活動 | 指　導　上　の　留　意　点 | 準　備 |
|---|---|---|---|---|---|
| 展開 | | | ④ボールを捕ったら、その場からバッティングサークルを目指して走り、コーンの上にボールを乗せて、次の友だちに向けてバットでボールを打つ。<br><br>⑤チーム対抗のリレーをする。 | ・ボールを捕りに行くとき、横の子との接触に注意するように伝える。また、しっかり捕ってから走るように伝える。<br>・ボールをまっすぐに打てなかったり、ボールをうまく捕れなかったりしたときに、同じチームの友だちから責められないよう、お互いが協力して頑張る約束を予めしておく。<br>・打った子には、バッティングサークルの後ろの陣地内に座って応援をさせる。<br>・友だちの姿に関心をもたせ、応援をすることの大切さを伝える。<br>・慣れたら、最後の子が打って先頭の子がボールを捕り、コーンの上に乗せて、陣地に入ったらゴールとする、速さを競うチーム対抗リレーを行って楽しむようにさせる。 | |
| 整理 | 14:40<br><br><br>（10分）<br><br><br><br><br><br><br>14:50 | 5．整理運動とまとめ<br><br>指導者<br>◎<br><br>○　○　○　○<br>○　○　○　○<br>○　○　○　○ | 5．整理運動後、活動内容のふりかえりをする。<br>(1)整理運動をする。<br><br>(2)活動のふりかえりをして、あいさつをする。<br><br><br><br><br><br><br>(3)汗の始末や手洗い、うがいをする。 | ・整理運動では、次の9種類を行う。<br>①跳躍　②膝屈伸　③伸脚　④前後屈　⑤体側のばし　⑥アキレス腱のばし　⑦手足振り・足首まわし　⑧首まわし　⑨深呼吸<br>・「どうしたら、早くゴールできたか？」「どうしたら、友だちと協力できたか？」「友だちと協力するには、何をしたらよいと思う？」等の質問をして考えさせ、友だちとなかよく遊ぶために必要なことを学習させる。<br>・上手にできた子や頑張っていた子をみんなの前でほめ、自信をもたせたり、他の子どもたちへの励みにさせたりする。活動中にうまくボールが打てなかったり、ボールを捕ることができなかった子へのフォローの言葉がけをする。<br>・次回は、打ったら走るあそびをすることを伝え、次回に興味がもてるようにする。<br>・終了のあいさつのときには、子どもの顔色や健康状態の確認をする。<br>・汗ふきや手洗い、うがいをするように指導する。 | |

## 9．評価

（1）友だちが待っているところへ、まっすぐボールを打ち返したり、飛んできたボールを捕ったりすることができたか。

（2）友だちとの接触やケガに気をつけながら、約束を守って遊ぶことができたか。

（3）友だちと協力して、なかよく「ヒット・キャッチ」が行えたか。

[文献]

1）前橋　明：幼少児のためのティーボールあそび，大学教育出版，pp.36-37，2007.

2）前橋　明：幼児の体育，明研図書，p.299，1998.

ティーボールあそび（サークルラン）指導案③

指導者　○○　○○

1．**日　時**　　○○年5月14日（水）14：00～14：50
2．**場　所**　　○○幼稚園　園庭
3．**対　象**　　年長いるか組 5歳児25名（男児15名・女児10名）
4．**主　題**　　ティーボールあそびを通して、ボールを打ったり、捕ったりする楽しさを体験する。

5．**指導目標**

（1）からだを動かすことを楽しませるとともに、打つ、捕る、走る等の運動能力を高める。（身体面・技能面）

（2）友だちと協力し合い、相手を思いやったり、応援したりする心を育てる。（社会性）

（3）安全に運動するための知識を身につけさせるとともに、安全な活動の中で成功体験をもたせ、達成感と自信をつけさせていく。（健康・安全）

6．**指導計画**　　　　　　　　　（〔　〕は配当時間数）

（1）ゲートとおし　　　　　　〔1〕
（2）ヒット・キャッチ　　　　〔1〕
（3）サークルラン　　　　　　〔1〕本時
（4）ボールコレクター　　　　〔1〕

7．**本時のねらい**

（1）バットを思い切り振って、ボールを打つ爽快感を体験させる。（技術面）

（2）バットを投げたり、友だちと接触することのないように、安全に運動させる。（安全面）

（3）友だちの様子に目を向け、仲間の応援ができるようにさせる。（社会性）

27章　体育あそびの指導計画・指導案の作成

## 8．本時の指導展開

| 流れ | 時間 | 活動内容（環境構成） | 経験や活動 | 指　導　上　の　留　意　点 | 準　備 |
|---|---|---|---|---|---|
| 導入 | 14:00<br><br>（5分） | 1．集合・あいさつ<br><br>指導者◎<br><br>○○○○○○<br>幼児 | 1．本時の活動内容と流れを確認する。<br>(1)あいさつをする。<br><br>(2)チームにわかれて、「打つ」「捕る」「走る」ことや、得点が入る試合についての話を聞く。 | ・園庭に集合し、1列に並ばせて、みんなであいさつをする。個々の子どもの顔を見ながら健康観察をし、出欠を確認する。<br>・打つチームと守るチームに分かれて、点数が入るティーボールあそび「サークルラン」をすることを伝える。<br>・打つチームは、ボールを打って遠くに飛ばしたり、守るチームは、ボールをしっかり捕ることを説明する。 | 出席簿 |
| 導入 | 14:05<br><br>（5分） | 2．準備運動<br><br>指導者<br>○◎○<br>○　　○<br>○　　○<br>○　　○<br>○○○<br>幼児 | 2．準備運動をする。<br>(1)リーダーを先頭に、「ファイト！ファイト！」と、声をかけながら、園庭を2～3周走る。<br>(2)全員で手をつないで円をつくった後、手を離して後方に2～3歩下がり、広がって体操を行う。 | ・前の子を押したり、急に止まったりしないように注意させる。<br><br><br>・全身をしっかり伸ばしたり、曲げたりするように、具体的な言葉かけをしながら行っていく。<br>・体操は、次の9種類を行う。<br>①跳躍　②膝屈伸　③伸脚　④前後屈　⑤体側のばし　⑥アキレス腱のばし　⑦手足振り・足首まわし　⑧首まわし　⑨深呼吸 | |
| 展開 | 15:10<br><br>（10分） | 3．バッティングラン<br><br>○○○<br>○○○○<br>○○○<br>△ | 3．バッティングランをする。<br>(1)2チームにわかれて打つチームと捕るチームになる。<br>(2)実際にボールを打って、円周を1周してバッティングサークルまでもどる。<br>(3)ボールを捕る子は、円コートの外側でボールを捕る。<br><br><br><br>(4)打つチームが全員が打ち終わったら、捕るチームと役割を交代する。 | ・コートを2カ所設置し、打つチームと捕るチームの2チームにわかれさせる。<br>・ライン引きで、バッティングサークルからスタートして、大きな円を描く。<br>・簡単なあそびの流れを全員に体験させることにより、楽しさや気持ちよさを味わわせるようにする。<br><br>・打った後、バットを下に置いてから、全力で走る楽しさを体験させる。「思い切りバットを振ると、ボールは遠くまで飛ぶよ」「打つときは、ボールをしっかり見て打とうね！」と、バッター一人ひとりに言葉をかける。<br>・ボールを捕りに行く子は、打ち終わり走っている友だちにぶつからなよう、注意をさせる。<br>・遠くに打てた子や打てなくても良いスイングをしていた子をほめる。 | コート(2)<br><br>ライン引き(1)<br>バット(2)<br>コーン(2)<br>ソフトバレーボール(25) |

331

| 流れ | 時間 | 活動内容<br>(環境構成) | 経験や活動 | 指　導　上　の　留　意　点 | 準　備 |
|---|---|---|---|---|---|
| 展<br><br>開 | 15:20<br><br><br><br><br><br><br>(20分) | 4．サークルラン<br>　のゲーム体験<br><br>　　守備の子<br>　○ ○ ○<br>　○ ○ ○<br>　　○ ○<br>　　円サークル<br><br>　　バッティング<br>　　サークル | 4．「サークルラン」<br>をする。<br>(1)ヒット・キャッチ<br>のあそび方を学ぶ。<br><br>(2)サークルラン<br>をする。<br>①2チームにわ<br>かれる。<br>②あいさつをする。<br><br><br>③守備につく。<br><br>④バッターは、<br>ボールを打った<br>ら、バットを置い<br>て円上を反時計ま<br>わりに走る。<br><br><br><br><br><br><br><br><br><br><br><br><br><br><br><br><br><br><br><br><br><br>⑤守備の子は、ボー<br>ルを捕りに行き、捕っ<br>たらボールを両手で<br>持ち上げて、「とま<br>れ！」と言う。この<br>合図でバッターは、<br>その場で止まる。<br>⑥次のバッターが<br>打ったら、前のバッ<br>ターもその場から円<br>に沿って走る。<br>⑦攻撃チームの子<br>が、全員1回ずつ<br>ボールを打ったら、<br>守備と攻撃を<br>交代する。 | ・ボールを捕る際の友だちとの接触、走って<br>くるときに打ったボールが当たる、バット<br>投げ等に注意をさせる。<br><br><br>・同数になるように2チームに分け、攻撃と<br>守備の順番をジャンケンで決めさせる。<br>・対戦する前に、両チームで「お願いします」<br>のあいさつをさせる。あいさつは、大きくはっ<br>きりした口調で行わせる。<br>・守備チームには、円コートの外側に立つよ<br>うにさせる。<br>・攻撃チームの最初のバッターは、バッティ<br>ングサークルの中に入り、他の子は、ベン<br>チで打順を待つようにさせる。<br>・バッターは、バットを振る前に、必ずまわ<br>りに人がいないかを確認してから、スイン<br>グをさせる。<br>・打って走る際、バットを投げないようにさ<br>せる。また、同じチームの子は、バッティ<br>ングサークルに近づけさせない。<br>・攻撃チームは、バッターに対し、「がんばれ！<br>がんばれ！」や「かっ飛ばせー、○○ちゃ<br>ん！」と、みんなで応援ができるような言<br>葉がけをするように促す。<br>・遠くに打つ他に、守備の子がいないところ<br>をねらってボールを打つように伝える。<br>・円上を走る子は、ボールを捕る子とぶつか<br>らないように、注意して走らせる。<br>・守備チームは、かたまらず、広がるように<br>させる。<br><br><br><br><br><br><br><br><br>・打った後、円上にいる子は、次のバッター<br>が打つまでしゃがんで待つようにさせる。<br>・1周してバッティングサークル内に入った<br>ら1得点とする。<br>・ボールを捕りに行くとき、ボールの取り合<br>いになった場合は、子どもたち同士で話し<br>合って、解決させる。<br>・得点した子には、横のベンチにもどって友<br>だちの応援をさせる。<br>・友だちの姿に関心をもたせ、応援をするこ<br>との大切さを伝える。 | バット(1)<br><br>コーン(1)<br><br>ボール(1)<br><br>円コート(1) |

27章　体育あそびの指導計画・指導案の作成

| 流れ | 時間 | 活動内容<br>（環境構成） | 経験や活動 | 指　導　上　の　留　意　点 | 準　備 |
|---|---|---|---|---|---|
| 展<br><br>開 | | | (3)あいさつをして終わる。 | ・ゲームが終了したら、両チームで、「ありがとうございました」とあいさつをさせる。<br>・ボールを捕れなかった子が、味方から責められないよう、チームの友だちと力を合わせて「サークルラン」は行うものであることを伝える。そして、お互いが協力してがんばって守備をするように約束させる。<br>・あいさつも、チーム全員が呼吸を合わせて行うこと、つまり、協力することの大切さをしっかり伝えておく。 | |
| 整<br><br><br>理 | 14:40<br><br><br>（10分）<br><br><br>14:50 | 5．今回のまとめと次回の予告 | 5．整理運動とふりかえりをし、次回の予告を聞く。<br>(1)整理運動をする。<br><br>(2)活動の振り返りをする。<br><br><br><br><br>(3)おわりのあいさつをする。<br>(4)汗の始末や手洗い、うがいをする。 | ・整理運動では、次の9種類を取り扱う。<br>①ジャンプ　②膝屈伸　③伸脚　④前後屈　⑤横曲げ　⑥アキレスけん伸ばし　⑦手足ぶらぶら・足首まわし　⑧首まわし　⑨深呼吸<br>・「どうしたら早くゴールできたか？」「どうしたら友だちと協力できたか？」等の質問をし、今日の活動を振り返って反省させる。<br>・上手にできた子や頑張っていた子をみんなの前でほめ、自信をもたせ、他の子どもたちへの励みにさせる。<br>・次回は、チームでわかれてゲームをすることを伝える。<br>・終了のあいさつをするとき、子どもの顔色や健康状態の確認をする。<br>・汗ふきや手洗い、うがいをするように指導しておく。 | |

## 9．評価

（1）バットを振って思い切りボールを打つことができたか。

（2）バット投げや友だちとの接触をせずに、安全に運動できたか。

（3）「サークルラン」を仲間と協力して行えたか。また、ボールを捕る際、取り合いになっても、お互いに相手の主張を受け入れ、自分たちで解決できたか。

[文献]

1）前橋　明：幼少児のためのティーボールあそび，大学教育出版，pp.68-69，2007.

2）前橋　明：幼児の体育，明研図書，p.299，1998.

ティーボールあそび（ボールコレクター）指導案④

指導者　○○　○○

1．日　時　　○○年5月21日（水）14：00〜14：50
2．場　所　　○○幼稚園　園庭
3．対　象　　年長いるか組　5歳児25名（男児15名・女児10名）
4．主　題　　ティーボールあそびを通して、ボールを打ったり、捕ったりする楽しさを
　　　　　　　体験する。

5．指導目標
（1）からだを動かすことを楽しませるとともに、打つ、捕る、走る等の運動能力を高
　　　める。（身体面・技能面）
（2）友だちと協力し合い、相手を思いやったり、応援したりする心を育てる。（社会
　　　性）
（3）安全に運動するための知識を身につけさせるとともに、安全な活動の中で成功体
　　　験をもたせ、達成感と自信をつけさせていく。（健康・安全）

6．指導計画　　　　　　　　　　（［　　］は配当時間数）
（1）ゲートとおし　　　　　　　　　［1］
（2）ヒット・キャッチ　　　　　　　［1］
（3）サークルラン　　　　　　　　　［1］
（4）ボールコレクター　　　　　　　［1］本時

7．本時のねらい
（1）遠くにボールを打ったり、守備の子がいないところをねらって打ったりさせる。
　　　また、相手が打ったボールを止めたり、捕ったりできるようにさせる。（技術面）
（2）バッターとボールを捕った子が衝突しないように、気をつけて運動させる。（安
　　　全面）
（3）ボールコレクターをするときは、友だち同士が協力して行えるように、また、仲
　　　間同士でいっしょに得点を入れたり、ボールを捕ったりする喜びを味わえるよう
　　　にさせる。（社会性）

27章　体育あそびの指導計画・指導案の作成

## 8．本時の指導展開

| 流れ | 時間 | 活動内容<br>（環境構成） | 経験や活動 | 指　導　上　の　留　意　点 | 準　備 |
|---|---|---|---|---|---|
| 導入 | 14:00<br><br><br><br>（5分） | 1．集合・あいさつ | 1．本時の活動内容と流れを確認する。<br>(1)あいさつをする。<br><br>(2)「ボールコレクター」ゲームについての話を聞く。 | ・園庭に集合した後、みんなで元気よくあいさつができるように、初めに指導者が大きな声であいさつをする。<br>・出欠の確認をしながら、子どもの顔色や様子を見て健康観察をする。<br>・自分がボールを打つことで点数が入ることや、ボールを捕ったらバッティングチームに得点が入らない「ボールコレクター」のあそび方を説明する。<br>・打つチームが得点を入れるためには、遠くに打ったり、力強く打ったり、守備の子がいないところをねらって打ったりするとよいことを教える。<br>・守るチームには、同じチームの友だちと協力して、ボールをしっかり捕ることの大切さを伝える。 | 出席簿 |
| 導入 | 14:05<br><br><br><br>（5分） | 2．準備運動 | 2．準備運動をする。<br>(1)本日のリーダーを先頭に、園庭を2〜3周走る。<br>(2)広がって体操を行う。 | ・元気よく走れるように、「ファイト！ファイト！」と声をかけながら行わせる。<br><br>・全員で手をつないで円をつくった後、手を離して後方に2〜3歩下がって、準備運動を行わせる。<br>・次の9種類を行う。<br>①跳躍　②膝屈伸　③伸脚　④前後屈　⑤体側のばし　⑥アキレス腱のばし　⑦手足振り・足首まわし　⑧首まわし　⑨深呼吸 | |
| 展開 | 4:10<br><br><br><br><br><br>（5分） | 3．バットスイング | 3．バットの振り方を理解する。<br>(1)バットの握り方、持ち方、スイングの軌道についての話を聞く。 | ・「ボールを遠くに打ったり、速い打球を打ったりするにはどうしたらいい？」と問いかけ、子どもたちの考えを聞きながら、遠くに打てる方法を伝えていく。<br>・バットの持ち方、振り方を実際にして見せながら説明をする。<br>①バットを両手の手のひらでしっかり握るようにさせる。②右利きの子は、右手を上に、左手を下にした持ち方を経験させる。③スイングは、地面と平行にさせる。④最後までボールを見て打たせる。⑤バットは思い切って振るようにさせる。 | 指導者用<br>バット(1) |

335

| 流れ | 時間 | 活動内容<br>(環境構成) | 経験や活動 | 指　導　上　の　留　意　点 | 準　備 |
|---|---|---|---|---|---|
| 展開 | | | (2)立つ位置を理解する。 | ・両手でバットを持ち、ボールの置いてある位置に腕を伸ばして、バットの芯（ほぼ真ん中）がボールに当たることを確認させ、立ち位置を理解させる。<br>・からだがボールに近すぎると、腕が窮屈になって思い切りバットが振れなくなり、また、遠すぎるとボールに当たりにくくなるため、手本を見せながら立ち位置を教える。<br>・一連の動作を子どもたちに質問しながら、再度、バッティングの動作を確認させる。 | |
| | 14:15<br><br><br><br><br>(10分) | 4．ボールキャッチ<br><br>指導者<br>◎<br><br>———<br>○<br>○<br>○<br>○ | 4．転がってきたボールを捕る。<br>(1)2〜3チームに分かれ、スタートラインの手前に1列で並ぶ。<br>(2)指導者が転がしたゴロやバウンドさせたボールを捕る。<br>(3)ボールを捕ったら、指導者のところまで走って持っていき、渡したら列の後方に並ぶ。<br>(4)(1)〜(3)をくり返して遊ぶ。 | ・1列に並んだら、転がってきたボールを捕ることを全員に理解させる。<br>・ボールを捕ることに慣れていなかったり、ボールを怖がったりする子どもには、ボールをゆっくり転がすようにして、動くボールに慣れるようにさせる。<br>・ボールを捕った後、指導者のところまで全力で走ってボールを渡すことで、「ボールコレクター」の守備を体験してもらう。<br>・ボールを渡しにきた子に、「ナイスキャッチ！」や「上手に捕れたね」等と、一人ひとりに言葉がけをし、ボールを捕ることに対して自信がもてるようにする。<br>・慣れてきたら、少しずつボールのスピードを速くする。 | ボール(25) |
| | 14:25<br><br><br><br><br><br><br><br><br><br><br><br><br><br><br>(20分) | 5．ボールコレクターのゲーム体験<br><br>○ 守備の子<br>○ ○<br>○ ○<br>○ ○<br><br>○<br>1塁<br>サークル<br><br>△<br>バッティング<br>サークル | 5．「ボールコレクター」をして遊ぶ。<br>(1)ボールコレクターのあそび方を聞く。<br>(2)ボールコレクターをする。<br>①2チームにわかれ、向かい合って並び、「お願いします」のあいさつをする。<br>②チームの代表がジャンケンをし、先攻と後攻を決め、後攻になったチームは、全員守備につく。先攻のチームは、打順を決め、1番から順に、バッティングサークルに入り、コーン上のボールを思い切り打つ。 | ・2チームにわかれて対戦することを伝え、あそび方を説明する。<br><br>・ゲーム開始のあいさつが終わったら、攻撃と守備チームにわかれ、みんなで手をつなぎ円陣を組んで、「がんばるぞ！オー」「エイエイ、オー！」等の言葉を出させ、子どもたちのやる気を起こさせる。<br>・守備チームには、子どもたち同士が同じ場所にかたまらないよう、コートいっぱいに広がって守るように伝える。<br>・打って走る際、バットを投げないように注意させるとともに、同じチームの子には、バッティングサークルに近づかないように注意させる。<br>・攻撃チームは、バッターに対し、「がんばれ！がんばれ！」や「かっ飛ばせー、○○ちゃん！」と、みんなで応援しようと、言葉がけをする。 | バット(1)<br>コーン(1)<br>ボール(2)<br>バッティングサークル(1)<br>1塁サークル(1) |

### 27章　体育あそびの指導計画・指導案の作成

| 流れ | 時間 | 活動内容（環境構成） | 経験や活動 | 指　導　上　の　留　意　点 | 準　備 |
|---|---|---|---|---|---|
| 展開 | | | ③ボールを打ったらバットを置き、1塁サークルに向かって走り、1塁サークルの中のボールを1個捕ってもどり、バッティングサークル横の指導者に渡す。守備の子も、打たれたボールを捕って渡しに行く。 | ・攻撃チームが守備チームよりも早く指導者にボールを渡したら、1点が入り、守備チームが早かったら、攻撃チームの得点は0点とする。<br>・遠くに打つ他に、守備の子がいないところをねらってボールを打つと、得点になりやすいことも、その都度、伝えていく。<br>・ボールの大きさや、バッティングサークルと1塁サークル間の距離は、子どもたちの運動能力のレベルに応じて変える。<br>・ボールを捕りに行くとき、横の子との接触に注意するように伝える。ボールの取り合いになった場合は、子どもたち同士で話し合って解決させる。<br>・ボールを持っての転倒や、指導者にボールを渡す前に子ども同士でぶつかることが予想されるので、そうしたことの危険性を予め子どもたちに伝え、自分たちでも気をつけて遊ぶようにさせる。 | |
| | | | ④攻撃チームのメンバーが全員打ち終えたら、攻守を交代し、それぞれの合計得点を競う。<br>⑤あいさつをして終わる。 | ・頑張っている友だちの姿に関心をもたせ、得点が入ったときや0点に抑えたときには、友だちといっしょに喜ぶことの楽しさを伝える。<br>・慣れてきたら2～3イニング行い、その合計得点を競わせる。<br>・ゲームが終了したら、両チームで「ありがとうございました」とあいさつをする。 | |
| 整理 | 14:45<br><br><br><br>（5分）<br><br><br><br><br><br><br><br><br><br><br><br>14:50 | 6．整理運動とまとめ | 6．整理運動をした後に、活動内容を振り返る。<br>(1)整理運動をする。<br><br><br>(2)活動の振り返りをする。<br><br><br><br><br><br><br><br>(3)あいさつをする。<br>(4)汗の始末や手洗い、うがいをする。 | ・整理運動では、次の9種類を行う。<br>　①跳躍　②膝屈伸　③伸脚　④前後屈　⑤体側のばし　⑥アキレス腱のばし　⑦手足振り・足首まわし　⑧首まわし　⑨深呼吸<br>・「どうしたら、得点が入る？」「どうしたら、相手チームを0点にできる？」「そのためには、何をしたらいい？」等の質問をして、考える時間を与えて答えさせる。<br>・ねらったところに打てたり、うまくボールを捕ることができた子をみんなの前でほめ、自信をもたせたり、他の子どもたちの励みにさせる。<br>・次回は、フラフープを使ったあそびをすることを伝える。<br>・汗ふきや手洗い、うがいをするように伝えて、大きな声であいさつをして終える。 | |

## 9．評価

（1）ボールを遠くに打ったり、ねらったところにまっすぐ打ったりできていたか。また、打たれたボールを、友だちと協力しながら止めたり、捕ったりすることができていたか。

（2）衝突をしないように気をつけながら、運動できていたか。

（3）友だちと協力して、「ボールコレクター」をなかよく楽しむことができていたか。

[文献]
1）前橋　明：幼少児のためのティーボールあそび，大学教育出版，pp.88-90，2007.
2）前橋　明：幼児の体育，明研図書，p.299，1998.

（片岡正幸・石井浩子・松尾瑞穂・長谷川　大・前橋　明）

## Topics

子どもの健全育成を考える

# 生き生きとした子どもを育む秘訣

― 「食べて、動いて、よく寝よう！」運動のススメと発達状況の診断・評価 ―

### 前橋　明
（早稲田大学　人間科学学術院　教授／医学博士）

## 1. 子どもの健全育成でねらうもの

子どもを対象に、各種のあそびや活動、指導を通して、人間形成を図ります。

**身体的**（physical）

**社会的**（social）

**知　的**（intellectual）mental

**精神的**（spiritual）

**情緒的**（emotional）

子どもの全面的発達（身体的・社会的・知的・精神的・情緒的発達）をめざす教育全体の中で位置づけます。

## 2. 自律神経や脳内ホルモンが関与する体温リズム

夜型生活の中で、子どもたちの睡眠リズムが乱れると、摂食のリズムが崩れて、朝食の欠食・排便のなさへとつながっていきます。その結果、朝からねむけやだるさを訴えて午前中の活動力が低下し、体力低下とともに、自律神経の働きが弱まって昼夜の体温リズムが乱れてきます。

そこで、体温が36度台に収まらない、いわゆる体温調節のできない「高体温」や「低体温」の子ども、体温リズムがずれ、朝は体温が低くて動けず、夜に体温が高まって動きだすといった夜型の子どもたちが見られるようになってくるのです。

日常生活では、体温は、脳内ホルモンの影響を受けて、一般に午前3時頃の夜中に最も低くなり、昼の午後4時頃に最高となる一定のサイクルが築かれます。このような日内変動は、ヒトが長い年月をかけて獲得した生体リズムの一つです。例えば、午後4時前後の

時間帯は、最も動きやすくなる時間帯で、子どもたちの「あそびや学びのゴールデンタイム」と、私は呼んでいます。自分の興味や関心のあるものを見つけて、それらに熱中して、時を忘れて遊び込む時間帯なのです。例えば、自然や動物とでもよいですし、スポーツごっこでもよいです。このときの熱中と挑戦、創造と実践の経験のくり返しで、子どもたちは、グーンと成長するのです。

　ところで、生活が夜型化している子どもの体温リズムは、普通の体温リズムから数時間後ろへずれ込んでいます。朝は、眠っているときの低い体温で、起こされて活動を開始しなければならないため、からだが目覚めず、動きは鈍いのです。逆に、夜になっても、体温が高いため、なかなか寝つけないという悪循環になっています。

　このズレた体温リズムをもとにもどすことが、生活リズム向上戦略のポイントとなります。その有効な方法を2つ紹介しますと、①朝、太陽の光を、子どもに浴びさせることと、②日中に運動をさせることです。

　子どもたちの抱える問題の改善には、ズバリ言って、大人たちがもっと真剣に「乳幼児期からの子ども本来の生活（栄養・運動・休養のバランス）」を大切にしていくことが肝要です。その結果、日本が生み出した国民運動が、「早寝、早起き、朝ごはん」運動なのです。確かにこの運動は、健康づくり運動へのきっかけには有効でしたが、自律神経に積極的に働きかけて、子どものたちのイキイキ度を増すまでには、いま一歩の感があります。

　子どもたちが抱えさせられている問題を食い止めるためには、まずは「睡眠」を大切にし、脳を守り、育むことが必要です。だから、「早寝・早起き」なのです。そして、睡眠が崩れると「食」の崩れを生じますから、「朝ごはん」を打ち出す必要があります。

　しかしながら、この国民運動は、そこまでしか、ケアできていないのです。意欲をもって、自発的に自主的に動ける子ども・考える子どもを期待するならば、3番目の「運動」刺激が子どもたちの生活の中になくてはなりません。運動や運動あそびは、自律神経機能の発達に不可欠なのです。生活習慣を整えていく上でも、1日の生活の中で、日中に運動エネルギーを発散し、情緒の解放を図る運動実践の機会や場を与えることの重要性を見逃してはならないのです。

　そのためには、「早寝、早起き、朝ごはん」という国民運動に、「運動」を加えなければなりません。つまり、「食べて」「動いて」「よく寝よう」なのです。言い換えれば、「動き」の大切さを導入したキャンペーンを打ち出して、積極的に実行に移していくことが大切です。こうして、将来を担う子どもたちに、健康的な生活を築き、生き生きと活躍してもらいたいと願っています。

```
夜型生活で、睡眠リズムが乱れると
    ↓
摂食リズムが崩れる
（朝食の欠食）
    ↓
午前中の活動力の低下・1日の運動量の減少
（運動不足・体力低下）
    ↓
オートマチックにからだを守る自律神経の機能低下
（昼夜の体温リズムが乱れ、自発的に自主的に行動ができなくなる）
    ↓
ホルモンの分泌リズムの乱れ
（朝、起床できず、日中に活動できない、夜はぐっすり眠れなくなる）
    ↓
体調不良・精神不安定に陥りやすくなる
    ↓
学力低下・体力低下・不登校・暴力行為
```

図1　日本の子どもたちの抱える問題発現とその流れ

## 3. 子どもの成長・発達状況の診断・評価

　お子様の生活状況は、健康的ですか？　あそびは足りていますか？　お子様の生活の実際と運動環境について、チェックしてみましょう。生活に関わる3つの視点と運動に関わる3つの視点について答えて、レーダーチャートに書き込んでみると、今の生活の良いところ、これからチャレンジするとよいところが一目でわかります。

## 診断方法

1：資料の①〜⑥の項目について、「はい」「いいえ」で答えます。幼稚園や保育園に行っている時間帯のことは、お子さんと話し合いながら記録してもよいでしょう。
2：「はい」1個につき1点と数え（5点満点）、合計の点数を対応する項目のグラフに記入します。
3：記入した①〜⑥の点を結びます。
4：結んでできた六角形の面積が大きいほど、子どもの身体状況や生活環境、運動環境、発達状況が良いことを表しています。また、正六角形に近いほど、各項目のバランスが良く、いびつな六角形になるほど、項目により、得手・不得手、良い・悪いが著しいことを表しています。

## 子どもの成長・発達状況診断チャート

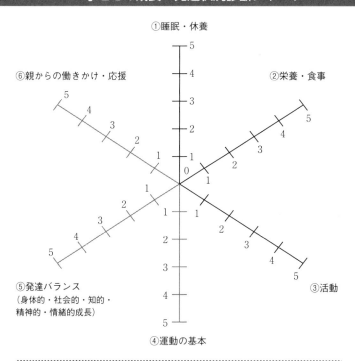

①〜③ 生活面
④〜⑥ 運動面

5点：とても良いです
4点：良いです
3点：できることを一つでも増やしていくよう、挑戦していきましょう
2点：いま少しがんばりましょう
1点：かんばりましょう

Topics

## 生活面

### ①睡眠・休養

　生活の基本となる睡眠は、睡眠時間の長さだけでなく、寝る時刻や起きる時刻も重要です。朝起きたときに、前日の疲れを残さずに、すっきり起きられているかがポイントです。

●夜9時までには、寝るようにしていますか？

●毎日、夜は10時間以上、寝ていますか？

●朝は、7時までには起きていますか？

●朝、起きたときに、太陽の光をあびていますか？

●朝起きたときの様子は、元気ですか？

「はい」を1点とし、5点満点

計 □ 点

## 生活面

### ②栄養・食事*

　食事は、健康で丈夫なからだづくりに欠かせないものであり、家族や友だちとの団らんは、心の栄養補給にもなります。毎日、おいしく食べられるように、心がけていますか？

●朝ご飯は、毎日、食べていますか？

●朝、うんちをしていますか？

●ごはんを、楽しく食べていますか？

●おやつを食べてから夕ごはんまでの間は、2時間ほど、あいていますか？

●夜食は、食べないようにしていますか？

「はい」を1点とし、5点満点

計 □ 点

## 生活面

### ③活動

　睡眠、食事以外の生活の中での主な活動をピックアップしました。お手伝いやテレビの時間といった小さなことでも、習慣として積み重ねていくことで、その影響は無視できないものになります。

●歩いて通園（通学）ができていますか？

●外に出て、汗をかいて遊んでいますか？

●からだを動かすお手伝いができていますか？

●テレビを見たり、ゲームをしたりする時間は、合わせて1時間までにしていますか？

●夜は、お風呂に入って、ゆったりできていますか？

「はい」を1点とし、5点満点

計 □ 点

## 運動面

### ④運動の基本

　現状のお子さんの外あそびの量や、運動能力について把握できているでしょうか。わからない場合は、公園に行って、どのくらいのことができるのか、いっしょに遊んでみましょう。

●午前中に、外あそびをしていますか？

●15～17時くらいの時間帯に、外でしっかり遊んでいますか？

●走ったり、跳んだり、ボールを投げたりを、バランスよくしていますか？

●鉄棒やうんていにぶら下がったり、台の上でバランスをとったりできますか？

●園庭や公園の固定遊具で楽しく遊んでいますか？

「はい」を1点とし、5点満点

計 □ 点

## 運動面

### ⑤発達バランス
### （身体的・社会的・知的・精神的・情緒的成長）

　自分の身を守れる体力があるか、人と仲良くできるか、あそびを工夫できるか、最後までがんばる強さがあるか、がまんすることができるか等、あそびで育まれる様々な力についてチェックしましょう。

●お子さんは、転んだときに、あごを引き、手をついて、身をかばうことができますか？（身体的・安全能力）
●友だちといっしょに関わって、なかよく遊ぶことができていますか？（社会的）
●あそび方を工夫して、楽しく遊んでいますか？（知的）
●遊んだ後の片づけは、最後までできますか？（精神的）
●人とぶつかっても、情緒のコントロールができますか？（情緒的）

「はい」を1点とし、5点満点

計　□　点

## 運動面

### ⑥親からの働きかけ・応援

　幼児期の生活は、親の心がけや関わり次第で大きく変化します。「はい」が多いほど、親子のふれあいの時間も多いので、親子それぞれにとって心身ともに良い効果があるでしょう。

●親子で運動して、汗をかく機会をつくっていますか？
●外（家のまわりや公園など）で遊ぶ機会を大切にしていますか？
●車で移動するよりは、お子さんと歩いて移動することを心がけていますか？
●音楽に合わせての踊りや体操、手あそびにつき合っていますか？
●1日に30分以上は、運動させるようにしていますか？

「はい」を1点とし、5点満点

計　□　点

＊食事の内容で、脳の働きをよくする食材を表に示しておきます。

### 表　脳の働きを活発にする食材

| | | |
|---|---|---|
| ま | 豆類<br>・納豆・大豆<br>・ピーナッツ<br>・豆腐・味噌 | 豆類には、レシチンという物質が含まれており、このレシチンがアセチルコリン（神経伝達物質の一種）になり、記憶力に関わる。したがって、日常的に豆類を食べると記憶力が高まる。また、豆類には、タンパク質とマグネシウムが豊富に包まれている。 |
| ご | ごま<br>・ごま<br>・ナッツ類 | 老化の原因となる活性酸素を防ぐ抗酸化栄養素である。また、食品添加物に含まれる有害物質と結合しやすく、添加物のからだへの吸収を阻害して排出してくれる亜鉛を含んでいる。 |
| は | わかめ<br>・わかめや昆布<br>　などの海草類 | わかめや昆布などの海草類には、カルシウム等のミネラルが豊富に含まれている。カルシウムは、集中力を高め、落ち着きを与える働きがある。ミネラルは、老化や生活習慣病の予防に役立つ。 |
| や | 野菜 | ビタミンを多く含み、脳内でブドウ糖代謝に関与し、栄養吸収の手助けをする。βカロチンやビタミンCを豊富に含む。 |
| さ | 魚 | DHA（ドコサヘキサエン酸）とEPA（エンコサベンタエン酸）が非常に多く含まれていて、神経細胞の働きを良くしてくれる。脳の神経細胞の発達に良く、うつ病になりにくくなる。また、人に対して危害を加える、気分がカーッとする、キレるという攻撃性が下がる。 |
| し | しいたけ<br>（きのこ類） | ビタミンDが豊富に含まれている。また、食物繊維も多く含まれ、動脈硬化や大腸がんの予防に寄与する。 |
| い | いも<br>（穀類） | ビタミンを多く含み、脳内でブドウ糖代謝に寄与し、栄養吸収の手助けをする。そして、腸内環境を整える食物繊維も豊富に含まれている。 |

## 4. まとめ：運動の必要性

　子どもたちの脳や自律神経がしっかり働くようにするためには、まずは、子どもにとっての基本的な生活習慣を、大人たちが大切にしていくことが基本です。その自律神経の働きを、より高めていくためには、次の３点が大切です。

　①子どもたちを、室内から戸外に出して、いろいろな環境温度に対する適応力や対応力をつけさせること。

　②安全なあそび場で、必死に動いたり、対応したりする「人と関わる運動あそび」をしっかり経験させること。つまり、安全ながらも架空の緊急事態の中で、必死感のある運動の経験をさせること。具体的な運動例をあげるならば、鬼ごっこや転がしドッジボール等の楽しく必死に行う集団あそびが有効でしょう。

　③運動（筋肉活動）を通して、血液循環が良くなって産熱をしたり（体温を上げる）、汗をかいて放熱したり（体温を下げる）して、体温調節機能を活性化させる刺激が有効です。これが、体力を自然と高めていくことにつながってきます。

---

　食事（栄養）と睡眠（休養）のほか、体力を増強させて健康を維持し，元気に活動するのに役立つのは、運動！
　　　　　　　運動やスポーツで、身体を適度に使うことが大切
　　　　　　レク効果（気分転換・疲労回復・家庭生活への寄与）
　　　　　➡トレーニング効果（疲労感）：体力向上
　　　　　　➡オーバートレーニング（過労）
　　　　　　　➡病気
　運動スキルを向上させることによって、スポーツをより楽しく行うことを可能にし、自己実現の機会も増えていく。

---

図2　体力を向上させるために

　では、日中に運動をしなかったら、体力や生活リズムはどうなるのでしょう。生活は、一日のサイクルでつながっていますので、生活習慣（生活時間）の一つが悪くなると、他の生活時間もどんどん崩れていきます。逆に、生活習慣（時間）の一つが改善できると、次第にほかのことも良くなっていきます。

　つまり、日中、太陽の出ている時間帯に、しっかりからだを動かして遊んだり、運動をしたりすると、お腹がすき、夕飯が早くほしいし、心地よく疲れて早めの就寝へと向かいます。早く寝ると、翌朝、早く起きることが可能となり、続いて、朝食の開始や登園時刻

も早くなります。朝ごはんをしっかり食べる時間があるため、エネルギーも得て、さらに体温を高めたウォーミングアップした状態で、日中の活動や運動が開始できるようになり、体力も自然と高まる良い循環となります。

　生活を整え、体力を高めようと思うと、朝の光刺激と、何よりも日中の運動あそびでの切り込みは有効です。あきらめないで、問題改善の目標を一つに絞り、一つずつ改善に向けて取り組んでいきましょう。必ず良くなっていきます。

　「一点突破、全面改善」を合言葉に、がんばっていきましょう。

## ■執筆者紹介

編集代表　編著者

前 橋　　明 （早稲田大学教授・医学博士）　（1章、2章、3章、4章、5章、6章、7章、8章、9章、11章、13章、17章、20章、21章、26章、27章、Topics）

執 筆 者

田 中　　光 （流通経済大学教授・(社) TAISO LAND 田中光体操クラブプロデューサー）（6章、11章）

石 井 浩 子 （京都ノートルダム女子大学准教授）　（6章、27章）

永 井 伸 人 （大阪成蹊短期大学講師）　（9章）

株式会社　ジャクエツ　（9章、22章、23章）

生 形 直 也 （すこやかキッズ体力研究会）　（10章）

原 田 健 次 （仙台大学教授）　（12章、13章）

本 保 恭 子 （ノートルダム清心女子大学教授）　（14章、15章）

稲 井 玲 子 （高知県立大学教授・博士 (農学)）　（16章）

浅 川 和 美 （山梨大学教授・医科学博士）　（17章、18章）

森 田 陽 子 （日本女子体育大学准教授）　（19章）

奥 富 庸 一 （立正大学准教授）　（24章）

宮 下 恭 子 （大阪成蹊短期大学教授）　（25章）

片 岡 正 幸 （ピース・スポーツクラブ代表）　（27章）

松 尾 瑞 穂 （元国際学院埼玉短期大学講師）　（27章）

長谷川 大 （JAICA）　（27章）

---

日本幼児体育学会
## 幼児体育　理論編

2017年1月20日　初版第1刷発行
2018年6月1日　初版第2刷発行

■編 著 者──日本幼児体育学会　前橋　明
■発 行 者──佐藤　守
■発 行 所──株式会社 大学教育出版
　　　　　　〒700-0953　岡山市南区西市855-4
　　　　　　電話(086)244-1268代　FAX(086)246-0294
■印刷製本──モリモト印刷㈱
■Ｄ Ｔ Ｐ──ティーボーンデザイン事務所
■イラスト──宇野紀子・大森和枝・行天達也・日名雅美

© The Japanese Society of Physical Education of Young Children, Akira Maehashi 2017.
Printed in Japan
本書のコピー・スキャン・デジタル化等の無断複製は著作権法上での例外を除き禁じられています。本書を代行業者等の第三者に依頼してスキャンやデジタル化することは、たとえ個人や家庭内での利用でも著作権法違反です。
ISBN978-4-86429-427-0